nozaki-memo
1931〜37〜41〜 勢力圏の拡大（領土の拡大）
1941.12.8
真珠湾攻撃
ハワイ島
(1942.6.4)
ミッドウェー海戦
北緯28°13'
西経177°22'
面積6.2km²
満州事変(1931)
「満州国」建国
(1932年3月1日)
ノモンハン事件
(1939、5月)
日中戦争
(1937年7月7日)
40°
50°
60°
70°
80°
アリューシャン列島
アラスカ湾
アンカレッジ
アラスカ
千島列島
(北緯45°33')
択捉島
日本
カムチャッカ半島
サハリン
(樺太)
ウラジオストク
満州国
北京
(北緯40°)
ロシア連邦
(旧ソ連)
モンゴル
北極海
極地
大東亜共栄圏
ソヴィエト連邦
モンゴル人民共和国
満州
中国
カムチャツカ
キスカ島
樺太
アッツ島
アリューシャン列島
アメリカ合衆国
インド
ガダルカナル島
珊瑚海
オーストラリア
0
2000km
日本
日本軍の最大進出線
連合国軍の攻撃路
主要海戦場
カザフスタン
ウズベキスタン
トルクメニスタン
アフガニスタン
カスピ海

ヒトラー・ナチと現代日本

麻生副総理の「ナチスの手口……」は失言か

野﨑　眞公 著

みやざき文庫154

はじめに

小著は、2013年7月、麻生太郎副総理兼財務相の講演「ナチス美化」発言に触発されて、宮崎県歴教協（歴史教育者協議会）会報「現代と社会科教育」に、2013年10月号から2018年5月号まで4年半にわたる連載（48回）を編集したものです。

ナチ美化発言は、時折ヒトラー信奉者の声が週刊誌などで報じられていたが、まさか日本政府の閣僚である麻生氏が公然と発言するとは⁉　世界中に報じられ厳しい批判を受けたのは当然かと思います。

アジア太平洋戦争の敗戦から68年（2013年）しか経ってないのに、日本国憲法（世界に誇れる平和憲法）を遵守せず、確かな理由もなしに自主憲法制定をと騒ぎたてる政権がなぜ存続するのか。日本政治の危機的現状をどう打開していくのか。など思案の末に、ドイツの侵略戦争（ナチ・ヒトラー政権）と日本の侵略戦争・植民地支配（日中戦争・太平洋戦争）を振り返りながら、また、今日の政治状況について足元を見ながら、独日の戦争と崩壊へのあゆみを再考してみるのも一手かなと思い執筆をはじめました。日本、ドイツの先行研究者の著書を読み漁り、引用しながら執筆に没頭したことがいまも脳裏に焼き付いています。

第一次世界大戦に敗れたドイツ国に、なぜレイシスト（人種差別者）のヒトラーが政権を掌握し、ドイツ国の独裁者となったのか。ヒトラーの政策は、ドイツに何をもたらしたのか。ヒトラーは国民にどう接し、国民はヒトラーに何を望んでいたのか。欧州を戦争に巻き込みユダヤ人の粛清をはじめ無辜の人びとに多大な犠牲を強いたことをどうとらえたらいいのでしょうか。

日本も奇しくも同時期に、膨張政策を進めやがて大東亜共栄圏構想（八紘一宇）下に、中国大陸から太平洋アジア全域へと戦火を拡大しました。東南アジア諸国・地域では資源獲得の名のもとに、日本軍は現地住民を強制労働に駆り出すなど多大な被害、犠牲を及ぼしました。抗議・抵抗する人々には容赦ない懲罰を行い、殺戮・虐殺を公然とおこなった事実が当事国の教科書には描かれています。

もう連載をやめようと思いながらも、連載を続けられたのは、読者の方々からの「次回はどうなるの？　ぜひ続きを書いてください。楽しみにしています」の声に励まされてこそであったと思っています。

日本の戦争は、ナチ・ドイツの欧州戦争と違って、海外での（中国大陸・東南アジアなど）戦争に終始しており、報道規制もあり、戦争の実相・実態は知る由もなかったと言われています。敗戦と同時に、戦争資料（軍関係の秘密文書）は廃棄され、戦地から帰還する兵士への箝口令も布かれ、帰還兵の家庭では戦争の話はタブーでした。言ってもいいでしょうし、学校ではもちろん教えられませんでした。

私は敗戦直後の食糧難を経験していますが、幸か不幸か高校・大学時代に多くの戦争経験者から教わり、つぶさに戦地の話をお聞きし、戦争について調べ、現地の傷跡を訪ねつつ、退職後もやめられず今日にいたっています。

なぜ戦争をしなければならないのか？　戦争責任はだれがとるのか？　取れるのか？　今も残る戦争の傷跡をどうするのか？　小著が、いくらかでも戦争問題について考える糸口になれば幸いです。

２０２４年2月

目次

ヒトラー・ナチと現代日本

麻生副総理の「ナチスの手口……」は失言か

前編　ヒトラー・ナチと日本の戦争への道

第1章　ヒトラーとは？　ナチとは？

――麻生太郎副総理兼財務相の発言（2013・7・29）は、あっという間に世界中を駆け巡り、未だ「日本のトップは、侵略戦争の反省をせずに、かつての帝国日本を取り戻そうとしているのか」と世界の良心を驚かせ、日本のあり方に大きな疑念を抱かせてしまった。海外のメディアは、あらためて日本の政治家の歴史認識（戦争認識）を質している。国民へ与えた不信・失望についても、何ら責任を明確にせず、安倍首相も全く意に介せず不問に付した。

事は、憲法改正に関連した講演で、ドイツのナチ政権を引き合いに出して「あの手口、学んだらどうかね」の発言である。内外の批判を浴びて8月1日「誤解を招く結果」になったと発言を撤回したとは言うものの、麻生副総理は歴史問題等で度々虚言・妄言を繰り返し、そのたびに批判を受けて撤回をしてきた人物である。先だって安倍首相は、〝憲法改正をできるだけ早い時期に達成する〟と国民へ宣言したが、今回の麻生発言は、憲法改正への下地作りに奔走する政権側の思惑や手法をあらためて想起させるものであった。麻生発言は閣僚としてあるまじきものであり、憲法上からも許されない暴言である。その責任は国会で厳しく追及されなければならない。

今から百年前となる第一次世界大戦後、当時「もっとも民主的な」と謳われたヴァイマル憲法

（ドイツ国憲法）下に、ナチが全権を掌握（共和制議会を崩壊させ）し、一党独裁体制（ドイツ・ファシズム）を敷くことができたのはなぜだろうか。

ナチ・ドイツは、言うまでもなく世界に未曾有の計り知れない被害をもたらしたが、ドイツは今もその加害責任を背負い、ナチ政権に加担した人物を国内外で容赦なく追及している。それに反して日本は未だに戦争責任・戦後責任の不十分さを問われている。日本は負の遺産（戦争責任）をどう克服していくのか。

帝国憲法作成時から第二次世界大戦まで、日本はドイツの諸法制を学んできた歴史がある。ナチ政権とは、何だったのか。その歴史（汚辱にまみれた）を振り返りながら、負の遺産の克服とは何かを考え、あわせてそれをしていない日本のいまの政治状況についても考えて見たい。

1　ヒトラーの青年期とナチ党

ヒトラー（Adolf Hitler 1889～1945）は、「オーストリアの下級税官吏の子として生まれ、早くから旧オーストリア・ハンガリー帝国内の民族闘争に加わり、大ドイツ民族主義者になった」という。「はじめ画家を志したが、父に入れられず……学課を怠り中学校4年級で中退した」。1903年「父の死後、母の許しを得てウイーン美術大学を志願したが失敗、07年母の死にあい自活の道に入る」。ところが、「08年にウイーンの日雇い労働者に転落し、慈善スープや無料宿泊所でその日を送る」生活を余儀なくされたという。若くして「下層社会の辛酸をなめた」のである。この間にヒトラーは、「下層中産階級出身者としての誇りと大ドイツ民族主義者の立場から、労働組合運動やマルクス主義と対立し、反ユダヤ主義運動を支持」し、また「とくに下層労働者に救済の手をさしのべないハプスブルク王家と議会制度」を激しく呪ったという。

彼はこの時期に自分の思想を確立したことを述懐しているが、その後も「水彩画やポストカードを描いて売り歩く貧窮生活」を続けている。ヒトラーは兵役を拒否して1912年ミュンヘンに移り貧しい画工生活をしていたが、「1914年8月第一次世界大戦が始まるとバイエルン予備歩兵第16連隊に志願兵として入隊し、伝令兵となり伍長勤務上等兵に昇進したが2度戦傷を受け」、1918年陸軍病院に入院したが、時あたかも休戦・ドイツ革命（ドイツ共和制へ）のときであった。

ミュンヘンに戻ったヒトラーは、革命の動乱のなかで、「原隊の補充大隊の教化班士官として兵士の国粋的再教育（兵士の革命化を防ぐ工作員）及び各種の政治集会の調査を命じられた」が、1919年9月のドイツ労働者党集会への参加をきっかけに、党員となった。ヒトラーは雄弁の才能を発揮したちまち幹部となり党勢を拡大した。（「　」は、『世界大百科事典25』平凡社　1972年刊、ヒトラー（村瀬興雄）より引用）

1920年2月24日に「ナチ党綱領（25条）」が決定され、翌21年には若干32歳で党首に選出された。間もなく党名を「国民社会主義ドイツ労働者党」（ナチ党）と改称した。

ナチ党綱領の一部（1920・2・24）

1. 我々は、すべてのドイツ人が民族自決権に基づいて、大ドイツ国家に結集することを要求する。
3. 我々は、わが民族の食糧確保と過剰人口の移住のために、領土と土地（植民地）を要求する。
4. 国家公民たることのできるのは民族同胞である者にかぎる。信仰のいかんにかかわらず、ドイツ人の血統をもつ者だけが、民族同胞たることができる。それゆえ、ユダヤ人は民族同胞たりえない。
11. 労働によらず、努力によらない所得の廃止。
12. 利子奴隷制の打破。

（マーザー・村瀬・栗原訳『ヒトラー』（紀伊国屋書店）、学習資料『世界史』（ホルプ教育開発研究所1978年4月1日　第5版　P138）より転載）

ヒトラーは、ナチ党綱領の社会主義的部分には当初から不満に思っていたが、自ら公表した手前もあり不本意ながら認めていたという。

戦後の生活苦に喘ぐ大衆の中には、ナチの社会主義的な主張にひかれて党員になったり、ヒトラーの〝国家の強大化と生活向上を約束する単純かつ明確な激しい〟演説に感動し、ナチ党への支持を表明する者も少なくなかった。

2　ヒトラーの言葉・演説とは

ヒトラーは、32歳の若さで党首に選ばれた（1921年）が、「その独特の個人的才能と魅力によって軍部及び資本家のうちに支持層をひろめ、ナチの資金と組織を完全に支配しナチの独裁者となった」。また「彼はナチを軍隊化し、かつ突撃隊（SA）、親衛隊（SS）を組織して政敵を攻撃し、党幹部の身辺を守り、党内の規律を保持」したのである。ヒトラーは、党綱領（1920年）に掲げた社会主義的なものは一種のカムフラージュであり、毛頭これを実施するつもりはなかったという。（「　」は、『世界大百科事典25』平凡社　ヒトラー（村瀬興雄）より）

ところで、〝人は初めに言葉あり〟といわれているが、言葉はまさに人の世のあり方そのものだろう。たしかに言葉がなくては暮らせないが、言葉によって社会が混乱し、多くの生命が奪われ人々の生活が破壊されてきた歴史でもある。ヒトラーは様々なレトリックを用いて言葉を操作し、虚言や空想をあたかも真実であるかのように信じ込ませ、時として神の啓示よろしく大衆をファッショ的な行動へと駆りたてた煽動政治家であった。

〝嘘も100回言えば真になる〟（「嘘から出たまこと」）とは、子どものときに聞かされた台詞であるが、ヒトラーは『わが闘争』のなかで、〝大きな嘘をつけ〟と記している。

嘘をつくなら、大きな嘘をつけ。これこそあのユダヤ人たちが、例の原理にもとづいてやる行為であって、その原理というのは、それ自体、まったく真実であり、大きな嘘には、かならず人を信じさせる力がこもっているという原理である。……

こういう素朴なまでに単純な心では、小さな嘘なら彼らにもちょいちょいつけるが、大規模なごまかし策に訴えることは、恥ずかしくて彼らにはとてもできないために、かえって小さな嘘よりも大きな嘘にやすやすとだまされやすい（ヒトラー、平野一郎・将積茂訳『わが闘争』角川文庫）。

洋の東西を問わず、政治の世界では今もしばしば見られる手法であるが、安倍政権やその周辺の政治家を見ると、既に上記以上の手練手管を弄しているように思う。趣旨は違うにせよ、目下の「二枚舌」首相憚（はばか）るところなしという現状を国民はどう判断するのか。

さて、ヒトラーは、聴衆に〝大きな嘘〟やデマゴギーを繰り返し繰り返し演説することで、彼らを取り込み組織化していったが、『わが闘争』の序言に「この世の偉大な運動はいずれも偉大な文筆家ではなく、偉大な演説家にその進展のおかげをこうむっている」と、運動の躍進には演説家の役割が決定的であると記している。

またこの『わが闘争』のなかで、「宗教的・政治的方法での偉大な歴史的なだれを起した力は、永遠の昔から語られる言葉の魔力だった」と、ステレオタイプ化したペンよりも生きた言葉こそ尊重されるべき革命の力と称えている。ヒトラーにとって、言葉は何よりも優れた大衆操作の道具であり、大衆動員のプロパガンダとしての武器であった。

3　ナチの党勢拡大とミュンヘン一揆

1923年（ヒトラー34歳）、ナチはインフレーションとフランス軍のルール占領[注1]の混乱期に大きく発展した。ナチに対する軍部と大資本家の支持も強化され、中産階級と農民、ルンペン・プロレタリアート（貧民層）も南ドイツではナチを支持していた。

注1　1923年ヴァイマル共和国（ドイツ共和国）は、フランス・ベルギーによるルール占領（ドイツの賠償不払いに対して）に直面し、発足以来最大の危機となった。ドイツ経済への打撃も大きくインフレーションがいっきに加速され社会不安も増大した。8月に代わったシュトレーゼマン内閣は、「積極的抵抗」へと転じて履行政策（賠償の支払いなど）をとったが、左右両翼からの反発と武装蜂起、ゼネストが待っていた。

次に「ナチ党員の変化」（鹿毛達雄「ナチズムの台頭」岩波講座『世界歴史27』所収）から党勢をみると、

- 1921年初　約3000人
- 1922年初　約6000人
- 1923年初　1万5000人
- 1925年末　2万7117人
- 1926年末　4万9523人
- 1927年末　7万2529人

・1928年末　10万8717人
・1929年末　17万6426人
・1930年末　38万9000人
・1931年末　80万6294人

この数字は入党者の累積を示し、必ずしも、実際の党員数を示しているとは思えないが、党員数の増大の傾向を知ることができる。1922年初めの党員数が前年から2倍に増加し、23年初めには党員が1万5千人となり、1年間に2倍半も増えている。22年の3月には青年同盟（後のヒトラー・ユーゲント）が組織され、11月ごろからは毎週何回かの大集会が開催され、やがて毎晩の大集会開催となり大入り満員の人気を博したという。国民生活の窮乏がいっそうナチの発展を促したのは、実に皮肉なことである。23年以降少ないときで1・5倍以上、29年（世界恐慌）から31年にかけては2倍以上の増加を続けており、着実な党勢の発展である。

なお、ナチの党勢拡大については、突撃隊（SA）[注2]によるより激しい攻撃行動とともに発展していったことに注目したい。「党の集会で反対の叫びをあげる反対派をつまみだす警護組織の団体」がやがて「反対派の集会を襲撃して破壊し……劇の上演や学術講演会を妨害する攻撃組織」へと、「隊の内部では学生と労働者、手工業徒弟と農業下僕など腕を組んで活動したから、そこには階級差別がないような外観となり人気がわいてきた」。

突撃隊員の武装も、当初のベルトと鞭から「鋼鉄製のしなやかな鞭、ゴム棒、ピストル、そして匕首へと強化」され、「街頭でユダヤ人を捕まえ公衆の面前でなぐり倒したり、……社会主義者団体を街頭闘争におびき出したり、……デモ行進をおこないながら、労働者の住居に侵入して労働者を殴ったりした」。また資金が増えてくると「トラックや特別列車を連ねるデモ行進を全国いたるところに展開」し、左翼団体に攻撃を仕掛け多数の死傷者をだした。（「」は、『ヒトラー――ナチズムの誕生――』村瀬興雄著　誠文堂新光社　P３６３）

注２　突撃隊（ＳＡ）は１９２１年10月、旧ドイツ軍将校レームがナチ党防衛のために反共義勇軍に参加した反動的な前線将校と兵士を主な隊員として組織した団体。後には没落した中産階級の子弟や失業でルンペン化した労働者なども参加した。ミュンヘン一揆前、政権獲得直後には戦闘部隊としてテロ行為活動に奔走し、その褐色のシャツは恐怖のまとであった。注６参照。

さて、ナチの党勢が拡大するなか、１９２３年11月８～９日ヒトラーはミュンヘン[注3]で一揆（武装蜂起）を起こした。これは、前年のムッソリーニのローマ進軍（１９２２年10月）に習おうとしたものである。バイエルンの支配者である王党派と結び軍部と同盟してヴァイマル共和政（ヴァイマル体制）を打倒する計画であった[注4]。

注３　第一次大戦後、バイエルン（州）は政治的混乱を極め、ミュンヘン（首都）はヴァイマル共和政に対する「反動の巣窟」となっていた。バイエルンは元々保守的な風土であったが、戦後は無数の極右団体や秘密軍事組織が集まり、民衆や反政府行動団体を懐柔しながら王党主義者・国防軍（退役将校）とも結びながら勢力を拡大していた。また、ヴェルサイユ条約の規定により、軍部の兵力が約４分の１（10万）に減らされたが、武器・弾薬は戦勝国に渡されず民間団体に譲られ、これが間もなく極右団体に渡ることになった。ナチ・突撃隊のなかに多数の旧軍人将校が流入し、いわゆる軍事組織化が進められた。

注４　敗戦を契機にドイツ国内でもロシア革命の影響下に革命が起こり、１９１８年11月ドイツ共和

国が樹立され、初の国民議会が1919年2月9日、ドイツ中央の町ヴァイマルに召集された（革命で混乱しているベルリンを避け）。この議会をリードした社会民主党・中央党・民主党の三党はヴァイマル同盟（連合）を結び、ヴァイマル体制を築いた。この連合政権下に、社会権などを規定した「世界でも最も民主的な憲法」といわれたヴァイマル憲法が生み出された。しかし、ドイツ国民はまだ〝民主主義憲法〟を受け入れる余地はなく、左右両勢力からも評価されずわずか14年間でナチ政権に命脈を断たれた。

11月9日、ヒトラーとルーデンドルフ[注5]に率いられたナチの一団とその同調者3000人ほどは、集会後の市街行進の最中に警察隊と撃ち合いになり、隊列は総崩れとなり一揆は失敗に終わった。それは王党主義者と軍部が時期尚早と反対しバイエルン国防軍[注6]が共同しなかったからである。

注5　1918年西部戦線でドイツ軍の勝利がなくなったとき、ドイツ国防軍を牛耳っていた参謀次長のエーリッヒ・ルーデンドルフは時の首相バーデン公マックスに、ウイルソンの「14か条」に基づく休戦受け入れを提案したが失敗。同年10月参謀本部次長辞職を余儀なくされ、スウェーデンに亡命した。19年2月にミュンヘンに帰国し、以後政治活動に専念し右翼・保守の人望を得た。1923年にはヒトラーが組織させた「ドイツ闘争連盟」（右翼軍事連合）の名誉総裁に就任し、間もなくミュンヘン一揆へ参加することになった。

注6　初期ナチ運動の推進者であり、影の功労者がバイエルン国防軍幕僚長のレーム大尉である。彼は敗戦時にドイツ軍の武器・弾薬を戦勝国に渡さないように計らい、これが民間に譲られこっそり保管され後に右翼団体や突撃隊などに流入した。

党首ヒトラーは逮捕され（ルーデンドルフも）、翌24年反逆罪の判決を受け、レヒ河畔のランツベルク要塞監獄で5年の禁固刑に服することになった[注7]。ところが、この一揆の公判闘争は、ヒトラーの名を全国的かつ大々的に知らせることになった。また、服役中に一揆の挫折を反省しながら、『わが闘争』（第1巻）を部下に口述筆記させ、出版（1925年）したのである（第2巻は、出獄後口述筆記して出版）。

注7　ヒトラーの監獄生活はきわめて快適で、側近や同志とも自由に会談できる環境（破格の待遇）にあったという。

第2章　第一次世界大戦とヴァイマル共和政

1　パリ講和会議とヴェルサイユ体制

世界的規模で行われた帝国主義戦争・第一次世界大戦（1914・7・28～18・11・11）は、ドイツを中心とする同盟国側の敗北で終わった。この間、ロシアに社会主義政権（1917ロシア革命）が樹立され、ドイツにも革命が起こり帝政は崩壊し共和国が誕生した。

(1) ドイツの革命

ロシアの10月革命（ロシア暦17・10・25）から1年遅れて、ドイツにも革命（1918・11・3キール軍港・水兵の反乱）が波及し、兵士・労働者などによる下からの革命[注1]となった。上からの改革は時すでに遅く、地方（邦・ラント）の権力が揺らぎはじめ、11月9日ついに首都ベルリンが制圧され、皇帝ヴィルヘルム2世の退位が宣言され、翌10日皇帝はオランダに亡命した。

帝国宰相バーデン公は、皇帝の退位を発表後、社会民主党のエーベルトに収拾を託し辞職した。

注1　1918年になるとドイツの敗北は明らかになり、全土にストライキが頻発し軍部も和平交渉に乗り出した。10月24日ドイツ海軍首脳部が、ヴィルヘルムスハーフェン軍港の大洋艦隊に無謀な出撃命令を出したことが発端となり、11月3日にキール軍港の水兵が蜂起した。これに労働者が合流しレーテ（協議会）を組織。キールの市政はレーテが握った。たちまち北ドイツの諸港から全国へ広がり、各地にレーテが組織されていった。

同日午後、帝国議会議事堂に集まった群衆を前に、社会民主党の幹部シャイデマンが独断で、ドイツ共和国の成立を宣言した[注2]。

この突発的、「即興」的共和国成立の宣言は、ドイツ再建へ新たな嵐を巻き起こし、前途多難を予測させるものとなった。社会民主党（ＳＰＤ）と独立社会民主党（ＵＳＰ）を中心に組織されたエーベルト新政府（人民会議）は共和制を宣言し、11月11日パリ北方のコンピエーニュで連合国との休戦条約〈ブレスト・リトフスク講和条約の破棄、潜水艦と武器弾薬、航空機を連合国に引き渡すことなど〉に調印した。

注2　シャイデマンは、スパルクス団の指導者カール・リープクネヒトが社会主義共和国の宣言をする予定を知り、機先を制して宣言をしたというが、社会民主党の合意は得ていなかった。エーベルトは、シャイデマンの独断に腹を立てたが、やむなく独立社会民主党の参加を求めて11月10日朝、中央政府を成立させた。社会民主党主流のこの政府は、軍部・政財界の保守派と通じて社会変革を防止した。急進派のスパルクス団の1919年1月の武装蜂起は孤立してしまった。

革命と並行して進められていた休戦交渉は、連合国を代表するフランスのフォッシュ元帥から、ドイツの主席全権エルツベルガーに休戦条約が提示され、これを受け入れたことで4年余にわたる第一次世界大戦は漸く終了した[注3]。

翌19年1月18日、パリで第一次世界大戦の講和会議（会議場はフランス外務省、ドイツを除く）が27カ国の代表70人が参加して開会された。講和会議の主導権は、五大国（アメリカ、イギリス、フランスの三巨頭主導、イタリア、日本）[注4]に握られ、他の22カ国は自国に関係する会議だけに参加するということで、列強中心の講和条約草案作成、その他の措置が決められていった。それは敗戦国に犠牲を強いることが当然視され、各国の新たな利害対立を生み出しかねない内容であった。

注3　第一次世界大戦は、1914年6月28日、陸軍大演習統監のためボスニアの都サライェボに到着したオーストリア皇太子夫妻をパン＝スラブ主義のセルビア青年プリンチップが暗殺（1908年のボスニア・ヘルツェゴビナ併合に対する憤激が爆発したもの）。このサライェボ事件を発端に、7月28日バルカンで開戦。8月1日ドイツはロシアに開戦。同盟国・協商国に連鎖反応し仏、英が加わり空前の大戦争に発展した。毒ガス・戦車・飛行機などの新兵器が使用され、国民の総力戦となった。この戦争はかつてない膨大な被害をもたらした。動員された兵力：連合国側4218万9千人、中欧同盟側は2285万人。戦死と戦病死者：連合国側488万9千人、中欧国側313万2千人。戦傷者：総計2122万9千人、非戦闘員の死亡：664万3千人にのぼる。（『世界近現代全史 Ⅲ』大江一道著 山川出版社）

注4　アメリカ合衆国：ウィルソン大統領、ランシング国務長官。ウィルソン大統領は、14か条の提唱者として華やかに会議に登場。しかし、英仏の帝国主義的要求を飲まざるを得なくなり、彼の理想主義も色あせてきた。イギリス：ロイド＝ジョージ首相、バルフオア外相。ジョージ首相はドイツ植民地の継承を主張し、フランスの大陸制覇を警戒し、ソ連排撃に務めた。「カイゼルを絞首刑に

せよ」「レモンの種子が泣くまで（ドイツ）をしぼれ」の標語を出していた。フランス：クレマンソー首相、ピション外相。クレマンソー首相は、講和会議の議長をつとめたが、ドイツへの厳しい制裁を要求し、その徹底的弱体化を図った。彼はドイツ人に「何もかも払わせてみせる」と国民に約束していたという。イタリア：オルランド首相、ソンニーノ外相。日本：西園寺公望首相、牧野伸顕元外相が全権代表。

この間、ロシア革命を主導したボリシェビキは、ヨーロッパからアジアへと波及し各地域に民族運動を呼び起こしていった。何よりこのボリシェヴィズムを恐れる米・欧州各国は、ロシアを警戒・排除（シベリア出兵・干渉戦争）[注5]しながら講和会議を急いだ。フランスは、宿敵ドイツを軍事的に押さえ込む必要から報復的な要求を出し、イギリスは自国の勢力（帝国の版図）をいかに維持するかで奔走し、過酷な内容には譲歩を求める宥和的な姿勢で臨んでいた。一方、講和会議で歓迎されたアメリカ大統領ウィルソンは、戦後の平和をいかに構築するか、専ら〝国際連盟〟設立に意欲を燃やした。イタリアは、自国の領土の保障以外はノータッチという態度をとり、日本もイタリア同様の姿勢であったが、山東の利権獲得、赤道以北のドイツ領諸島の割譲、人種的差別待遇撤廃[注6]（日本人移民排斥運動の）を求めて講和会議に参加していた。

注5　連合国はソビエト政権打倒のために、1918年4月から22年末にかけて干渉戦争を行った。反革命軍（白衛軍）を支援して、18年4月英軍のムルマンスク上陸を皮切りに、宣戦布告もなしにソビエト領に次々と侵入した。5月には、ロシアに捕虜となったチェコ軍4万5千人が西部戦線にシベリア鉄道で移動中に反乱を起こし、全線を占領し反革命軍を支持した。このチェコ兵救出を口実に大々的な干渉戦争となり、8月日本軍を主力に米、中国も出兵。大戦終了、チェコ軍帰国後もシ

ベリアを占領・駐兵し、ソビエト政権は一時危機に陥ったが、各国の利害や思惑の衝突、国内民衆の反対、侵略軍に対するソ連民衆の抵抗、増強された赤衛軍の反撃を前に、22年10月に撤兵した（米軍は日本軍に非協力的で、20年はじめ英・仏の撤兵に先駆けて撤兵した。日本軍はひとり22年まで駐兵（北樺太には25年まで）し、尼港（にこう）・ニコライエフスク事件を招き、内外から非難された）。シベリア出兵：日本7万3千人の出兵、各国協定は7千人、日本は10億円の戦費を使い、３５００人の死傷者を出し、無為、敗北に終わった。日本史上最大の「米騒動」（民衆蜂起）を引き起こし、政治危機をまねいた。

注6　日本は、主席全権に西園寺公望、牧野伸顕、珍田捨巳（駐英大使）、松井慶四郎（駐仏大使）、伊集院彦吉（駐伊大使、後に追加）を全権とし、総勢約60名の全権団を送った。牧野は「人種的、宗教的な憎しみが紛争や戦争の源泉となってきた」と主張し、人種差別の撤廃に向けて粘り強く交渉を続けた。結果は、ウィルソンの全会一致を要するとの意見で日本案は退けられた（4月11日の最終委員会で、16名中11名の賛成であった）。講和会議で宣言された民族自決の原則は、朝鮮人の独立心をかき立て内外各地で集会が行われていた。この3・1独立運動を弾圧する日本の行動に欧米は非難の目を向けたがそれ以上の介入はしなかった。7月、イギリス外相は、訪問した珍田捨巳大使に「……私は日本の憲兵と軍隊がこれらの運動をきわめて残忍に扱ったという大量の証拠を得ている」と遺憾の意を表した。日本政府は8月斉藤総督に代え武断政治から「文治統治」へと切り替えた。

(2) ヴェルサイユ条約

１９１９年5月7日に条約文が可決（ポルトガル・フランス・イタリア・中国は保留）されドイツに手交された。あまりにも過酷な内容にドイツは強い不満を示したが、結局屈服し、6月28日正午（第一次世界大戦の引き金となったサライェボ事件勃発の日）ヴェルサイユ宮殿鏡の間で調印式が行われた。

連合国（中華民国を除く）26カ国の全権とドイツ全権ヘルマン・ミュラーらが条約に署名し、ここにヴェルサイユ条約が成立した。この条約は、15編440条という膨大な条文から構成されており、第1編には、国際連盟規約（ウィルソンの活躍による）が入れられ、ドイツに対する①領土削減と海外領土の没収、②旧ドイツ植民地に〝委任統治〟方式の採用[注7]、③ドイツの戦争責任追及と賠償取り立て、④ドイツの軍備制限などが詳細に決められた。

条約の内容は下記のとおり。

①ドイツ本国の領土に関して：フランスにアルザス・ロレーヌを返還し、ザール炭田地方の15年間の国際連盟管理およびその後の住民投票による帰属決定を定め、ポーランド、チェコスロバキアの独立を認め、ベルギー、リトアニアに領土の一部を割譲。ダンツィヒ（現グダニスク）は国際連盟管理下（自由市）におく。シュレスヴィヒその他の帰属の住民投票を実施する。港湾使用にはポーランドの特権を認める。……これによって、ドイツ本国は、領土面積で13％、人口で10％が削減された。（ヴェルサイユ条約第2編）

②海外植民地はすべて没収された。東アフリカ：イギリス・ベルギーに。西南アフリカ：南アフリカ連邦に。トーゴランド・カメルーンが東を東西に分けられ、イギリス・フランスに。赤道以北の南洋諸島を日本に、以南をオーストラリアに「委任統治」として割り当てられた。山東半島のドイツ権益は、中国が回復を主張、日本は譲渡（東アジアへの勢力拡大を図る）を要求し対立した。アメリカは日本に加担し、石井・ランシング協定（1917・

11・2共同宣言）から後退。そして日本への譲渡を4月30日に決定した。これにより、中国民衆は憤激し、5・4運動（反日運動）を引き起こし、中国代表の顧維鈞らはヴェルサイユ条約の調印を拒否した。

③ヴェルサイユ条約第231条によって、戦争責任はドイツおよびその同盟国にあると断定。連合国へ与えたあらゆる損害は、ドイツが賠償することが決められ、その賠償総額は1320億金マルク（まさに天文学的数字といわれた）となった。このことが、ドイツ経済を麻痺させ破局的なインフレーションを引き起こし、ドイツ国民を絶望の淵に追いやることになった。以後ドイツ国民の怨嗟の声は、ナチの台頭を許すことになった。

④ドイツの戦争責任を厳しく問うイギリスに、米・仏・伊・日も同調し、ドイツ皇帝ヴィルヘルムの処罰が取り上げられたが、亡命国オランダが引き渡しを拒んだために皇帝の裁判は実現しなかった。軍備制限（ヴェルサイユ条約第5編）：ドイツ陸軍は、兵力10万に制限され、参謀本部、義務兵役制度（徴兵制）、潜水艦と空軍の保有は禁止、海軍は既に戦闘と連合軍への引渡しによって大損害を受けていた。海軍兵員は1万5千に制限され、軍艦保有は10万トンに制限され、兵器・弾薬・軍用資材の保有量も制限された。連合国は、この実行を監督する国際監視委員会を設置した。

注7　委任統治：第一次世界大戦後の敗戦国ドイツ・トルコの領土処分の一形式で、国際連盟から統治を委任されるという名目で、事実上は領土の再分割であった。民族自決を適用したくない（認めた

くない）アジアに多く施行された。イラクは、旧トルコ領であったが1920年イギリスの委任統治領とされ、1932年に独立。パレスチナは、旧トルコ領。20年イギリスの委任統治領となる。シリアは、旧トルコ領。20年フランスが委任統治。43年独立国となった。この制度は、国際連盟規約第22条では、これらの地域が「人民発達ノ程度」が低く、「先進国」が「文明ノ神聖ナル使命」として後見するのだという露骨な文明意識を根拠にした（『世界近現代全史 Ⅲ』大江一道著）。

ヴェルサイユ条約は、三巨頭のリードで大国主義の立場から強引に成立させられた法案である。中でもフランスの安全保障上からの要求で紛糾したのが、ライン左岸（西岸）の処置であった。結局、ラインラントの分離は民族自決に反する（ウィルソンやロイド・ジョージが反対）とされ、ライン左岸は連合国軍が15年間保障占領する。ライン川の東の幅50kmの地帯を非武装地帯とし、ドイツの軍事施設と駐兵、軍事演習の禁止が条約に盛り込まれた。ドイツの賠償については、当面1921年までに200億金マルクを支払うこととし、総額は21年4月に1320億金マルクと正式に決定された（大戦にともなう各国個別の条約や各国の状況については割愛する）。

ヴェルサイユ条約とそれに続く一連の第一次世界大戦の講和諸条約によって、ドイツをはじめ敗戦国再起の防止、反ソ反共、再分割後の植民地の維持、各国内の議会主義化の促進などを規定するヴェルサイユ体制がここに成立した。この体制維持の中心が国際連盟[注8]であり、世界恐慌まで連盟は正式に機能した。

注8　ウィルソンの14か条提案に基づく史上初の集団的安全保障機構。1920年年1月に発足。アメリカの不参加、ソ連、ドイツの排除、英仏の主導、各国1票・全会一致の原則、制裁規定の不明

連合国の平和条約に抗議するベルリン市民たち

（『世界史体系15』誠文堂新光社　P7より）

「ドイツの講和の基礎としてウィルソンの14か条を受け入れたのであって、それ以外の条件は受け入れられない」と抗議した！

確な点などはあったが、国際協調の機能は維持されていた。本部はスイスのジュネーブに置かれた。連盟には常置の事務局他、国際労働機関（ＩＬＯ）、国際司法裁判所等を設置。常任理事国：英・仏・伊・日の４国、26年に独を加えた。

ヴェルサイユ条約と一連の諸条約による世界の新秩序・ヴェルサイユ体制は、敗戦国ドイツに新たな煩悶と世界秩序への懐疑（挑戦）をもたらすことになった。

2　ヴァイマル憲法（ドイツ国憲法）

１９１４年にはじまった第一次世界大戦は、長期化した総力戦のなかで、ドイツ帝国の資源・生産力の低下が次第に明らかとなり、また17年のロシア革命やアメリカの参戦でドイツはついに降伏（1918年）し、戦争は終結した。敗戦を機にドイツ国内には、ロシア革命の影響を受けた革命が起こり、各地に労働者・兵士の協議会（レーテ）がつくられた。皇帝ヴィルヘルム2世は、敗戦と革命のドイツを逃げ出し（退位しオランダに亡命）、ここにドイツ共和国が樹立（1918年11月9日）された。

臨時政府のもとで、1919年1月19日、国民議会選挙が行われ（共産党はボイコット）、2月6日ヴァイマルに召集された国民議会は、エーベルト（社会民主党）を大統領に選出し、シャイデマンを首班とする三党（社会民主党、民主党、中央党）のヴァイマル連合内閣が発足した。

6月28日、ドイツは過酷なヴェルサイユ講和条約に調印し、8月11日ヴァイマル憲法[注1]を公布した。この憲法は、第一次世界大戦後の世界で最も自由かつ民主主義的な憲法であり、その特徴は、生存権・団結権・勤労権などの社会権とともに、財産権の制限を認めた最初の資本主義憲法である。また、国民主権、普通選挙、婦人参政権、比例代表制、大統領直接選挙制、連邦制国家、民主的な上院、基本的人権、国民投票制度などが定められており、20世紀憲法の先駆けをなした憲法である。

注1　ヴァイマル憲法：公式名はドイツ国憲法。憲法制定議会が開催された都市ヴァイマルの名に由来する通称である。ドイツ共和国内相（民主党）のフーゴー・プロイスによって起草され、初代大統領フリードリヒ・エーベルトが1919年8月11日調印・制定。8月14日公布・施行。前文：「ドイツ国民は、民族が団結し、自由と正義のもとで、新しい強大な国家を目指し、内外の平和に貢献し、社会進歩を促進させるため、この憲法を採択した。」（ウィキペディア：ヴァイマル憲法参照）

以下、ヴァイマル憲法を抜粋する（『人権宣言集』〈岩波文庫〉。ライヒは国に直している）。

第2章　共同生活

第119条　①婚姻は、家族生活および国民の維持・増殖の基礎として、憲法の特別の保護を受ける。婚姻は両性の同権を基礎とする。

第4章　教育および学校

第145条　①就学は、一般の義務である。その義務の履行は、原則としてすくなくとも8年の修学年限を有する小学校と、これにつづく18歳までの上級学校（への就学）によってなされる。小学校および上級学校における授業および学用品は、無償である。

第5章　経済生活

第151条　①経済生活の秩序は、すべての者に人間たるに値する生活を保障する目的をもつ正義の原則に適合しなければならない。個人の経済的自由は、この限界内で確保されなければならない。

第153条　①所有権は、憲法によって保障される。その内容およびその限界は、法律によってこれを定める。
②公用徴収は、公共の福祉のためにのみ、かつ、法律の基礎にもとづいてのみ、

これを行うことができる。公用徴収は、国の法律に別段の定めがないかぎり、適当補償を給して行われる。……

第157条　①労働力は、国の特別な保護をうける。②国は、統一的労働法を制定する。

第159条　①労働条件および経済条件を維持し、かつ、改善するための団結の自由は、各人およびすべての職業について、保障される。この自由を制限し、また妨害しようとするすべての合意および措置は、違法である。

第161条　①健康および労働能力を維持し、母性を保護し、かつ、老齢、虚弱および、生活の転変にそなえるために、国は、被保険者の適切な協力のもとに、包括的保険制度を設ける。

第165条　①労働者および被雇用者は、同等の権利をもって企業者と共同して、賃金条件および労働条件ならびに生産力の全経済的発展に協力する使命を有する……

（宮沢俊義他編『人権宣言集』岩波文庫）

上記のとおり、家庭生活・婚姻に関する条項、一般教育および学校教育の条項、生存権についての条項、経済に対する国家の干渉についての条項、労働についての条項を定めて、何よりも「人間の生存が経済的自由よりも優先される」とする社会権の思想をもりこんでいるところに、この憲法の特質があると思う。

なぜ、このような民主的憲法が作られたのだろうか。それは、第一次世界大戦の敗北やロシア革命後のドイツ11月革命（1918・11〜19・1）にみられるドイツ資本主義の深刻な体制的危機があり、国家の積極的な介入なしには、その政治や経済的矛盾を解決できないということが、明らかになったからである。

ところが、ドイツ国民は、この優れたヴァイマル憲法を、国民自らがつくった憲法であるとの自覚や認識が乏しく、その結果、憲法受け入れを躊躇するような、全面的信頼を得るまでには至らなかったようである（敗戦後の状況で、やむなく作らされた憲法？）。そこには、ドイツに対する過酷なヴエルサイユ条約があり、多額の賠償金・世界大恐慌・左右両勢力による批判のなかで、国民への十分な普及と理解が進まなかったことや、政府にその力量・余裕さえなかったことがあると考えられる。

結果的に言えば、ヴァイマル憲法は十分に実現されないまま、こうした混乱の中から、憲法が保障した自由を利用して、〝ドイツ人のドイツ国家〟を掲げるナチ党が、巧みな宣伝によって急成長をとげるのである。ナチ党（ヒトラー）は、憲法の定める国民投票制度や大統領の大きな権限を行使しながら、暴力を背景にした大衆動員によって、ヴァイマル憲法・ヴァイマル共和国体制の息の根を止めてしまったのである。

敗戦後の混乱・荒廃したドイツ国民にとってあまりにも理想的であり、自国の憲法（民族の血と汗の代償？）という感覚には程遠かったのだろうか。……空腹を満たすことが何よりも先であったことは確かであろう。このヴァイマル憲法が決して〝絵に描いた餅〟でなかったことは、歴史が教えるところであるが、ヴァイマル憲法に対するドイツ国民の期待や思惑、好感度などについては、次項に譲りたいと思う。

ナチに息を絶やされたかに見えたヴァイマル憲法であったが、この憲法の特質は、やがて、第二次世界大戦直後の資本主義諸国へ……日本国憲法（1946）、フランス第四共和制憲法（1946）、イタリア憲法（1948）、西ドイツ・ボン憲法（1949）などに受け継がれていった。また、この思潮は、「世界人権宣言」（1948）や「国際人権規約」（1966）の中に規定され、社会権を含む基本的人権の尊重こそが、国際平和の基礎であることを明瞭にしたのである。

――この稿を書きながら、ふと日本の敗戦後、日本国憲法の成立から今日までの歩みを想ってしまった！　どこか、第一次大戦の敗戦からヴァイマル共和政のドイツと日本の戦後のあり方が、オーバーラップ（部分的であるが）するのである。ドイツのことを考えると、ついヴァイマル憲法を思い日本国憲法と戦後の日本を考えてしまう。ヴァイマル憲法への思い入れが強いせいかもしれない。とりわけ2007年以降、安倍政権の平和憲法破棄への攻撃は、より具体的なかたちで、国民生活に様々な歪みをもたらしており、先日12月6日（2013年）深夜強行採決・成立した「特定秘密保護法」は、まさに憲法封殺への布石といえる。全く民意を省みない強権政治！

こうした現状を考えるとなおさらに、ヴァイマル共和政（ヴァイマル憲法）がどのようにして壊されていったのか注目せざるを得ない。

3 ヴァイマル憲法とドイツ国民

――前稿の終わりに、「特定秘密保護法」は、まさに〝憲法封殺への布石〟と書いたが、その1週間後の2013年12月26日安倍晋三首相は、靖国神社へ参拝（念願の！）した。首相にとっては、中国、韓国をはじめアジア各国や欧米諸国の批判など十分計算ずくの参拝である（去る8月15日不戦の誓いを避け、靖国神社への代理参拝・玉串料納入したのは、今参拝に繋がる首相の本音であろう）。

安倍首相の「戦後レジームからの脱却」は、2006年の教育基本法改悪（第一次安倍政権の12月22日公布・施行）から具体化しており、改憲へのプログラムを実現、実行するにふさわしい政治・社会的状況があると踏んだからだろう。民意を蔑ろにし、なりふり構わない強引なやり口は、ファッショ政治そのものであり、大いに警戒しなければならないと思う。

2014年1月24日、第186通常国会が開会したが、安倍首相の独裁的姿勢は酷くなるばかりである。集団的自衛権行使容認に向けて首相は、「政府が適切なかたちで新しい解釈を明らかにすることで、（行使容認）可能であり、憲法改正が必要との指摘は当たらない」と述べ、「最高責任者は私だ。政府の答弁に私が責任もってその上で、選挙で審判をうける」などと立憲政治を否定する発言を繰り返している。また、首相の余勢を借りた人たちの妄言や謗言も相次いでいるが、ことばを弄しつつ強権政治へと国民を煽る安倍政権に、〝NO〟の怒りを結集したい。

(1) 戦後賠償とドイツ国民

さて、あの民主的なヴァイマル憲法を成立させた当時のドイツ（人）の状況はどうだったのだろうか。「当時、ドイツの民衆は、第一次大戦の敗北や帝政の没落の追憶、ヴァイマル共和国の政治的不安定によって、生きる上で頼りとなる方向付けを失い、その批判的な判断力も弱められていた」。そして「デモクラシーは、戦勝国から強制されたものとみなされ、国民は、むしろ、これまでの官憲国家の権威思想にとらわれていた。こうした危機的状況の中で、ナチ党は、新しいドイツを約束し、ドイツ国民のナショナルな意識を強めることを心得た政党として躍進していった」（宮田光雄著『ナチ・ドイツと言語――ヒトラー演説から民衆の悪夢まで――』岩波新書 P4）。

予感されていたとはいえ、ヨーロッパを席巻していたドイツ帝国が雪崩を打って崩れゆくさまと新たな革命旋風は、ドイツ国民にとって戦後の凄まじいインフレーション注1と敗戦の虚脱感に一層の拍車をかけたに相違ない。旧支配層のみならず庶民階層も、生きる方向のよりどころを失ったのである。

注1　戦後ドイツのインフレーションについては、フランス・ベルギー軍のルール占領に対する生産停止によって爆発的に進行した。1923年には、マルクの価値は戦時中の1兆分の1に下落、俸給生活者は破滅状態（〝卵をひとつ買うのに、バッグに札束をいっぱい詰めた〟話も）となり、政治危機をもたらした。共和政打倒を目指したヒトラーのミュンヘン一揆はこの時に起きている。

戦後の〝雲を掴むような〟（天文学的な金額）賠償金１３２０億金マルク注2の圧迫は、ドイツ国民をやり場のない不満と怒りの淵に立たせた。そうした中で、「ドイツが賠償支払いの延期（支払い猶予）を求めてきたのに対して、フランス首相ポアンカレはルール地方を占領する決定を下したが、これがドイツ国内のインフレーションを高進させ、経済再建を頓挫させただけでなく、あらゆる立場の分離主義者と極左の連中をめざめさせる役割を果した」のである（『ヴァイマル共和国』リタ・タルマン著　長谷川公昭訳　白水社　２００３）。

注2　賠償金の支払い方法（１９２１年４月）：①毎年20億マルクの現金②年輸出額の25％③公債利子積立金として輸出額の１％の金額支払が規定された。

フランスのルール占領注3がその後のドイツの歩みを規制し、国際秩序に対する不信感を助長させたことは、その後の歴史にみるとおりである。フランスのルール占領に対し、ドイツは、ルール地方の石炭生産と輸送を停止し、占領軍への不服従抵抗という対抗措置をとった（これは「受動的抵抗」または消去的抵抗ともいわれる）。そのためフランスはその成果を得ることなく、１９２４年末に採択されたドーズ案注4を受け入れ、翌25年７月にルールから撤兵し、以後対独協調へと転ずることになった。

注3　ルール占領（１９２３～25）：ドイツの賠償支払い遅延を理由に、仏・ポワンカレ内閣は、１９２３年１月11日、「生産担保」を口実にして、ベルギーを誘い鉱工業地帯のルール地方を占領した（フランス・ベルギー軍６万人が駐留）。ドイツ政府は同地方の生産停止で抵抗した。その間労働者への賃金は支払われたので、極度のインフレとなった。

注4　ドーズ案：ドイツの新賠償方式で、アメリカの財政家ドーズを会長とする特別委員会が作成。向こう5カ年間の年次払い額を、ドイツに有利に工夫して当面の危機を回避することがねらいで、鉄道収入や関税、酒税、アルコール税からも賠償金を支払わせることなどを決めた。ドイツ経済の再建と合理化の基礎となった。

この間の経緯をみると、インフレ進行を止められないドイツ政府に対し、１９２２年、賠償支払い能力を検討しにイギリスのケインズら経済学者らが来独し、税制の改革と通過量の縮小を勧告したが、ドイツ政府は賠償支払いの一時停止が通貨安定をもたらすと主張。インフレで得をしている大地主や資本家らによる妨害もあり、インフレ抑制策は先送りされることになり、インフレで大打撃を受けている中間層の人たち注5の間には、次第に排外主義的ナショナリズムを受け入れるような空気が広がっていた。

注5　「……一束の紙幣が燃やした際の発熱量のほうが、それで買える石炭の発熱量より大きくなってしまうという事態さえ起こった。……中間層の大部分は、民主主義のヴァイマル共和国が自分たちを欺き、財産をかすめ取ったのだと感じるようになっていた。」（ウルリヒ・リンゼ『ワイマル共和国の預言者たち』ミネルバ書房。『ナチスの国の過去と現在』望田幸男著　新日本出版社）

(2) インフレの進行と社会不安

クーノー内閣の「受動的抵抗」（消極的抵抗）方針は、国民の熱狂的な支持（ナショナリズムの高揚）を得たが、ドイツ経済に対する打撃も大きく、インフレを一層加速させてしまった。このために、社会不安[注6]が増大（破局的な生活を余儀なくされている多数の中小市民階級の共和制に対する不満、ゼネストや左右勢力の揺さぶり）し、クーノー内閣からシュトレーゼマン大連合内閣[注7]へと政権交代（8・13）が行われ、受動的抵抗から積極的政策（履行政策）へと転換された。

これに対して左右両翼からの反発が強まり、ザクセンとチューリンゲンにおいて、ドイツ共産党と社会民主党の連立州政府が組織され武装蜂起・ゼネストが企てられた（10月中旬）。政府は全土に非常事態宣言を発し、国防軍によってこれを制圧した。また、バイエルンのミュンヘンでは、11月8～9日にヒトラーとルーデンドルフが「ベルリン進軍」（「ミュンヘン一揆」）を起こし、中央政府を倒そうと武装デモ行進を始めたが、待機していた警察隊に蹴散らされて一揆は失敗に終わった。間もなく2人は逮捕されヒトラーは反逆罪の判決を受け、5年の禁固刑に服することになった（「ミュンヘン一揆」については、第1章第3節で既述、参照）。

注6　受動的抵抗の間、「産業経営者に補助金を与え、ストライキ中の俸給生活者にも補償金を給付しなければならず、その負担額は35億マルクにも達した。その金額は、ドイツが負担不可能であるとみずから主張している年間賠償負担額の2倍以上にのぼるものであった。しかも、そのほかに生産活動の混乱もあり、民衆の間に貧困と無秩序が蔓延したことも争えない事実だったのである」（リタ・タルマン著『ヴァイマル共和国』P51～52）

注7　シュトレーゼマン（1879～1929）：敗戦までは右翼的であったが、ドイツ人民党首となり、1923年に大連合内閣（社会民主党・民主党・中央党・人民党の連立）首相として、通貨の安定や経済の再建に努力した。以後は歴代内閣の外相となり、協調外交を積極的に行い、ドイツの経済的回復と平和外交の主役となった。

シュトレーゼマン内閣は、ともかく左右からの同時的蜂起を阻止し、内乱の危機を克服した。しかし、インフレは留まるところを知らず、23年末には1ドルが4兆2千万マルクと天文学的数字に達し、国民生活は限界に達し革命の危機を迎えていた。11月15日、政府はインフレ収拾のために、ドイツの不動産と商工業資産を担保とする不換紙幣レンテン・マルク制度[注8]を導入した。これは従来の1兆紙幣マルクを1レンテン・マルクに換算して交換する制度である。この通貨改革によってマルクは信用を回復し、翌24年にはインフレが奇跡的に終息し、10月には金本位制度を基礎とするライス・マルクに引き継がれて、レンテン・マルクの役目は終了した。

ドイツのインフレの凄まじさは、世界中に大きな波紋をもたらしたが、当時日本においても新聞[注9]がルール占領とあわせて連日報道しており、いかに注視していたかがうかがえる。

ドイツは、大胆な通貨改革「レンテン・マルクの奇跡」と、「ドーズ案」を受け入れたことによって、社会不安は一応おさまり、相対的に安定した時期を迎えたが、しかしこの安定期も長くは続かなかった。

注8　レンテン・マルク制度：シュトレーゼマン首相がヒルファーディング（社会民主党党首）やヘルフエリヒ蔵相（国家人民党）らと協議をして発行に踏み切った通貨制度。

注9　「夕刊東京朝日」の1923（大正12）年の8月12日付は〝マルクの暴落新記録〟の見出しで「仏のルール占領、膨大な賠償、物資の欠乏などにあえぐ独のマルクは連日下落を続け、ついに1ポンド2700万マルクを超えた。紙幣は紙くず同然となり、労働者は金貨マルク支払いを要求してスト（抄録）」の記事を掲載。13日付「〝ゼネストで独政府倒れる〟……マルク相場の暴落と食糧不足に

「札束で遊ぶ子どもたち」
（『20世紀の全記録』講談社 P36）

抗議するゼネストでドイツ国内は騒然となり、左翼政党の集会は禁止され、戒厳状態。クノー内閣はついに辞職し、シュトレーゼマン連合内閣が成立した（抄録）」の記事。そしてドイツ政府が11月15日レンテン・マルクを発行したことを「東京朝日」は11月18日付で「レンテン馬克発行【伯林国際16日発】レンテン銀行は今日よりレンテン馬克を発行し出したが政府は、紙幣総額九億レンテン馬克の一億レンテン馬克を政府に提供せしむることに決した。其の目的は連合軍占領地帯内に於ける独逸の職工に給料支払い特に失業者に対する補助金支払いを継続するためであると」と報道。また、〝ヒトラー、活発な動き〟（大阪朝日1・21付）〝「ミュンヘン一揆」失敗〟（東京朝日11・11付）など、ドイツ情報を詳しく報じている。

第3章　ヴァイマル共和政の解体とヒトラーの政権獲得

――2014年初め、安倍首相は、集団的自衛権の行使容認は、〝解釈改憲〟で可能であり、閣議で決定すれば良いと捲し立てているが、本当にそれでいいのだろうか。そもそも第9条について、歴代政権が自衛権（個別的）の拡大解釈を続けてきたこと自体が問題である。

かつて、第一次大戦後の不戦条約（1928年）は、「総ての戦争の違法化へ」（国際平和へ）の潮流となったが、欧米諸国は条約の隙間をねらって、〝個別的自衛権はある〟（侵略戦争の違法化であり）と暗黙の了解をしたが、日本はさらに自衛権の解釈を拡大するという手法で、満州支配（中国東北部）の権益を正当化しようとした。つまり、日本は不戦条約を空文化（風穴をあけ）させつつ大陸への侵略政策を続け、ついに日中戦争から太平洋戦争と突き進んでいった歴史がある。これまでの政権与党は、歴史から何を学んだのだろうか。（蛇足：3・12参院予算委員会で、井上哲士議員が政府の「武器輸出三原則の廃止」を批判・追及。安倍首相は、「今まで既に21項目の穴を開けてきた。新原則はこれを整理しルールを明確化、透明化するものだ」と「武器輸出三原則」を廃止し、武器輸出政策を正当化した。）

議会を軽視する安倍首相の二枚舌によって、国民の前に事の本質が次々と明らかになってきたようだが、一体誰のための政治か？　しっかり見極めたいと思う。

さて、本題にもどろう。ヴァイマル共和政は、社会民主党主導下にヴァイマル憲法という民主的な器を作ったが、政権参加各党の思惑から完全な政策と実行にはなかなか至らなかった。国民は政権への期待（議会制民主主義）と不満を抱きながら、力強いドイツ民族のドイツ的（ゲルマン人）国家像を求めていった。

1　ヴァイマル共和政の動揺

(1)　ヒトラーの公判闘争と『わが闘争』の出版

シュトレーゼマンの外交戦略によって、ドイツ経済は次第に安定し、1925年には戦前の賃金水準に回復し失業者も減少した。政権は同年フランスとの安全保障条約を提案し、スイスのロカルノで国際会議が開かれ、ロカルノ条約[注1]は12月1日ロンドンで正式に調印された。翌26年9月、ドイツは国際連盟に加入し孤立状態から解放され、国際的地位も大いに改善された。また、この条約発効によって国際的緊張もようやく緩和され、平和への展望も開かれてきた。この功績によってシュトレーゼマンは、同年ノーベル平和賞を受賞した。

注1　この条約はシュトレーゼマンの構想で、イギリスのチェンバレン、フランスのブリアンがそれを進め、ヴェルサイユ条約の規定するフランス・ベルギー間の国境の改訂を企てないこと、ライン

ラントの現状維持をあらためてドイツが約束したもの。これはドイツの国際的地位を向上させるとともに、ヨーロッパの不安を一掃して平和と国際協調の上に大きな成果をもたらした。この条約でドイツは1926年9月国際連盟へ満場一致で加入した。

しかし、この間にもドイツ社会は次第に保守化傾向を強めていた。それは、国家反逆罪に問われたミュンヘン一揆の首謀者ヒトラーが懲役5年の軽い判決（愛国的動機によるデモと認定）であったこと、レーム陸軍大尉（ナチ突撃隊と国軍との橋渡し役）が禁固1年3カ月、ルーデンドルフ（2度目の蜂起）は無罪釈放となったことにも表れている（1924年4月）。しかもヒトラーはわずか9カ月の拘禁で保釈され（12月20日）ランツベルク監獄から出所している。この判決は、まさにバイエルンの国家主義的傾向の反映であり、後に〝茶番劇裁判〟と皮肉られた理由である。

ヒトラーは、服役中に『わが闘争』第1巻を、出所後に第2巻を口述筆記させ出版した。この書には自分の生い立ちから、歴史観、国家観、民族観、そしてアーリア人種の優秀性やユダヤ人に対する激しい憎悪が書き連ねられている。

公判闘争は、ヒトラーの名を一躍全国に知らしめることになり、保守派の人々は彼を英雄、愛国者にまつり上げてしまった。1925年ヒトラーはナチ党の再建大会（2月27日）を開き、合法的な政権獲得へ方針を転換し『わが闘争』の青写真に向かって再出発したのである[注2]。

注2　ヒトラー獄中でのある会話：「一揆や暴動で権力を手に入れようなどと思いめぐらす代わりに、われわれは鼻をつまんで、カトリック教徒やマルクス主義者の国会議員と対抗して、国会の議席を獲得しなければならない。たとえ選挙で彼らに勝つことが暴力で勝つより長くかかるとしても、少

なくともその結果は、彼らがつくった憲法に保障されることになる」(『ナチスの国の過去と現在』望田幸男著 新日本出版 P76参照)。

その翌日、奇しくも初代エーベルト大統領(社民党)が急死し、ここにヴァイマル共和国初の大統領選挙が行われた。結果は、右翼が推す帝政派のヒンデンブルク老将軍(軍閥、ユンカー両代表の元参謀総長)が1466万票(得票率48・3%)を獲得して当選。ヴァイマル連合(諸党)が支持する中央党のヴィルヘルム・マルクス元首相は1375万票(43%)、共産党書記長のエルンスト・テールマンは、193万票(6・3%)に留まった。ヒンデンブルク大統領は、憲法遵守を誓い、保守派の期待を担い国防軍への統制力を効かせながら無難なスタートとなったが、政権の不安定さは相変わらずであった[注3]。

注3 元参謀総長が大統領に選出されたことは、国粋主義者たちにとっては、大きな希望を抱かせるものだった。これまで国防軍は「超政治的であり、したがって高度に政治的なものであった。……政党を超越する立場により、国防軍は重大な時には、その重みを内政上の決定のバランスに投入する可能性が与えられていたからである。……最後は国防軍が自分たちの味方になるものとつねに期待していたし、事実この期待は誤りではなかった」(『ナチスの時代』H・マウ H・クラウスニック著 内山 敏訳 岩波新書 P4参照)。

右翼勢力の台頭が明白になるなかで、1928年5月総選挙[注4]が行われ、ナチ党は党再建から3年後の初めての総選挙であったが、前回より2議席減と振るわず12議席に留まった。社会民主党が153議席を獲得(24年末総選挙より12議席増)し第1党となり、共産党は54議席(9

議席増）とし左翼の勝利となった。政府は8月27日不戦条約に調印。

注4　この選挙の争点は「装甲巡洋艦A」の建造費であったが、ヴァイマル共和政は激しく揺すぶられることになった。ドイツはヴェルサイユ条約の軍艦保有制限（10万トン以内）に反しない高性能ポケット（豆軍艦とも）軍艦を建造するために28年度予算に900万マルクを計上していた。社会民主党は「軍艦のかわりに学校給食を！」のスローガンを掲げて選挙戦を有利に進めた（『世界近現代全史Ⅲ』大江一道著 p179注参照）。

(2) ナチ党の台頭

ナチ党は、議席は減らしたが「無力な共和国政府に失望していた保守資本家、地主層をナチへと向けること」になり、党勢（党員数）は全国的に伸展し再出発した。「ナチには次々と政治資金」が送られており、党の財政状況は大きく改善されることになった。

総選挙の結果、1928年6月に社会民主党のヘルマン・ミュラーを首班とする（大連合）連立内閣が5年ぶりに成立し、同年9月賠償問題が話し合われ妥協の末翌29年6月「ヤング案」[注5]（賠償協定）が成立した。またこの賠償問題の処理と抱き合わせて、ラインラントからの撤兵もハーグ賠償会議（8月）で決定され、ドイツはヴェルサイユ条約の修正をまた一歩進めたことになる。これは協調路線をとるシュトレーゼマン外交戦略の成果であるが、シュトレーゼマンは、ハーグ賠償会議から帰国後過労により1929年10月3日急逝した。

注5　1929年米の銀行家ヤングを議長とする会議で「ヤング案」が作成された。これはドイツの

賠償支払い期間を58年に限定し、実質的に総額1320億金マルクを320億金マルクに引き下げ、従来の諸条件を破棄したもので、ドイツにとっては一層有利なものであった。ところが、国家人民党がナチと手を握り、ヴェルサイユ体制に批判的な世論を利用してヤング案反対闘争を起こした。しかし、国会は多数で批准した。

ヤング案成立は、「右翼勢力の絶好の攻撃目標」となり、資本家・経営者の代表A・フーゲンベルクが国家人民党の党首（29年7月）になると、彼はナチ・ヒトラーと組んで政府の賠償政策に反対する国民投票の実現に向けて請願活動を始めた。ヒトラーはヴェルサイユ条約の枠内を是とするヴァイマル共和政の外交政策そのものを非難し、フーゲンベルクと共闘したが、彼は右翼反対勢力のなかでは最も急進的な立場にあった。

1929年10月24日、ニューヨーク株式の大暴落をきっかけに始まった世界恐慌は、ドイツ・ヴァイマル共和国にもすぐ波及した。前年からはじまっていた不況に世界恐慌が直撃し、不安定なドイツ経済はたちまち大打撃を受けた。世界恐慌による失業者の増大（400万人）は、階級間の対立をより激化させ、ヴァイマル共和政への不満もまた増幅されるなか大衆の組織化に乗り出したナチ党は、労働者の革命化を恐れる資本家たちの支持を受け、急速に大きな政治勢力に発展し、ドイツのファッショ化を一段と進めたのである。

激しい反対闘争にさらされたヤング案は、1930年3月の国会で承認されたが、ミュラー内閣は、失業保険法問題で崩壊した。その後、ヴァイマル共和国の議会制民主主義は急速に空洞化し、反ヴェルサイユ体制の勢力を結集させたヒトラー政権によって、ヴァイマル憲法は完全に封殺され、ドイツ共和国の民主主義は扼殺されてしまうのである。

ナチ・ドイツの時代は、日本の軍国主義（軍部ファシズム）の時代と平行しているが、日本は絶えずドイツ情勢を窺いながら、対外膨張政策（侵略政策）を進めており、ナチズム時代を紐解くことは日本を省みる大きな糧を得ることになると思い、あらためて『わが闘争』を読み始めた。

１９２８年は世界史的には不戦条約が誕生し、国際社会は戦争の違法化・平和への希求が共通の課題であることを謳った年である。ロカルノ条約以後の国際協調主義の一つの頂点が不戦条約である。正式名は「戦争放棄に関する条約」であるが、提唱者の名をとってケロッグ＝ブリアン条約（仏外相ブリアンが米国務長官ケロッグに提案した）とも呼ぶ。

同年8月パリに15カ国（当時の五大国とドイツを含む）の代表が集まり調印した。この条約は国際紛争を解決するのに武力を用いることなく、国策として戦争を放棄することを定めている（日本国憲法第9条の源流か）。違反者に対する罰則がないこと・自衛のための戦争を禁じたものではないこと（交換文書で明らかにされた）が特色。後に65カ国が加盟したが、米・ソが加盟したことは、当時としては画期的なことであった。

日本（常任理事国）は、〝第1条の「其の各自の人民の名において」なる字句は、帝国憲法の条章より観て日本国にかぎり適用なきものと了解することを宣言す〟と留保し、不戦条約に署名した。この年、日本では日本共産党に対する全国いっせいの大弾圧、３・15事件がおこなわれた（１６００人が検挙され、５００人近くが起訴されたが、現役軍人も31人検挙された）。

2　ヒトラー著『わが闘争』とナチ政権成立80周年のドイツ（2013年）

――安倍政権は、昨年（2013年）12月「特定秘密保護法」を強行成立させたが、今年に入り間髪を容れず攻勢をかけている。「集団的自衛権の行使」容認については、あくまでも解釈改憲で乗り切りたいと、与党や公明党を急かしている。4月1日「武器輸出三原則」を廃し、「防衛装備移転三原則」を閣議決定した。これまで約50年、日本の平和主義の公約（〝憲法の平和主義の精神にのっとったもの〟であり、国際的評価も高い）であった〝武器輸出三原則〟を「積極的平和主義」の名のもとに撤廃した。（早速、〈トルコ、アラブ首長国連邦への原発輸出に向けて〉翌2日、原子力協定締結承認案が衆院外務委員会で可決され、4日の衆院本会議で採決・承認された。……）福島第1原発事故の処理も十分なされていないなかで、完全な?武器輸出国への転換であり、憲法の平和原則を大きく後退させるものである。

また安倍政権は4日、教育委員会「改革」法案〈地方教育行政法の一部改正〉を閣議決定した。教育基本法の大改悪（2006年・第1次安倍内閣）に続き、教育再生会議の再始動や道徳教育の教科化、地教委の教科書採択への介入、教科書検定基準の見直しなど、いずれも「教育改革」を名目とした国家主導による教育のコントロールにあることは明白である。「教育委員会改悪法」は、政治（権力）よる教育介入をより助長する内容の法案である。戦前の教育が国家の統制・支配下でいかに悲惨な結果を招いたか‼　〝教科書に真実を〟と、32年にわたる家永教科書裁判は、憲法第26条の教育権を指摘しつつ、〝教育権〟は、国民固有の権利であることを明示した（「教育内容への国家（政治）介入は、できるだけ抑制的であることが要請される」とも……）。

この画期的な判決を十分活用するとともに、政府・文部省の教育行政を根本から問い質していかなければならないと思う。去る1月28日には、中学・高校の学習指導要領の解説一部改悪が通知された。

4月8日、7党（共産、社民党を除く）が「国民投票法改正案」を国会へ提出（改憲への環境づくり）。また11日、政府は、エネルギー基本計画を閣議決定した。何とも目まぐるしい！　〝戦後レジーム〟からの脱却を掲げて、次々と横車を押し改憲へとひた走る安倍政権だが、朝日世論調査（4月7日）によると、集団的自衛権不要63％（行使できない立場維持）、憲法9条改憲反対64％、自衛隊を国防軍にすることに反対68％、非核三原則を維持すべき82％であったと報道。なお集団的自衛権について「行使できない立場を維持する」は、昨年の調査の56％から63％に増え、「行使できるようにする」の29％を大きく上回った。憲法9条を「変えない方がよい」も増えるなど、平和志向が軒なみ高まっている。安倍内閣支持層や自民支持層でも「行使できない立場を維持する」が5割強で多数を占めている。安倍晋三首相は、政府による憲法解釈の変更で行使容認に踏み切ろうとしているが、行使容認層でも「憲法をかえなければならない」の56％が「政府の解釈を変更するだけでよい」の40％より多かった。首相に同意する人は全体で12％しかいないことになる、とコメントしている。

安倍政権が強引に進めている憲法改正や集団的自衛権の行使容認に対して、民意は過半数以上が反対であることを示したことになる。しかし、安倍首相の言動からは、一時の油断もならない状況である。5月25日、初の「5・25宮崎県民集会」が開催されることになった。ぜひ結集したい！

さて、本題にもどろう。今回は、アドルフ・ヒトラーの著書『わが闘争』について、少し触れておきたい。ヒトラーは、1924年4月1日、ミュンヘン一揆に対する有罪判決（5年の刑）を受けて他の同志たち40人ほどとランツベルク拘置所[注1]に服役した。『わが闘争』は、「ヒトラーが服役中に同志のエミール・マウリス、及び、後にはルドルフ・ヘス（1894～1987）[注2]に口述筆記させたものである。ヒトラーが拘置所から釈放された1924年12月20日時には、上巻の原稿はほぼ出来上がっており」、その後短期間で仕上げられ翌25年に出版された。下巻の原稿は、「マックス・アフマン（1891～1957、リスト連隊で軍曹をしていた。ナチ党出版所主任）の協力のもとに書き上げられ、ベルンハルト・シュテンプレ（反ユダヤ新聞の記者）によって根本的修正が加えられた」後に27年に出版された（『ヒトラー　ナチズムの誕生』村瀬興雄著　誠文堂新光社　昭和37年発行）

注1　ヒトラーにとってランツベルク拘置所は、多数の同志たちとも自由に交流できる何とも快適な生活だったようである。「彼らが日々集まる談話・休憩室の中央の壁には、ナチのハーケンクロイツ旗が掲げられ、食事の時にはそれを背景にして、ヒトラーを中心に、同志たちが食事をする様は、あたかもナチ党の会議場の感すらあった。……拘置所の看守を困らせることもなく、むしろ好感と

尊敬の念で見守られていた」（『ヒトラーの側近たち』大澤武男著 ちくま書房 P50）。一揆の失敗による挫折は、ナチの運動のあり方を根本的に見直すきっかけとなった。また『わが闘争』を口述筆記させる時間をも得たのである。

注2　ルドルフ・ヘスは、ナチ党の副総統。ヒトラー内閣の無任所大臣。党内初の親衛隊名誉指導者となった。彼は、文章をなおし、文法上の誤りをただし、政治的に反感をもたれると思われる部分を抹消した（『わが闘争 上』ヒトラー著 平野一郎・将積茂訳 角川文庫解説）。

「上・下巻とも12マルクという高価であったにもかかわらず、1930年に合本普及版〈定価8マルク〉が出版されるまでに、上巻2万3000部、下巻1万3000部を売りつくした」という。また、ヒトラーが政権を握る1933年1月までに、「28万7000部が売られ、1933年末までに150万部に達した。以後は、国家権力に強要されて、個人や団体もやむなく購入したので、1943年版を合わせると総計980万部が売り出された」という。なお、各版の異同について、「内容的には修正はなく、字句の修正がおこなわれたことがハムマーによって検証されている」と記している（上記書。各版による修正箇所については省略。具体的修正箇所については、同書P415～16に掲載されている）。

『わが闘争』は、版を重ねながら世界各国の人々に読み続けられているが、国によっては禁書であり、また様々な制約があり公然と読めない書である。

ドイツは、2013年ナチ政権成立から80周年を迎えたが、当時の記憶を忘れないよう[注3]、《ヒトラー率いるナチ独裁政権下で、侵略戦争やユダヤ人の大虐殺（ホロコースト）に突き進んだ過ちを二度と繰り返さないために》様々な式典・催しが各地でおこなわれた。

注3　２０１３年1月30日、ドイツはナチ政権成立から80年の節目を迎えた。首都ベルリン市内にあるナチ政権下の秘密警察（ゲシュタポ）本部跡地では、特別展「ベルリン１９３３――独裁への道」が開幕。ヒトラー政権掌握を礼賛した新聞各紙の1面や、ユダヤ人迫害を煽ったポスターを展示した。連邦議会（下院）で開かれたナチによる犠牲者の追悼式典には、ナチ支配下のベルリンを生き延びたユダヤ人女性作家インゲ・ドイチュクローンさん(90)が出席。「ほとんど毎日のようにユダヤ人の行動を規制、禁止する新法がつくられた」と当時の状況を振り返り、人種や宗教、政治思想の違いを理由にした人権侵害を繰り返してはならないと訴えた（２０１３・２・１　赤旗記事）。

報道によると、メルケル首相は1月30日、「国民社会主義（ナチズム）の進展は、エリート層やドイツ社会の大多数の人々が加担、支持したことで可能になった」と強調。実例としてマルクス、フロイト、トーマス・マン、クルト・トゥホルスキーなど、ユダヤ人作家や共産主義者らの作品の焚書に多くの学生や学者が加わったことを示し、ドイツ国民に対し「恒久的な責任」を負うことを求めた。首相はまた「人権や自由、民主主義は、それ自体では機能しない」と指摘し、「人間的な社会を構築するためには、自身と他者に責任を持ち、互いに尊敬し合い、気を配り合う人々が必要だ」と述べた（２０１３・２・１　赤旗記事抜粋）。

メルケル首相の言葉は、いまだに過去の戦争と植民地支配の問題を解決できず、近隣諸国と摩擦を繰り返している日本にとっては、耳の痛い言葉である。どこかの首相には煎じて飲ませたいものである。

ドイツにおける『わが闘争』の出版は、敗戦後から原則として禁止されている。しかし近年、歴史的時間の経過とともに、出版して読めるようにしてはどうかという市民の声が上がり、議論がおこなわれてきた。しかし、被害者の反対の声もまた強く、ドイツ政府もその影響を考慮して出版を認めてこなかった経緯がある（ドイツ国内では、禁書として扱われてきた）。

この書の著作権をもつバイエルン州政府は「ナチス犠牲者の配慮や極右組織への影響を懸念して」国内での出版を認めてこなかったが、２０１５年に著作権が切れることから、批判的な分析（学説的解説）をつけて『わが闘争』を出版する計画を立てた。しかし、16年末に一転して、「民族憎悪を煽動する恥ずべき書物」「犠牲者らに多大な苦痛を引き起こす」などとして、今後も出版を認めない方針を明らかにした。また、バイエルン州政府は、もし出版された場合、民衆煽動罪で刑事告発を表明しているという（参考：２０１４・１・８付朝日新聞、１・28付ネット・弁護士ドットコム、３・19ＮＨＫ特集　ヒトラー著『わが闘争』出版めぐり論争）。

3　世界恐慌とナチ党の台頭

――日本の政治史上、また汚点が一つ増えたのでは？　私的諮問機関「安全保障の法的基盤の再構築に関する懇談会」（安保法制懇）が2014年5月15日、安倍首相に報告書を提出。これを受けて安倍首相は、「集団的自衛権の行使容認の検討」を表明し、政府・与党に検討を指示した。

報告書は、自衛権行使（個別・集団を問わず）は可能であり、国連の集団安全保障措置への参加も制約はないとしている。自衛権の行使を拡大解釈しながら他国を守る集団的自衛権の行使も、「必要最小限度」の自衛権の範囲内だとして、憲法解釈を見直すよう提起している。

憲法で禁止していることを、一内閣の解釈で変更することができるのか。立憲主義に基づく安倍政権が、自ら憲法規定を破る行為は、政権の存在を否定することにならないか。非現実的な事例を引き合いに出して、解釈改憲は可能であり正当だとする議論が成り立つのか。腑に落ちない話である。要は牽強付会（こじつけ）であり、国民を惑わす不毛の議論を強いることになるのではないか。また、これまで集団的自衛権を行使した米・ソ（現ロシア）の轍を踏むことにならないか。なお、NHKはじめ新聞・テレビなどマス・メディアには、主権者の目を曇らすことがないよう歴史の教訓を踏まえた報道を期待したいと思う。

(1) ヴァイマル共和政の動揺とナチ党の台頭

さて、本題にもどろう。社会民主党主導のミュラー大連合内閣は、失業保険問題[注1]がもとで崩壊した。続くブリューニング内閣のもとで、ヴァイマル憲法は形骸化され、間もなく（1933年）ヴァイマル共和国の議会制民主主義は、ヴェルサイユ条約（体制）を憎悪しその廃止を求める声を糾合したヒトラー政権によって封殺されていくことになる。

注1　増大する失業手当の財源に充当するため失業保険の労使双方の拠金額を賃金の4％に引き上

げるという政府案が、人民党＝企業家側に反対された。このため中央党・民主党が、国庫から1億5千万マルクを支出し足りない場合は拠金を3・75％まで引き上げるという調停案をつくり、首相以下3名の社会民主党閣僚も賛成した。ところが、社会民主党の国会議員団総会はこれを拒否したため、ミュラー内閣は総辞職となった（前掲『世界近現代全史 Ⅲ』P240）。

ミュラー連合内閣が総辞職（1930年3月27日）した後、シュライヒャー将軍（大統領の相談役・国防次官）の画策によって、ヒンデンブルク大統領[注2]は、中央党のブリューニング[注3]に組閣を任せた。3月30日、ブリューニングは、議会第一党の社会民主党を除き、中道右派（中央党、ドイツ国家党、ドイツ人民党、経済党、ドイツ国家人民党の一部による連立）の内閣を成立させた。中央党は、カトリック勢力を中心とする小ブルジョワ政党で、第一次世界大戦後、ドイツの政界を支配したキリスト教民主同盟（CDU）の前身である。

ブリューニング内閣は中道右派の性格上、左右両勢力のバランスを保ちつつ、経済危機打開を目指した。また、ブリューニングは財政均衡主義の立場から、増税と歳出削減をはかるデフレ政策を基調とする法案を提出したが、4党（社会民主党、共産党、ナチ党、国家人民党の一部）の反対多数で否決された。これに対しブリューニングは、憲法48条[注4]の大統領非常大権を行使し、緊急令でもってこれを実行しようとした。しかし、社会民主党は直ちにこの緊急令の廃止に動き、7月18日議会はこれを可決した。ここに、ブリューニングは議会を解散し、再び緊急令を復活させた。

ブリューニングのこうした強権的手法（大統領の独裁的権限の乱用）は、ヴァイマル憲法体制の破壊を促すものであり、大統領緊急令による法案の急増（頻発）は、議会の無力化を一層推し進めることになった。この内閣に間もなく「大統領内閣」の名が与えられた（ブリューニング内閣は、議会に基礎をおかない超然内閣で、大統領の首相任免権〈ヴァイマル憲法53条及び54条〉によってのみ成立した）。

注2　ヒンデンブルク（1847〜1934）：1925年保守派に支持されて大統領に当選（ドイツ共和国第2代大統領）。「知らず知らずのうちに、共和国を克服するという国粋主義者の希望を力づける役に立っていた」といわれる人物で、ドイツ国民を民主主義の方向へ発展させるのではなく、その逆の方向への道を開いた。32年の大統領選で、中間派と社会民主党の支持で、ヒトラーを破って再選された。「無能で頑固な帝政的保守主義者」であり、中間政党の衰退で左右からの攻撃に対し、大統領非常大権を乱用し、独裁への道を開いた。33年ヒトラー内閣を出現させた（『ナチスの時代――ドイツ現代史――』岩波新書『世界史用語集』山川出版社）

注3　ハインリヒ・ブリューニング（1885〜1970）：ヴァイマル共和国首相（1930〜32）ドイツ労働組合同盟事務長を経て中央党の国会議員となり、財政面で名をあげた。1930年保守派と軍部の支持で首相となったが、経済危機打開に失敗、ナチの台頭を招き、1932年辞職。翌年亡命、英米諸大学で政治学を講じ、第二次大戦後帰国した。彼はドイツ史上2番目に若い44歳で首相となったが、議会に足場を持たないため正常な議会運営ができず、大統領非常大権に頼り、62もの法案を緊急立法（緊急令）として通過させた。ブリューニングは、後に「憲法の民主的基盤を埋没してしまった」として、厳しい非難をあびた。皮肉にもヒトラー独裁への道を彼とヒンデンブルク大統領が開いたのである（『マイペディア　百科事典』）。

注4　ヴァイマル憲法第48条（大統領非常大権）（抜粋）：ドイツ国内において、公共の安寧秩序に重大な障害を生じ、または障害を生ずるおそれのあるときは、共和国大統領は、公共の安寧秩序を回復す

るに必要な処置をなし、必要とあるときは兵力を用いることができる。この目的のために、大統領は、……基本権の全部または一部を停止することができる。この条項にもとづいて「緊急令」が発せられた。議会の決議によらず、直接大統領が行使した。緊急令の多発・乱用が議会制民主主義を空洞化させていった（前掲『世界史資料集』P309）。

こうしたなか、1930年9月14日ヴァイマル共和国第5回総選挙がおこなわれた。この選挙は、ドイツの将来を予測させ、その進路を暗示するような結果であった。前回の1928年、12議席（80万票）のナチ党がいっきに3桁の107議席（640万票）へ、総投票者数の18・3％を獲得し第2党に躍進した。社会民主党は、前回153議席から10議席減の143議席（857万2000票、24・5％）に留まったが第1党を保持した。かわって、共産党が23議席増の77議席を確保し第3党に進出。第4位は、中央党の68議席であった。なお、ドイツ人民党（45→31議席）とドイツ民主党（20→4議席、ドイツ国家党と改称）は後退し、ブルジョワ勢力による多数派工作は、失敗に終わった。フーゲンベルク（右翼強硬派）の国家人民党は、前回の73議席（440万票）から41議席（246万票）へと大きく後退した。

今回の選挙でナチ党がなぜ躍進したのか[注5]。恐慌による失業者の激増が社会的に深刻な影響を与え始めていたこともあり、中小企業や農家の倒産も相次ぎ、ユンカー（土地貴族）も国家の救済を求める深刻な状況下にあった。こうした状況がナチ党に追い風になったと思われるが、また「ナチ党の躍進は、フーゲンベルクの国家人民党の票の200万票近くを奪ったほか、大衆政党（人民党）から100万票、他のブルジョワ諸政党からも50万票を横取りし、さらに、1928年の総選挙時で棄権した200万票をかき集めた結果であった。ナチ党の躍進に見られる急進派の動きは、左翼勢力の場合も同様であって、社会民主党の票のうち60万票が共産党に流れたほか、1928年総選挙時の棄権票のうち約70万票を、このとき共産党がかき集めているのである」との分析もある。ドイツ国民がブリューニング政府にいかに失望していたか、またナチに対する期待が予想以上であったかも確かであろう。以後産業界はナチ党へ物心両面から強い支持を開始したという。

注5　ナチ躍進の秘密：「……投票者は下層中間層だけではなかった。恐慌波及によって深刻な経済危機のなかで、現状不満の心情を先鋭化させた労働者、農民、自由業者もふくむ国民の諸階層が、ナチスの強調する民族共同体のイデオロギーに共鳴して支持にまわったからである。……くわえてドイツ産業界のナチス接近も見逃せない。……大工業からのナチス財政への資金援助は相対的に少なく、共産主義の台頭によって自己の地位への危険を感じた大工業家の援助は、ナチス以外の反左翼勢力にもかなりむけられていたという」（前掲『世界近現代全史 Ⅲ』P242）。

1931年になると失業者は400万人となり、第二次ブリューニング内閣が成立した10月には、さらに60万人も増加し、もはやこの内閣で処理することは不可能で、あとは大統領の意向・非常大権（緊急令）を頼るしか方法はなかった。当時、ナチの国会議員団は、現政権を批判して「現体制の政府権力は、法律に違反してナチ党を政権から締め出している。ブリューニング内閣は、緊急事態の存在しないにもかかわらず、憲法に定める国会審議を排除し、ヴァイマル憲法第48条に基づいて、経済的、社会的、政治的関係のある過酷な法律案を命令のかたちで交付した。これによって、内閣は明白に憲法違反を犯したわけである。……」との声明を出し追及した。選挙後、ナチはデマゴギーを駆使しながら突撃隊、親衛隊（SS）によるテロ活動を行い党勢は急速に拡大していった。

ナチの勢いにドイツの支配者階級・為政者たちはこれまでのように、ナチを継子扱いできないことを知り、逆にナチの暴力を〝秩序維持〟として納得（?）しながら、再軍備（国防軍）への推進力に利用することを目論んだ。その結果は、10月11日に右派の統一戦線[注6]（ハルツブルク戦線）が結成（ナチ党、国家人民党、フォン・ゼークト将軍を含む人民党の一部による）され、右翼・極右翼との連携がさらに強まり、少数派のブリューニング内閣は崖っぷちへと追い込まれた。

戦線側は、これまでに出された（1931年6月以後）法令・政令等を廃止することを求めた。この危機的状況に社会民主党が手をさし伸べ首相支持を打ち出したので、ブリューニング政府は、かろうじて信任を得ることができた。しかし、社会情勢の悪化は相変わらずで、12月の失業者は実に575万人に達した。

注6　「10月11日、バート・ハルツブルクで、国家人民党・ナチス・鉄兜団〈極右の在郷軍人組織〉が合同し保守派各界の代表者も交えて集会がもたれ、ボリシェビキ撲滅、ヴェルサイユ条約破棄、軍備平等、ブリューニング退陣などを要求して大規模なパレード・デモンストレーションがおこなわれた」（『世界近現代全史 Ⅲ』P244注）。なお、ブリューニング内閣は、在任2年間に集会の届出制その他民主的権利の縮小を含む100近い緊急令を発布し、31年末にはナチにも手を伸ばし、ヒトラーにも入閣問題が話しあわれたが、実現はしなかった。こうした内閣に対する左翼陣営の評価と態度‥

社民党は「悪は悪でも、より少ない悪」だとし、ヒトラーのファシスト独裁を招くよりブリューニングの緊急令は「まだましだ」として、闘うことをためらった。共産党は社民党とは「社会ファシスト」呼ばわりで冷たい関係にあった。またその指導部の一部から「ファシストは出会いしだいたたきのめせ」といった極左的標語が出されて、大衆行動よりも個人的テロを重んじる風潮が生まれ、社共統一戦線を組む機会が次々に見逃されていった（『ナチス　ドキュメント現代史３』Ｐ14）。

(2) ヴァイマル共和政の形骸化

ナチ党は、選挙の度ごとに着実に勝利を重ね、「各州の地方選挙で次々に議席を増やし、ナチ党員を政府の責任者と仲良くさせて、これを懐柔しようとするやり方も普及し始めた。」１９３２年春、任期満了に伴う大統領選挙が行われた（３・13）。国家人民党はヒンデンブルクを支持し、ナチ党はドイツ国籍を取得したヒトラーを候補に立てたので、双方の足並みはそろわずハルツブルク戦線は不発に終わった。

ヒンデンブルクは、ヴァイマル連合（かつての反対派＝社会民主党、中央党、民主党の3党）に支持されたが、結果は過半数に０・４％及ばず（16万8千票不足）、４月10日の第２回投票でようやく過半数に達し、ヒンデンブルク（85歳）は任期7年の大統領に再選（得票率52・93％）された。ヒトラーは第２位（１３４０万票を獲得、同36・８％）で、第３位が共産党のテールマン（同10・3％）であった。

何よりも注目しなければならないのは、ヒトラーが36・８％、１３４０万票を獲得したことである。ヒンデンブルクには敗れたが、「ヒトラー運動が国民の深部にまでおよんでいることが証明された」ということである。ヒトラーは、政権獲得への大きな足掛かりを得たのである。その頃ナチ党員は、70万人に達していたという。

右派勢力に担がれて再選されたヒンデンブルク大統領であったが、いかんせん85歳という高齢もあって、何ら問題解決には至らなかった。ヒンデンブルクは、1回目で当選できなかったのは、ブリューニングが保守勢力をまとめきれなかったことにあると批判し、また、再選直後ナチの突撃隊・親衛隊を禁止したことに不快感を持ち、民主主義擁護のためには当然の措置であったが、しぶしぶ承認した。やがて、ブリューニングは大統領に辞職を迫られ、32年5月30日総辞職することになった。（この間の事情については割愛して先を急ぐ）

(3) ヒトラー、政権獲得への助走

1932年6月1日、シュライヒャー（大統領の相談役）の画策・演出によって、議会に基盤を持たないフランツ・フォン・パーペン内閣が誕生した。パーペン（1879〜1969）はプロイセンの右翼貴族で、閣僚11人中8人が貴族で占められており、「男爵内閣」と呼ばれた。その渾名（あだな）のとおり、新内閣には「共和制のなごりといえそうなものは、もはや何一つ残されていなかった」のであり、君主制が復活するのではないかと囁かれるような政情不安を抱えていた。

この年の後半、「ヴァイマル共和国の運命を決する」総選挙が7月と11月に行われた。7月

31日の総選挙で、ナチ党は608議席中230議席（前回107）を得て第1党に踊り出た。共産党も89議席（前回77）に増え、ここに「ヴァイマル共和制（議会制民主主義）を否定する左右両政党が議会の過半数をこえた」のである。

社会民主党は、10議席減の133議席となったが、なお第2党を保持した。中央党は7議席増で75議席を得た（第4党）が、他のブルジョワ政党は、壊滅的惨敗であった。ヒトラーはこの結果を見て、《悲願であった》政権獲得への「妥協なき権力への意志」を固めたのである（前掲『世界近現代全史 Ⅲ』P245～46）。

4　ヒトラー政権の座へ

――なりふり構わぬ安倍政権！　この暴走をストップさせるための抗議集会やデモが列島各地で繰り広げられているが、宮崎でも全国と連帯する初の「戦争への道を許さない5・25宮崎県民集会」が開催された。特定秘密保護法の強行採決、集団的自衛権行使を閣議決定（解釈改憲）で押し切ろうとするやり方に、県民の怒り〈1000人余の結集〉である。

6月11日、内閣法制局が集団的自衛権を容認する閣議決定原案を「わが国の存立を全うするために必要な自衛の措置」と提示した。安倍首相の指示に応じた解釈であるが、これは、〝出涸らし茶〟的回答である。

13日、集団的自衛権の「武力行使3要件」（高村座長私案）を自民・公明両党（与党協議）へ提示した。「又は他国に対する武力攻撃が発生し」たときも自衛権が発動できるとしており、集団的自衛権行使容認を明確にしている。これまで維持してきた「専守防衛」の放棄であり、自衛隊の武力行使は、わが国への「急迫不正の侵害」があったときのみに限られてきたが、いつでも政府の判断で他国の戦争へ参戦することが可能となる。

手を変え品を変え、様々な事例をだしてきて、これはどうだ、今度はどうかと迫る安倍政権だが、全く道理のない解釈改憲にいくら想像の事例を出してきても、国民を納得させることはできないだろう。

17日、政府は、閣議決定原案を与党協議の場に提示した。1 個別的自衛権の緩和 ①警察機関が直ちに対応できない場合の自衛隊の対応 ②自衛隊と連携する米軍部隊の武器等防護 2 国際社会への軍事貢献 ①他国軍への「後方支援」 ②ＰＫＯに伴う武器使用 3 集団的自衛権の行使容認 4 今後の法整備の進め方――以上が原案である。

安倍政権は、「集団的自衛権の行使容認」を閣議決定原案に明記した。いよいよ、平和憲法に風穴をあけ、やがて国民主権の憲法を封殺する具体的準備にとりかかる決意を示した。全国紙・地方紙問わず（大手、地方紙の何社かを除き）連日、集団的自衛権行使の解釈改憲は、〝有り得ない、許されない、壊憲〟であり、閣議決定は立憲主義の否定であり、民主主義の根幹を揺るがすものであると、閣議決定をやめるよう政府に迫っている。全国各地は日夜抗議集会や怒りのデモで、地方議会もまた閣議決定による解釈改憲は許されないとして、その要請決議を行っており、全国民的な大きな運動へと発展しつつあるが、決して楽観できない状況である。

(1) シュライヒャーの画策

さて、1932年のドイツにもどろう。この年7月の総選挙にいたるまでの経緯を振り返りながらヒトラーの政権獲得の状況を追っていきたい。

パーペン内閣（「男爵内閣」）が大統領の側近シュライヒャーの画策で成立したことは前述したが、この内閣の国防相となったシュライヒャー[注1]は、ヒトラーを自陣営に取り込む目論見から、パーペン首相に、突撃隊（SA）や親衛隊（SS）の禁止令の解除（6・16）、〈4・13ブリューニング内閣時に実施され、ヒトラーから解除せよと迫られていた〉と議会の解散（7・14）[注2]を行わせた。

注1　シュライヒャー（1882～1934）は、パーペン新内閣（「男爵内閣」）を背後から監視し、指示・誘導を行っていた。「この内閣の唯一の使命は、シュライヒャー将軍を首班に、ナチ党を加えた内閣をつくることができるようにするための総選挙を実施するよう、無事ことを進めること」であった。「大統領ヒンデンブルク元帥も《ボヘミアの上等兵》ヒトラーと手を結ぶことを暗黙のうちに了承して、その準備を進めていた」（『ヴァイマル共和国』リタ・タルマン著 長谷川公昭訳 P149）

シュライヒャーは、職業軍人であり政治家として（政治将軍の異名あり）共和制末期には、ヒンデンブルク大統領らの信任を背景に政治権力を振いパーペン内閣を擁立。また、国防相でありながらこの内閣を崩壊させ、自身の政権（第14代ドイツ国首相）を樹立したが、ヒトラー、パーペンにより打倒され、ヒトラーに政権を譲り渡すことになった。

注2　パーペンは、1932年6月3日、議会を解散させるために政令で発表する手を打ち、また、この機会を捉えて次のような声明を発表した。「世界に共通するキリスト教精神の万古不易（ばんこふえき）の原則に基づいて、新生ドイツを再建する」と。これが君主制復活の噂となり不人気に輪をかけた。パーペ

ンは、ヒトラーを懐柔し自分の陣営に引き入れ政権の基盤を固めようとしたが、うまく運ばなかった（上記書　Ｐ１４９）。

これまでナチがあえて他党のように、激しく攻撃しなかった理由がここにある。またシュライヒャーは、７月17日、プロイセン州でナチ突撃隊と共産党武装隊の激突事件[注3]が起こったことを理由にしながら、７月20日大統領命令で社会民主党の政府を倒し、パーペンがその首相を代行するというクーデターを実行させた。社会民主党[注4]は、これに対して反撃ができず労働組合も一致団結を欠き、国防軍の介入を恐れて泣き寝入りした。ヒトラーは、こうした情勢から総選挙への望みを託し、全国を飛びまわる超人的な遊説活動をはじめた。

注３　中央ではナチ突撃隊、ナチ親衛隊への禁止令が解除されたが、ナチのお膝元バイエルンやバーデンでは引き続きナチ党員の制服着用を禁止した。このことが元で混乱した７月17日には、ハンブルクの港町アルトナでナチ党と共産党の激しい市街戦が起こり、多数の死傷者をだした。同事件を理由にして、公共の安寧秩序を回復するという口実が作られ、プロイセン州の社民党を屈服させた。

注４　７月20日、プロイセン州政府に対し大統領緊急令を発してブラウン首相ら社民党の閣僚を罷免し、パーペンがその代行（執行官）に任命された。これに呼応した軍部は、ベルリン市とブランデンブルクに戒厳令をしき、労働者の反抗を封じた。

(2)　ヒトラー　政権獲得への執念

１９３２年７月31日の総選挙（プロイセン政府解体10日後）は、ヒトラーの想いどおりにはいかなかったが、ナチ党は２３０議席（全６０８議席）を獲得し第１党となった。８月５日、第１党を自負したヒトラーは躊躇することなくヒンデンブルク大統領と会見し、自らの首班指名を求め内閣改造を要求した。８月８日、ゲッベルスはヒトラーを首相候補にするよう求めた。

８月10日、政権獲得を急ぐヒトラーは、突撃隊をもってベルリン市を包囲した[注5]。８月13日、ヒンデンブルク大統領は、苦肉の策でヒトラー、ゲーリング両人の入閣を認め副首相を含む三つの閣僚ポストをナチ党に与えることにした。しかし「ヒトラーはこれを拒否し、パーペンを裏切り者であると非難した」。その間、「中央党はナチ穏健派に国家人民党を含めた三派による多数派を結集して、権威主義的大統領体制の可能性」を追及した。８月30日、国会議長選挙が行われナチのナンバーツーのゲーリングが議長に当選。

９月12日、国会が召集され本会議が開かれたが、共産党によるパーペン内閣不信任案が提出されたことから議事が停滞し、これに中央党がナチ党へ不信任案を否決するよう協力を要請した。しかし、ナチ党はこれを拒否し対立してきた共産党と手を組みパーペン内閣の追い落としに同調した。これに対しパーペンは、不信任案の審議に入るなら大統領の解散命令を行使して不信任案を拒否し、国会解散へ持ち込もうと発言を求めた。ところが議長のゲーリングは、パーペンに大統領の解散令の朗読を許さず[注6]、共産党が提出した内閣不信任案を審議し、採決を強行した。その結果は賛成５１２票、反対42票（国家人民党と人民党のみ）、棄権５票で、内閣不信任案は圧倒的多数で可決され議会は解散した。

注５　ナチの脅迫的なベルリン市包囲は、左翼・中道派の協力・結束を促す面もあったが、結果とし

てかろうじて全国でのゼネストは回避された。

注6　ヒトラーに非難されたパーペンは、すでに組閣した内閣を議会で表決することを考え、不信任の場合は議会を解散する権限を大統領から取り付けた。しかし、その後情勢はパーペンの思いどおりに運ばずゲーリングの大芝居で計画は失敗した。

内閣不信任を受けたパーペンは、大統領の許可を得て今後の政権運営を説明するために閣議を招集したが、閣僚らの意見がそろわず、また、ナチ党・中央党がヒンデンブルク大統領を憲法違反の容疑で告訴するという計画を知り、パーペンはやむなく議会なしの政権運営を諦め、総選挙日を11月6日に決定した。

「このように議会を舞台に政治劇が展開されている間にも、ドイツの失業者は増え続け約600万人を数えていた」。しかし、「現存する行政当局は、これにほとんど関心を示そうとしなかった」。この時期「1932～33年の国家予算は、政令によって公布され、一連の政府命令（6月14、16両日と9月4日にそれぞれ出された）によって緊縮政策は益々強化された」。こうした緊縮政策（賃金凍結政策）は、「労働組合の反対を招いただけでなく、東部の農業資本とそれ以外の産業資本との間に紛争を引き起こした」。

パーペンの緊縮政策に反対したベルリンの交通労働者が11月2日ストライキに突入すると、これを皮切りに全国にゼネストの気運が高まってきた。このとき、ナチ党はパーペン不信から共産党と共にストライキを支援した。これに資本家らは警戒感をあらわにし、資金援助を打ち切ったりしたのでナチ党は選挙資金作りに奔走することになった。

(3) ナチ党総選挙で後退

11月6日、総選挙が行われ、その結果は支配層にとって大きなショックであった。それは「危機に瀕した場合の体制を維持する秘蔵っ子と目されたナチス」が、第1党は維持したが7月の総選挙に比べて200万票を失い、議席も230から196議席へと減らし（34議席減）得票率も33・1％に後退したからである。さらに、社会民主党はやや減ったものの121議席、共産党は11議席増えて100議席に達した。社共合わせるとナチ党に勝る議席を獲得したこともブルジョワ・支配層にとっては、痛手であった。

ナチ党は、先述したように選挙直前に賃金切り下げに反対したベルリン市電、地下鉄のストライキに共産党と共に支援したことで、資本家の資金援助を得られなかったことが大きく影響したようである。国家人民党、人民党も議席を伸ばしたが、ヴァイマル連合の諸政党は得票・議席とも減少した。

選挙結果は、いわば極右のナチ・極左の共産党という二極化を鮮明にしたのでヒンデンブルク大統領も、ヒトラーに組閣させるのもやむを得ないと考えるようになってきた。ヴァイマル共和国政府や財界・保守派にとっては、どう組閣するのか大きな選択（賭け）を迫られることになった。

(4) ヒトラー、首相へ

一方、第1党を保持したナチ党であったが、党内では、首相の座にこだわるヒトラーの政治手法に不満が起こり、「選挙民の失望や突撃隊の分裂など、ナチに危険信号が点滅しだし」[注7]ていた。その片方で、大統領側近のシュライヒャーとパーペンとの反目は相変わらずで、「危機管理の手法」をめぐっても対立があり、お互いに主導権争いを演じていた。

注7　ナチが第1党となり、政権獲得まであと一歩というとき、旧来の同志・側近で、ナチ党の全国組織を統括しているグレゴール・シュトラッサーと激しく対立することになった。彼は「ナチ党左派の人物として、銀行や重工業など国有化すべしとの信念をもち続け、ヒトラーと静かな見解上の対立を続けていた」。また党内には、絶えず財政難に関する問題（例えば、突撃隊員への給与不払い他）や中央と地方の党員の生活格差問題、突撃隊の質の問題（ＳＡには、失業者、元兵士、農民、用心棒や風来坊……）など、多くの問題が解決されないまま、ここに至って表面化してきたのである（『ヒトラーの側近たち』大澤武男著　ちくま新書　２０１１）。

ヒンデンブルクは、新たな連立を組む政党を失い途方にくれていた。こうした政治的空白が間もなくヒトラーの政権獲得への活路を開くことになった。

ヒンデンブルク大統領は、やむなくパーペンに組閣させたがすぐ解任（11月17日）し、同内閣の国防相であったシュライヒャー（政治将軍）に組閣（12月3日成立）をまかせた。シュライヒャーは、ナチ党の左派シュトラッサー（１８９２～１９３４）を入閣させることを考え、社民党

ヒトラーの登場（1933年８月27日 タンネンベルク記念祭）

ヒトラーは1933年１月30日、ドイツの首相に就任した。写真は前列左から、首相ヒトラー、大統領ヒンデンブルク、プロイセン首相ゲーリング。（『世界史体系 16』誠文堂新光社）

系の労組にも協力を呼びかけたが、これにヒトラーが怒りシュトラッサーは孤立。シュライヒャーの議会工作は失敗し、また、東プロイセン地方の農民救済基金に関する腐敗事件問題が大統領をも巻き込むおそれから、シュライヒャー内閣はあっけなく総辞職に追い込まれた（1933年1月28日）。

1月30日、国防軍指導部による一揆計画の噂が流れたため、ヒンデンブルク大統領はついに毛嫌いしていたヒトラーを首相に任命し組閣を命じた。パーペンは副首相で入閣し、プロイセン州の首相に就任。ナチ党からは、ヒトラーのほか、内相にフリック、国務省にゲーリング（プロイセン州内相）の2人が入閣し「大統領内閣の延長線上にある右翼連立政権」が成立した。

ヒトラーは13年間の闘争を経て、『わが闘争』で示した世界観闘争を実行していくための独裁体制確立にむけて、ここに第一歩を踏み出したのである。

第4章　ヒトラーの権力掌握と独裁体制の確立

──麻生太郎副総理がナチ政権を引き合いに出して「あの手口、学んだらどうかね」と発言して(2013・7・29)から間もなく1年を迎える。この間の安倍政権の政治手法を見ると、明らかに「あの手口」をますます想起させるような乱暴なやり方である。私のやり方で実行していけば、必ずや日本の国家は「美しい国へ」へと変わっていく!と。

そこには、主権者を惑乱させ冷静な判断を拒否する造語のオンパレードで、本音(真実)は覆われたままである。昨年暮れの特定秘密保護法を強行成立させて以来、なりふりかまわぬ強引さで、その場しのぎの政策を矢継ぎ早に繰り出している政治スタイルは、およそ民主主義政治とは相容れない独裁的政治である。私たち主権者は、憲法が謳う平和的生存権を次代に引き継ぐためにも、智恵と勇気をいっそう結集させなければならない。

1　ヒトラー、テロとプロパガンダで権力を拳握

今回は、ヒトラーが政権獲得後、ヴァイマル憲法下(議会制民主主義)でどのようにして独裁体

制（絶対的権力の掌握）を確立していくのかを追ってみたい。

ヒトラー内閣は、右翼連立政権[注1]として、１９３３年1月30日発足した。新政府には、元首相のフォン・パーペン、前外相フォン・ノイラート、前蔵相フォン・クロシックらが無党派から、国家人民党からフーゲンベルクが、鉄兜団からゼルテが入閣していた。前々パーペン内閣、前シュライヒャー内閣との連続性を思わせる内閣であったが、ヒンデンブルク大統領や保守派の人たちの期待どおりにはならなかった。実質的な権力はヒトラーと彼を補佐するナチ党員のゲーリング（国務省）とフック（内相）の手に握られていた。

注1　１９３３年1月30日、ヒトラーはヒンデンブルク大統領に組閣を要請され、ナチ党（ＮＳＤＡＰ）、ドイツ国家人民党（ＤＮＶＰ）、鉄兜団および無党派を含む超保守派による連立内閣（右翼連立政権）を組織した。なお、ヒトラーが組閣2日後に国会を解散し、総選挙に打って出たのは絶対的権力の創出であり、イタリア・ファシズムに匹敵できる「総統国家」体制の樹立にあった。「夕刊東京朝日」１９３３年1月31日付は、「惑星ヒトラー氏　遂に政権を掌握す　ドイツ後継内閣を組織」の見出しで、閣員の顔ぶれ・国会解散か・極右の連立・外交政策に変化なし？の各項目で詳細にヒトラー政権の成立を伝えている。外交政策に変化なし？の項は、「ヒトラー氏の代弁者は、ヒトラー内閣成立後初めて左の如き半官的声明をだした。ヒトラー氏は、ドイツ共和国憲法に対し忠誠を守るべき旨の誓約をなして居るのであって、氏は憲法に準拠して統治を行わんとするものであるのみならず、氏はヒンデンブルク大統領に対しても〝いわゆるドイツの法律を遵守すべし〟との確言を与えた。氏の外交政策は、前政府と変わりなかろう」と結んでいる。また、同紙３月７日付は「ナチス圧倒的に　過半数を制す」の見出しで、各党の議席獲得数を掲載し「ドイツ国会総選挙」の様子を具体的に伝えている。

彼らは、ナチ党の目標とする革命「ヴァイマル共和国の征服と総統国家の実現」に向けて、彼らの暴力組織（突撃隊他）を動員しながらヴァイマル憲法体制下の政治・行政・司法・立法など全分野の改編を目指して行動を開始した。

ヒトラーは、組閣直後の閣議（1月31日）で、連立与党の賛成を得て「政権安定のため中央党と連立するまで、議会の開会を延期する。共産党のゼネストに対抗し同党議員を追放する」、「総選挙を実施するがこの選挙を最後とする。新政府の構成はその結果に影響されない。議会制度を廃止する」などの基本姿勢を決定した（研究ノート「ヒトラー政府初期の雇用創出計画（失業対策）について」阿部正昭 P336）。2月1日ヒトラーは、閣議後にラジオ演説でもって政府の基本政策、「二つの偉大な四カ年計画」を発表した。それは、この4年以内に「経済再建と失業問題の解決」というドイツ民族にとって、悲願の課題を実現するというものであった。

ヒトラーは、同日予定どおり国会を解散し、選挙戦に突入した。2月4日には、国防軍の司令官たちを集めて2時間半にわたる演説を行い、「今後の全政策の目標は、ドイツが再び政治権力を取り戻すこと、その前提は軍事力を強化すべきこと、そのためには徴兵制を再び義務化する必要があること、またドイツ民族の生存権は拡大されねばならず、それはたとえば東方へ向っての進出となろう」など熱弁をふるっている（『ヒトラーの側近たち』大澤武男著 ちくま新書 P71～72。E・イエッケル『ヒトラーの支配、世界観の貫徹』P68～69）。これは、軍部指導者（将軍たち）の歓心を買うと同時に、ヒトラーが首相として今後の方向を明示しその決意を語ったものであろう。

2月4、6日相次いで、大統領令を出し「政府による集会・デモ・政党機関紙の制限」を可能にし、また「プロイセン州内閣の権限を国家弁務官に委譲した。この措置は2月中旬までにほとんどの州で行われ、国家による地方行政の監督権の強化」である。この大統領令で、ゲーリングが無任所相兼プロイセン州内相に就任。プロイセン州の警察権力をナチ党が掌握した。ヒトラーは8日の閣議[注2]で「再軍備」を宣言。21日には、突撃隊・親衛隊・鉄兜団5万名がプロイセン州の補助警察となる。

注2　2月8日の閣議で、ヒトラーは閣僚たちに次のように指示した。「最近のジュネーブ軍縮会議で、ドイツは五大国の軍事的対等関係を要求した。理論的平等の承認は近い将来の必然的結果であろうが、ドイツはそれだけでは満足できない。理論的対等の承認は現実的対等関係、すなわちドイツの軍備拡充を実現しなければならない。世界とくにフランスは、ドイツの再軍備を当然と見ているしそれに備えてもいる。ドイツのつぎの5年間は、ドイツ民族の再軍備に捧げられなければならない。全ての公的な雇用創出対策は、それがドイツ民族の再軍備にとって〝必要か否か〟という基準で判断されなければならない。次の4～5年間〝全ては国防のため〟がすべての政策の基本方針であることを再度強調しておく。ドイツの国際的地位も経済的地位も、ドイツ国防力の状態に決定的に依存している」（阿部氏の研究ノート「ヒトラー政府初期の雇用創出計画（失業対策）について」より）。＊ジュネーブ軍縮会議（1932年2～12月）60余カ国が参加。具体的成果がないまま、33年ドイツが国際連盟を脱退したことで流会となる。五大国：イギリス・フランス・イタリア・アメリカ・ドイツ。

2月24日、プロイセン州警察が共産党本部カール・リープクネヒト館を襲撃し、「武力革命の計画書」を発見したと公表。過激な行動に批判はありながらも（ドイツ国民は不安と期待を醸しながら）ナチ党の政策は着々と進められていった。投票日（3月5日）の一週間前の2月27日夜、突如、国会議事堂が炎上注3。放火であった。犯人として「逮捕されたのは精神薄弱のオランダの青年ファン・デル・ルッペだけだった。彼は悪名高い放火狂だった」（『ナチスの時代』H・マウ H・クラウスニック著 内山敏訳 岩波新書）

注3　投票日直前の2月27日夜、国会議事堂炎上事件が起きたが、これはナチの仕業であることを不問にして、ゲーリングは直ちに共産党による国家転覆計画と断定し、共産党議員を逮捕し起訴したが、確かな証拠がなくナチ法廷も無罪を言い渡さざるを得なかった。放火犯人として逮捕されたオランダの青年ファン・デル・ルッペは死刑を宣告され、処刑された。今も国会議事堂炎上事件の下手人は不明であるが、ヒトラー・ナチ党が独裁体制へ向けて利用したことは確かであろう。

ヒトラー内閣（ナチ政府）は、この事件を予期していたかのように、これをもって暴力革命の合図であると捉え、翌28日「民族と国家防衛のためのドイツ国大統領令」が出された注4。この大統領緊急令で、言論集会の権利を奪い、多数の共産党員（役員4000名）が逮捕され、共産党の新聞も禁止され同党は解散を命じられた。さらに、政府はこの情勢を利用して社会民主党の新聞を一定期間禁止した。しかし、国会議事堂放火事件は仕組まれた謀略であり、共産党とは無関係であった。それは、放火に参加した容疑で起訴されていた共産党員（党議員団長トルグラーやディミトロフら）たちを、同年末にナチ法廷は証拠不十分で無罪としたからである。この事件は、明らかに共産党を選挙から締め出す狙い（選挙戦術）で行われ、そのとおりに実行されたのである。社会民主党は、当時すでに不法な選挙妨害や弾圧を受け、新聞も発行できない状況に追い込まれていた。

注4　民族と国家防衛のためのドイツ国大統領令（1933年2月28日）は、「ドイツ国憲法第48条第2項に基き、共産主義者の、国家公安を害する暴力行為を阻止するため、次のごとく命令する」と記し、「第1条……従って、人身の自由の制限、意見の自由発表（出版の自由を含む）の権利の制限、組織・集会の権利に関する制限、信書・郵便・電信・電話の秘密に対する干渉、家宅捜査命令・および財産没収命令、所有権の制限等もまた、これに関する一定の法的限界を適用されない」と規定している（学習資料『政治・経済』ほるぷ教育開発研究所　1978）。付言すると、この緊急令はナチの体制が終わるまでその効力を発揮した。

こうした状況を、「実際何が起こったのかすぐには見抜けなかったドイツ国民にとっては、炎上する国会議事堂のゾッとする光景は、ボリシェヴィキがまさに混乱を起こそうとしているというナチの宣伝を裏書するものと受け取られ、災厄からの救済者なると熱烈に宣伝したナチ党に投票しようと決心したものも少なくなかった」と上記『ナチス時代』は述べているが、既にナチ党・政府の情報宣伝活動が一般国民のなかに深く浸透していたことを物語っており、ドイツ国民の冷静かつ客観的な判断は最早繰り言でしかなかったと思われる。

3月5日の総選挙は、褐色部隊（突撃隊・SA）が力を誇示するなかで行われた。総議席647中、ナチ党は288議席（前回196議席）を獲得し、与党（ドイツ国権党は52議席で増減なし）合わせると340議席を占め新政府は絶対多数を確保した。ここに、ヒトラー政権は、全権委任法をまつまでもなく絶対的な権力を手にしたことになる。

3月7日、ヒトラーは閣議で、憲法の範囲を超える全権委任法（賦与法）を次期国会に提出することを決定した。

2　ヒトラーの独裁権力獲得・全権委任法の成立

――昨年7月29日（2013年）、麻生副総理が憲法改正をめぐりナチの「……あの手口に学んだらどうかね」発言[注1]から1年余。安倍（自公）政権の政治手法は、まさにナチ・ヒトラーがヴァイマル憲法を停止に追い込んだ独裁的手法・手口である。

国内外から批判をあびた麻生氏は、「誤解を招く結果となった」と発言を撤回したが、明確な謝罪も説明もしなかった。麻生発言は、安倍内閣の集団的自衛権の解釈改憲《立憲主義を否定し、閣議決定》を促す・露払いの役割を果たしたといえよう。発言内容には事実認識の過ちもあり問題であるが、また「民主主義を否定するつもりも全くありません」といって、自らの発言をカムフラージュしているが言語道断である。

注1　参考までに、麻生太郎副総理のナチス美化発言（2013・7・29講演会）を記す。

「単なる護憲、護憲と叫んでいれば、平和が来るなんて思っていたら大間違いだ。改憲は単なる手段だ。目的は国家の安寧と繁栄と国土、我々の生命、財産の保全、国家の誇り。従って狂騒、狂乱の中で決めてほしくない。ヒトラーは民主主義によって、きちんとした議会で多数を握って出てきた。

いかにも軍事力でとったように思われるが全然違う。ワイマール憲法下にあってヒトラーが出てきた。常に憲法が良くても、そういったことはあり得る。私どもは、憲法はきちんと改正すべきだとずっと言い続けているが、わーとした中でやってほしくない。ワイマール憲法もいつの間にか変わっていて、ナチス憲法に変わっていた。誰も気づかないで変わった。あの手口を学んだらどうかね。本当に、みんな、いい憲法と、みんな納得して、あの憲法が変わっているからね。僕は民主主義を否定するつもりも全くありませんし。しかし、重ねて言いますが、喧騒の中で決めないでほしい。それだけはぜひ、お願いしたい。」（「読売」２０１３年８月２日付）

この文章を読むと、麻生氏がいかに物事・歴史を歪んで捉えているか。歴史事実を全く無視した利己的な発言であることがわかる。厚顔無恥なる政治家の妄言であるが、決して見過ごしてはならないと思う。

——ところで、閣議決定以降「集団的自衛権の行使容認」に関する安倍首相の説明は国内外で随分違う。発言のたびに食い違いがクローズアップされるが、いかにも付け焼き場的で誤魔化しである。

いま（２０１４年）全国の地方議会で集団的自衛権の行使容認に反対する意見書が次々に可決されており、８月12日現在で１９０議会に上るという（赤旗８月13日付）。閣議決定がいかに民意を無視した安倍内閣の一方的なものであったか。あれこれと理屈を並べているが、安倍内閣の本音は、「集団的自衛権の行使」ありきである。宮崎でも今、「集団的自衛権の行使容認」の反対の署名、川内原発再稼動反対の緊急署名、「秘密保護法」廃止などの署名活動が炎暑の中続けられており、安倍内閣の糾弾や要求行動は一段と熱をおびてきたことを記して、本題にもどりたい。

１９３３年３月５日、ヒトラー・ナチ党は、総選挙（投票率実に88・7％）で引き続き第１党を確保した（総議席６４７中２８８議席、得票率43・９％を獲得）。いわば、非常事態下で行われた《テロとプロパガンダの併用》の選挙であり、投票率の高さもナチ党の勝利もラジオはじめマス・メディアを無制限に動員した当然の結果である。前回（32年秋）より多いヒトラー支持票

550万票のうちの半分以上がナチ党へ投票したといわれる。

しかし、ヒトラーは単独過半数を予測していた（51％）だけに衝撃であった。直ちに国家人民党と連立を組み、何とか過半数（51・9％）を得ることができた。社会民主党（前回32年11月121↓今回120議席）と中央党（70↓74議席）はほとんど打撃を受けず、共産党は100議席から81議席に後退し、110万以上の票を失った。ここに、過半数の議席を得たヒトラーの《合法的・ナチ革命》が始まるのである。

(1) ナチの圧力下で全権委任法の可決

3月23日、新国会[注2]が開催された。国会議事堂放火事件を機に、ドイツは事実上戒厳状態下におかれた。前稿で述べたとおり、2月28日の「大統領緊急令」でドイツ国民は基本的権利を奪われた。新国会の議場となったポツダムのクロル・オペラ劇場は、ナチの突撃隊員と鉤十字（ハーケンクロイツ）で埋め尽くされた。ヒトラーの狙いは、ヴァイマル憲法の命脈を絶ち民主主義を破壊すること、つまり、議会制民主主義体制を永久に排除することであった。

注2　新国会の開会式は、3月21日ポツダムの教会で行われた。ヒンデンブルク大統領と血気盛んなヒトラー（44歳）が揃ってフリードリヒ大王の墓前にぬかずいた。これは「プロイセン精神と国民社会主義の一体化」を表象させるゲッペルスの「演出」であった（『世界近現代全史Ⅲ』大江一道著　山川出版社 ｐ249）。当日はビスマルク帝国議会の開会62周年記念の日にあたっていた。全権委任法（法律案）は、当日ナチ党と国家人民党の共同で提出された。

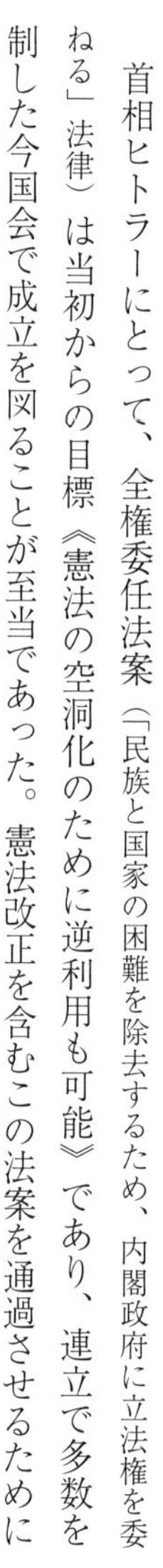

首相ヒトラーにとって、全権委任法案（「民族と国家の困難を除去するため、内閣政府に立法権を委ねる」法律）は当初からの目標《憲法の空洞化のために逆利用も可能》であり、連立で多数を制した今国会で成立を図ることが至当であった。憲法改正を含むこの法案を通過させるために

I SHIMBUN　（日曜土）　日五十二月三年八和昭

夕刊 東京朝日新聞

ナチス獨裁の覇業遂に完成す
ドイツ國會愈可決

【ベルリン特派員二十三日發】

賠償の重荷から祖國を解放せよ
獨首相議會て演說

『夕刊東京朝日新聞』（昭和８年３月25日 土曜日）は、以下のような記事を掲載した。

【ベルリン特派員二十三日発】　共和国ドイツの運命を決すべき画期的議会は、23日午後２時開会。１時間にわたるヒトラー首相の施政方針演説後３時間休憩、６時15分再開され憲法の変更を目的とする全権委任法を可決した。その可決には出席議員の３分の２の賛成を要し従って中央党の向背（こうはい）が注目されたが、同党は誠意ある国政の運用を政府に希望したのみで簡単にこれに賛成し、社民党の94票の反対投票に対し、国粋社会党、国権党、中央党、バヴァリア人民党、国家党などを合わせて、賛成派は441票に上った。

全権委任法は、憲法に規定された国会、大統領、参議院などの権限の重要部分を政府そのものに譲渡するもので、国政の基準たる憲法はその髄を抜き取られ政府は名実ともに完全なる独裁権を握るに至った。国粋社会党の党歌の合唱、耳を弄する「ハイル・ヒトラー」の交響楽のうちに議会は無期休会を決議し、かくしてドイツ共和制は成立後満14年にして実質的に隘殺（あいさつ）された。【写真は得意のヒトラー氏】（『朝日新聞に見る日本の歩み』（昭和８年）より）

は、国会議員の3分の2の出席が必要であり、投票については出席議員の3分の2以上の賛成を必要としていた。すでに、少なからぬ反対議員が逮捕されており、ナチ党議員だけではその必要数には達しなかったので、「中央党の同意を得て、ゲーリング議長の裁量権により無断欠席議員を〝出席〟扱いにするという議員規則の改正」を行い、さらに共産党議員を法的定足数に入れないという憲法違反を行った。

ナチによる下工作・脅迫的な圧力のもとで新国会は、恫喝怒号のなかで「全権委任法案」を441票対94票で可決した。共産党議員81人は、議席を奪われ出席できず、中央党やその他の小政党は賛成票を投じ、法案に反対したのは唯一社会民主党だけであった。これまで、何度も社民・共産党の大同団結の機会はあったが、ヒトラーが「マルクス主義と民主主義の徹底的破壊を宣言」したとおり時すでに遅しであった（前著 p249）。

⑵ 一党独裁体制の確立へ

ヒトラー政府は、世論の動向を睨みながら一気に国民の基本的権利を奪い、野党議員を脅迫に晒しながら強行採決に踏み切った。新国会はヒトラー政府に、今後4年間無制限とも言える強大な権限を行使できる全権委任法（全5条）[注3]を委ねた。「今やヒトラーは憲法や国会を無視して政治行動がとれるようになり、独裁支配への決定的な段階を合法的に達成したのである」（『ヒトラーの側近たち』大澤武男著 ちくま新書 P75）。

注3　全権委任法（授権法、全権賦与法の呼名あり）：正式名称は、「民族と国家の困難を除去するため、内閣政府に立法権を委ねる法」（1933年3月23日制定）

ここに、最も民主的といわれたヴァイマル憲法《ドイツ共和国》は、議会で多数を占めた全体主義政党ナチ党（国民社会主義ドイツ労働者党）政権によって、14年目に終始符が打たれた。以後、ヒトラー政府は全権委任法を自在に操り、公然と牙をむき出し国家改造《ナチ革命》へと突き進むのである。

《全権委任法の主な内容》

ドイツ国会は次の法律を制定し、ドイツ国参議院の承認を得てここにこれを公布する。本法により、憲法を変更せしめうる立法の要求が満足されることは確認される。

1．ドイツ国の法律は憲法に規定されている手続きのほか、ドイツ国政府によっても制定されうる。本条はまた憲法65条第2項および第87条にたいしても適用される。

2．ドイツ国政府によって制定された法律は、ドイツの国会およびドイツ国参議院の制度そのものを対象としない限り、憲法に違反しうる。ただし大統領の権限はなんら変わることはない。

3．ドイツ国政府によって制定された法律は、ドイツ国宰相によって作成され、ドイツ国官報にて公布される。それは別段の規定がない限り、公布の翌日をもってその効力を発生する。憲法68条ないし第77条は、ドイツ国政府によって制定された法律には適用されない。
4．ドイツ国の立法の対象となるようなドイツ国と外国との条約も、本法の有効期間にあっては立法に関与する諸機関の同意を必要としない。ドイツ国政府はかかる条約の履行に必要な政令を発布する。
5．本法は公布の日をもってその効力を発生する。本法は1937年4月1日をもってその効力を失う。さらに本法は現在のドイツ国政府が他の政府にとって代られたときにもその効力を失う。

（吉田輝夫訳『西洋史料集成』平凡社）

＊この法律は、1937年と1939年の2回延長されたが、1943年5月「政府の立法に関するアドルフ＝ヒトラーの布告」により無制限に延長された。
＊憲法によらずに行政府の発する命令が法律になり得るという点はまさに実質的なヴァイマル憲法の廃棄であった。
＊この法案審議にあたって各党は、それぞれ法案への危惧、反対を表明したが、ヒトラー・ナチ党によって入念に演出された新国会では、単なるセレモニーでしかなかった。

以下、その概要を年表で追ってみる……。4月1日ユダヤ人排斥第一次行動。4月7日州とドイツ国との一元化を完成。5月2日労働総同盟を解散させ、5月10日にはマルクス、ハイネなど社会主義的またはユダヤ人の著書の〝焚書（ふんしょ）〟《ナチス焚書》を行う。6月22日社会民主党を禁止し、7月には人民党、国家党（旧民主党）、中央党が〝自主解散〟した。これに先立って右翼小政党は自主解散・ナチ党へと吸収され、7月14日には政党新設禁止法が制定され、さらにライヒと諸邦の議会もナチに独占され、ナチは合法的に一党独裁体制を実現したのである。また、9月15日にユダヤ人弾圧法発布（ニュルンベルク法）、12月1日ナチ党とドイツ国家の一元化を実施。対外的には、10月14日ジュネーブ軍縮会議を脱退・国際連盟の脱退を宣言し、再軍備、対外侵略へと踏み出していくのである。

3 独裁体制の確立

――今の世界および日本の政治・社会は、何かしら安心できない状況である。日本の場合は、より不安定さを引き起こす内向きの《民意無視の》強権政治・社会的状況が垣間見える。民主政治とは何かが省みられず、政治家も国民も非常に情動的で自国讃美のナショナリズム（偏狭な、排外的言動やヘイト・スピーチの肯定、武装平和への思潮など）に微笑むという情景が目立ち、マスコミの情報操作も日常化しているように思われる。

去る7月16日、「自衛権とは？――戦争の歴史から考える――」（第一次世界大戦・100年）の学習会でも議論したが、第一次世界大戦の開戦から100年を経た今日、《国際連盟が否定したはずの集団的自衛という名の軍事同盟による「武装平和」論が、再び世界中で高まり、違法化されたはずの戦争が合法性を回復しつつある。》（『思想』10月号「思想の言葉」山室信一氏）との指摘もあるように、これにどう抗（あらが）いこれをどう論破していくのか。私たち一人ひとりの課題である。

さて、ヒトラー政府は全権委任法をいかに行使し、一党独裁体制をどう確立していったのか。ナチ党の強制的同一化（＝一元化：グライヒシャルトゥング）とは何か。また、ドイツ社会の中間層といわれた官吏・教員はナチ党および政府にどう向き合ったのか。など、前項と少々重複するがその状況を追ってみたい。

(1) ヴァイマル憲法の停止・議会制民主主義の破壊

全権委任法（全権賦与法とも呼ばれる）は、ヒトラー政府に行政権のみならず立法権をも与えた。行政が自由に立法できる権利を認めたことは、ヒトラーの独裁政治を議会が認めたということである。立法手続きは、ヴァイマル憲法76条に拠って成立したが、3月5日の総選挙は暴力的干渉下で行われ、かつナチ党は単独過半数を獲得できなかったためさらに憲法改正要件（国会議員の3分の2以上出席し、出席議員の3分の2以上の賛成）を充たすために、さらなる脅迫・謀略や暴力、詐欺などを使って全権委任法を成立させた。

全権委任法は第1条で、「政府によっても法律を制定されうる」としているが、これは近代立憲主義の否定であり、第2条では、政府作成の法律が「憲法に違反しうる」と記され、第3条は、ヴァイマル憲法で定める法律案の提出（第68条）や法律執行のための行政規則（第77条）は「ドイツ国政府によって制定された法律には適用されない」と定めており、この法律によってヴァイマル憲法は死文化された（事実上は、既に1933年2月28日の「国民と国家の防衛のためドイツ国大統領令」〈内相フリックが閣議で提案し、3・1に公布〉で、政府は法的手続きをとらず言論・集会などの権利を奪い、出版や基本的人権の停止が行われた)。

以後大統領の非常大権は不要となり、議会による立法はほとんど行われず、政府による立法が行われた。ヴァイマル憲法は存続はしたが実際は憲法の停止であった。また、全権委任法は、4年の時限立法(1937年4月1日効力停止)であったが、1937年と39年に2回延長され1943年5月の「政府の立法に関するアドルフ＝ヒトラーの布告」により無制限に延長され、ヒトラー政府が消滅するまで続いた。ヒトラーの狙いどおり、「全権委任法」はヴァイマル憲法の命脈を絶ち議会制民主主義を完全に破壊した。

(2) 一党独裁体制の確立

ヒンデンブルク大統領に忠誠を誓ったヒトラーだったが、首相になるとすぐに強権を発動し政権を掌握し、悲願の全権委任法を成立させた。ヒトラーは、全権委任法とグライヒシャルトゥング法(強制的同一化〈強制的同質化とも訳されている〉)[注1]によって、1933年中にほぼ独裁支配体制〈ナチ独裁体制への国家改造〉を固めた。1933年の9月ごろには16人の閣僚中9人がナチ党員[注2]によって占められており、高級官吏は副総統のルドルフ・ヘスの任命で行われるようになった[注3]。

注1 1933年3月31日から翌年1月末にかけて州連邦国家組織は廃止され、各州の主権も停止され、

ナチ独裁支配下に政治、国民生活は同一化（グライヒシャルトゥング）されていった。こうした独裁体制へのレール作りに活躍したのが、ヒトラーの側近・法律顧問（博士）であり内相であったウィリヘルム・フリック（１８７７〜１９４６）であった。彼は、さらに反ユダヤ主義を全面的に進めるニュルンベルク法案を作成し、ヒトラーの企図する「偏見と憎悪に満ちた犯罪行為」を法的に実現させていくのである（彼は、全権委任法の作成指導、法案を提示し、成立の翌日内相として署名した）。

注２　新たに入閣したナチ党員のなかには、農相のダレー（在任期間１９３０〜45）・宣伝相のゲッペルス（１９２９〜45）その他、無任所相の突撃隊長のレーム（１９３１〜34）と総統代理のヘス（１９３３〜41）がいた。ヒトラーを政権につけるのに誰よりも功労のあったフーゲンベルク（ドイツ国権党党首）は、１９３３年８月閣外に去った。

注３　１９３３年９月以後副総統となったルドルフ・ヘス（１８９４〜１９８７）は、全ての官吏（公務員）に、アーリア民族純血主義を口実に資格審査をおこなった。また、それまで各州に付属していた警察は統合されて、《国家秘密警察・ゲシュタポ》に組織され、警察の他に突撃隊にも警察権が与えられた。強制収用所が各地に設置されたのもヒトラー政権の初期である。

政府は、４月のユダヤ人排斥行動（ユダヤ系商店・医師・弁護士宅前にピケット（見張り）として立たせた）に続いて、５月には全国の労働組合を解散させ、その組織と財産を差し押さえると同時に、それを母体にして、ナチ党支配化の全国労働組織（ドイツ労働戦線（ＤＡＦ）。指導者はロベルト・ライ）を結成させた注４。ここでは、企業の経営者が組織の指導者となり、労働者はそれに従属するものとされた。７月には従来の政党を禁止、解散させ一党独裁体制を完成した注５。ここにヒトラーは、国民的抵抗の拠点と目された労働組合を改組し、政党で最大勢力を誇った社会民主党を、マルクス主義闘争（打倒）という点では共産党と同様であり、社会民主党の反革命性〈ナチ革命への反対〉を国民に浸透させつつ、6月22日社会民主党の活動を禁止した。以後ナチズムへの抵抗運動は国外からとなる。

注4　5月1日、第1回のメーデー《大労働祭》がベルリンで行われ、ヒトラーは労働者の味方として姿を現した。しかし、その2日朝、社会民主党系の自由労働組合の会館、諸施設を突撃隊とナチス経営細胞組織に急襲させて占拠し、指導者たちを検束した。続いて10日にドイツ労働戦線（DAF）を設立し、全国労働者の再編成に乗り出した。ナチ体制下で最大となった大衆組織・ドイツ労働戦線（加盟員は、1934年1400万人、39年2200万人、42年には2500万人となった）には、ナチズム・イデオロギー教育をいかに普及させるか。その活動の一環として、11月に歓喜力行団〈クラフト・ドゥルヒ・フロイデ＝KDF〉を設立し、労働意欲の向上、余暇の統制もかねての観劇、コンサート、団体旅行など様々な祭典行事・催しを計画し労働者を動員した。1938年には、労働者の3人に1人はこの歓喜力行団の旅行に参加し、上記の催しのほかヨット、スキーなどの娯楽を享受したという。またヒトラー政府は、軍事産業の拡大や大規模な公共工事・アウトバーン建設工事などを実施して大量の失業者を救済した。労働者の仕事も安定し、賃金も地位の向上も見られ、こうした人々がナチの政策を支持した。〈失業者600万人の救済に貢献？〉

注5　ドイツ共産党は3月6日に禁止され、社会民主党は6月22日に禁止された（社会民主党は5月17日プラハに亡命執行部を成立させた）。7月までに人民党、国家党、中央党が自主解散。国家人民党は、ナチ党に吸収され、7月14日「政党新設禁止法」（1933・7・14）が制定され《ナチ党はドイツ唯一の合法政党》となった。

ドイツ国政府は下記の法律を議決し、ここにこれを公布する（政党新設禁止法）。

第1条　ドイツ国内には唯一の政党として国民社会主義ドイツ労働者党が存在するものとする。

第2条　他の政党の組織的団結を保持すること、または新政党を設立することを企てる者は、その行為が他の法規に定めるところ以上の刑が課せられないかぎり、3年以下の重懲役または6

ヶ月以上3年以下の軽懲役に処する。
1933年7月14日　ベルリンにて　ドイツ国総理大臣　アドルフ・ヒトラー　ドイツ国内務大臣　フリック　ドイツ国法務大臣・博士　ギュルトナー

(3) 同一化の強制《グライヒシャルトゥング》

ヒトラー・ナチ党は、党指導部および党首の決定に絶対服従を要求、強制してきた。それは党の意思決定を上から下へと党員たちへの伝達であり、党員は指導部の決定を従順に実行することのみが求められた。ナチ党はこれを一元化と呼び、党の中央集中権力を行使する上で邪魔なものはすべてを取り除くことにし、党の指導部による一元化を全国民の日常から政治生活まで浸透させることを企図した。

また、ヒトラー政府は全権委任法によって、「州〈ラント〉とドイツ国〈ライヒ〉との一元化〈グライヒシャルトゥング（強制的同一化）〉」のための二つの法律（3月31日と4月7日）を制定した。これによって州議会の新選挙を行わずに、先の国会選挙（3月5日の総選挙）の結果をもとに比例した改組〈改革〉をおこなった。また、州に派遣された臨時の官吏をドイツ政府の恒常的な官吏とし、州の政治はドイツ政府直属の知事の手に委ねる（移管）ことにした注6。

注6　3・31公布の暫定法律は「各州議会の議席は国会の議席配分に従って決める」、4・7公布の暫定法第二法律は「州議会の解散権や州法の立法権が国に委譲」された。国家直属の知事は、いずれもナチの地方長官で占められ、州政府と州議会の解散権から州法の発議・公布権、官吏の任免権が

与えられた。プロイセン州知事はヒトラー自らが兼任したが、すぐゲーリングにその権能を委ねた（1932年7月パーペンによって作られたプロイセン統監の制度は廃止された）。手を焼いた最大の州・プロイセンはこうしてナチ・ヒトラー政府に掌握された。

こうして全国の州はナチズム（体制）へ移行し、各州の内政はナチ・ドイツ国家の影響を受けざるを得ない状況になり、1934年1月30日の「ドイツ国再編に関する法律」によって各州議会は廃止され、その主権はドイツ国家が吸収し州は政府指導の行政単位に格下げされた。続いて同年2月14日、ヴァイマル共和制（ドイツ共和国）を体現した参議院も廃止され、共和国政体は跡形もなく消された。

国家とナチ党の一元化は、あらゆる分野で計画的かつ慎重に、大々的な祭典行事による宣伝活動をとおして、また脅迫や暴力・テロ行為を公然とまた密かに繰り返しながら、国民の懐柔・取り込みを行っていった。

(4) 官吏・教員の取り込み

国家・社会の中間層をなす官吏や教員に対しては、4月に「職業官吏団再建法」[注7]を成立させて、ヴァイマル共和国支持者やユダヤ人、ナチズムへの非協力者を排除・追放し、労働戦線から除いて忠誠を尽くす官吏・教員の養成に努めた。

従来からナチズムを支持していた都市の手工業者や小営業者など、旧中間層と呼ばれた人たちと同様に、官吏・教員は強大な民族国家建設の約束に共感し、反ユダヤ主義を掲げるナチ党・ヒトラー政府（国家）に大きな期待を寄せたという。中でも「小中学校教員は、ほかの社会層に比べてイデオロギー性が強く、また伝統的にドイツ青年運動（ワンダーフォーゲルはその代表的なもの）との係わり合いが深かった」ので、「ロマン主義的心情に支えられて突撃隊・親衛隊に参加するものが多く、ナチズム教育の推進集団」化してしまったという[注8]。

注7　ナチの大衆政党化が進み、特に官吏・教員の入党者数が激増した。権力掌握の時点で、官吏4万4000人、教員1万3000人であったが、数カ月後にはそれぞれ17万9000人、7万1000人に増加。1935年の党統計では、官吏および教員のほぼ20％および30％を占めている。4月7日成立の「職業官吏団再建法」は、こうした新党員急増は、旧党員（古参党員）との摩擦や質的低下を伴い、党の指示を徹底させるためにも擬似党員や非アーリア系官吏や教員、ユダヤ人らを強制的に退職させ、追放する必要があった（党組織の規律・向上、ナチ革命の推進を図るため）。（『岩波講座　世界歴史28　現代5』所収論稿「ドイツ《第三帝国》の政治構造」）

注8　小中学校教員33万人のうち、1933年5月にはその4分の1が、1937年までにその3分の1がナチに入党した。男性教員の約4分の1は、突撃隊（SA）・親衛隊（SS）に所属していた。なおナチス教員同盟は32万人を組織した。〈学校内部へのナチ党の指導、浸食化！〉（『世界近現代全史Ⅲ』大江一道著　山川出版社　1997年　P251）

第5章 「第三帝国」の完成へ

全権委任法とグライヒシャルトゥング法（強制的同一化）によって、ナチ・ヒトラー政府は独裁体制をかため政治的支配は1933年中にほぼ終了した。最早どの勢力も公然と刃向かうことは不可能となった。

ヒトラーが政権の座についたとき、ドイツ経済はどん底から抜け出し始めた時期であり政府の政策がより効果をもたらすという条件が揃い、ヒトラー政府にとっては追い風ともいえる情況であった。経済建設の一つ・公共事業のアウトバーン建設が、失業者（1933年600万余人）救済に大きな効果をもたらしたように、労働者の就業は日々の市民生活へと直結しているがゆえに、国民・大衆をヒトラー信任に取り込む波及効果をもたらしたといえよう。しかし、その実態は、必ずしもナチが宣伝したとおりではなかった。

今回は、ナチ・ヒトラー政府が農村・農業の分野をどう取り込んでいったのか、また経済建設をどう進めたのかを概略し、最後に日本の新聞は、ナチ党の独裁体制をどう伝えていたのか、ダメ押し選挙報道記事（資料）をみていきたい（1933年11月12日ドイツ国会選挙）。

1 「戦時経済体制」確立で経済回復

(1) 農村・農業の分野におけるナチ党の取り込み

農村については、「1930年末にナチ党内に農業政策機構という特別の組織が設置され、農業団体である全国農村同盟に働きかけていた。農村同盟の内部からその影響を広めこの同盟や（農業政策の公的機関である）農業会議所を『第三帝国』の権力基盤にしようと企図していた」。

ナチは政権を獲得すると農村同盟を主体にその他の農業団体を取り込み、1933年9月12日新たに「全国食糧身分団」（全国食糧団）[注1]を結成した。そこでは、「農産物の生産者・加工業者・流通業者の全てを強制的に強制加入させた」。ここでは、いわゆる「『血と土』のイデオロギーが注入され、食糧の自給自足と増産」が要求された。また、同月23日には「ライヒ世襲農場法」[注2]が制定され、一定の要件を充たす農場を世襲農場に指定し、農場の分割・譲渡・賃貸や抵当権設定を禁止した。これは「ドイツ民族の血の根源である農民層」の保護〈農民は、ドイツ国籍を持ち、ドイツ民族もしくは同等の血統をもたなければならない〉という名目であったと同時に、伝統的保守派のユンカー（土地貴族）と対抗させる狙いがあった。

注1　農村では、恐慌による農作物の下落によって農民の生活は困窮を極めていた。ナチ・ヒトラー政

府は減税や補助金を農民に約束し、1933年9月に農相リヒャルト・ヴァルター・ダレ（1933・6・29〜44・4・1 食糧農業大臣）を長とする「全国食糧身分団」を組織し農民の支配をねらった。

注2　ライヒ世襲農場法：7・5ヘクタール以上35ヘクタール以下の農場で、1800年1月1日に遡って非ユダヤ系アーリア人であることが確認される農場主という要件であった。

こうした政策は、農民の全面的支持を得たわけではなかったが、農産物の価格安定をもたらすなどの効果もあったようで、ナチの巧妙な宣伝工作とあいまって農民取り込みは成功したと思われる。ナチは、他の職能集団《婦人、学生、官吏・教員（第4章第3節の⑷参照）、医師・芸術家など》についても同様に組織化を進めていった。

⑵ 経済建設

ナチ党が政権を掌握した当時、世界経済は既に最悪の状況は抜け出していたので、ドイツ経済の復旧にも好都合であった[注3]。「第三帝国」の経済建設の最大の問題である戦時経済体制の完成を進める上でも、またとない好機を得たことになる。

注3　ヒトラーは1933年1月30日以後の独裁政権を「第三帝国」と呼び、1000年は続くだろうと豪語していた。神聖ローマ帝国（962〜1806）、ホーエンツォレルン家のドイツ帝国（1871〜1918）に比肩すると自負して呼んだ。ナチ党の経済政策の目的は、①経済的自立　②戦争の準備〈戦時体制〉　③消費者の満足であり、個人の自由と引き換えに、ドイツ人に安定した収入と生活水準の向上をもたらすことであり、実際に一定の効果を上げているが、そこには様々な問題が隠された。

また、具体的な政策として、⑴労働条件の改善、職場の美化推進　⑵集団的なレジャー活動、労働者のために休暇旅行の提供　(3)新聞ラジオはナチ党の宣伝機関として　(4)教育制度は、ナチズムを社会に浸透させる道具として　(5)1933年5月10日、左翼やユダヤ人、非ドイツ人の著作が焼却された（焚書事件）、などが徹底的に〈暴力やテロ行為を伴う言動〉おこなわれた。

ナチ政府にとって、まずは600万人にのぼる失業者に職を与えなければならなかった。そのために、「社会主義者・平和主義者・ユダヤ人などを追放してそのあいたところ（地位）に失業者を入れた」が、「その他膨大なナチの諸機関や各種の新設統制機関、勤労奉仕団などへの吸収で、また軍隊の拡大や婦人の結婚・家庭への復帰奨励もあり100万人の労働力が生まれた」という（雇用創出）。しかし、最も多くの労働力（労働者救済）を吸収したのは、大規模な公共事業（土木建築）と軍需産業であった。「スラム街を一掃し大規模な労働者住宅街の建設や農業・潅漑（かんがい）・干拓事業、河川改修、公共建造物など沢山（たくさん）の建設事業」で労働者の雇用を促進したのもその例である。そのなかで「最も有名な土木建設事業[注4]がアウトバーンと呼ばれている大自動車道路建設である」。アウトバーン建設は、「バラックに宿泊し、粗食に甘んじ、軍隊式の規律で酷使される膨大な労働者群（勤労奉仕者を含む）によって建設された。この道路や橋は、もともと近代機械化兵団を輸送するという軍事的な目的をもつもの」であった（『世界史体系16』P155～56参照）。

注4　1933年6月27日「帝国アウトバーン会社の設立に関する法律」公布。アウトバーン構想はヴァイマル共和国時代に始まるが、財政難から中止されていた。これにヒトラーが着目し、自動車協会（の念願であった）の賛同協力を得て、国家事業として実施することにした。1933年から42年（戦争で中止）まで、3900㎞を完成させたが、歴史上例のないハイペースで行われたという（計画

は全長1万4000km。9年間に4800km着工し、3900kmを完成させた）。ヒトラーは、アウトバーン建設と同時に、国民車構想（全国民が車を所有できるようにする）を打ち出し、国民・大衆の支持を得る絶好の企画とした。そして、ヒトラーの思惑どおり成功した。

THE TOKYO ASAHI SHIMBUN　（火曜日）　昭和八年十一月十四日

東京朝日新聞　夕刊

全議席を獨占して
ナチス獨裁完成
ドイツの總選擧終る

與黨の得票九割余
ナチス中外に聲明

ドイツの国会選挙（1933年11月12日）について、既にナチ党（国民社会主義ドイツ労働者党）以外の政党は、全て解散させられていたので、ナチ党のみが出馬する信任投票であった。「東京朝日新聞」は1933（昭和8）年11月14日火曜日付夕刊で、次のように報じている。

全議席を独占して　ナチス独裁完成
ドイツの総選挙終わる

【ベルリン13日午前4時40分発電通】ドイツ政府公表＝国会総選挙および政府信任人民投票最終結果左の如し

一、国会議員選挙結果　投票総数42975009　ナチス得票39626647
　非ナチス投票0　無効投票3348362

一、政府信任人民投票結果　投票総数43439046　信任賛成投票
　40588804　信任反対投票2100181　無効投票750061

【ベルリン13日発電通】ドイツ総選挙の結果、ナチス所属立候補者660名の当選が13日午前1時確定し、いよゝ議会はナチス議員で完全に満員状態になった因に去る3月の選挙におけるナチス議員当選数は280名であった　【漫画はヒトラー首相】

与党の得票九割余　ナチス中外に声明

【ベルリン13日発聯合】12日ドイツ全国一斉に挙行された総選挙並に人民投票は13日午前1時半に至り大体暫定最終結果が判明した。これによれば総選挙の総投票数約4千3百万票中9割2分の約3千9

百60万票がナチス党員に投票し、政府の一般政策に対する賛否の人民投票約４千３百40万票中９割３分８厘の約４千59万票が、政府政策賛成の投票を行った。政府政策反対の投票を行ったものは約２百万人に過ぎず、約79万票は無効であった。かくて政府党たる国粋社会党は総得票数のほとんど全部に近い９割２分の得票を占めてその他は全部無効という完全な大勝を獲ち得たのみならず、ヒトラー政府の一般的内外政策はこれ又９割３分８厘という賛成投票を得て国民絶対的支持を得たことが証明された。この政府政策賛成投票者数はドイツ総人口の実に６割２分５厘に当る、即ちヒトラー政府の政策は老人も赤ん坊も入れたドイツ全人口中の６割２分５厘という絶対過半数から直接に支持の投票を受けたこととなる訳である。

【ベルリン13日発聯合】12日のドイツ総選挙並びに人民投票に国民総意の支持を勝ち得た国粋社会党は、12日深更左の如き声明書を中外に発しドイツ国民が一致してヒトラー政府の政策を支持したことを強調した。今やドイツ国民はいまだ他にその例を見ざる底の一致を以て政府の決定を支持し、以て全世界の前に平和政策を忠実に実行する旨の厳粛なる誓約を確言するに至った。今やヒトラー首相の決定はドイツ国民の決定であり世界はドイツ国民に対するその態度において最早やこの事実を否定することを得ないであろう。

反ナチスの名士狩り

【ミュンヘン12日発電通】ナチスでは総選挙に際し、自党以外の諸勢力の一掃に百方努力中であるが、12日ナチス領袖フリードリヒ・フロリアン氏は元首相ウイルヘルム・マルクス氏その他政界名士多数を含む一団を公金横領費消の廉で裁判に付する旨発表した。右はカトリック教徒連盟を中心とするものでマルクス氏の外元閣員アダムス・ステーゲルワルト及びハインリッヒ・ブラウンス両氏、中央党議員クレメンズ・ラムメル氏、フリードリヒ・デッサウエル教授等非ナチス系のさう、たる顔触が含まれて居り、デッサウエル教授は同時に反逆罪として審問を受けることになってゐる。

＊同日の国際連盟からの脱退の信任・国民投票は、95・1％もの支持票が賛成に投票された。

ナチはこの建設事業やヒトラーの姿を映像にして、ドイツが誇る大事業として内外に紹介（喧伝）し、第三帝国・ヒトラー総統国家の将来への楽観的なイメージを国民に浸透させていった。「1933年の6月と9月の2回にわたって発表された雇用創出計画は、景気の浮揚に弾みをつけた」。それは「失業減少法」注5による「総額15億ライヒスマルクという国家資産を投じた公共事業の拡大であった。資材の調達やその他を結合させて、企業の生産や雇用をより拡大することであった」。ここにアウトバーン建設事業は法制化（6・27）され、急ピッチで作業が進められていった。こうしたナチの取り組みは成功し、「戦時経剤体制」を完成させた。これは「ナチ経済の奇蹟」と称されているが、そこにはこの神話を作り出した巧妙な仕掛けがあった。

注5　ナチ党国会議員で、当時大蔵次官を務めたF・ラインハルトの名をとって、「ラインハルト計画」とも呼ばれる。

ナチの乏しい資源と財源のもとで大々的な建設事業を行うことは、当初から懸念されたことであり、詰まるところ、様々な名目で強制労働を強いることになった。上記のアウトバーン建設も同様であるが、「乏しい経済の総力を特定の建設事業に集中させていく方法」であり、結果は統制経済の推進となった。これは、「各分野ごとに統制団体が結成されて、これが一種の強制カルテルとなり中小企業者に対する独占資本家の優位をますます増進した。兵器工業のクルップや化学工業のI・G＝ファルベン、電気のAEG及びジーメンスなどの財閥（コンツェルン）が政府の積極的な援助をうけてめざましく発展した」。

軍需生産が拡大強化されるなかで、1932年に600万人を数えた失業者が1937年にはほぼいなくなり、勤労者の生活状態（市民生活）も恐慌時代に比べるといくらか向上した。《ここにドイツ国民・大衆がナチ・ヒトラー政府を支持した最大の原因がある》という。

2　6月30日事件（レーム事件）からテロ国家へ

――欠陥だらけの秘密保護法が民意を省みることなく、12月10日に施行された。今なぜ秘密保護法が必要なのか？　集団的自衛権の行使容認か？　国民多数が理解できないと言っているのに安倍政権は強権発動で押し切った。平和構築への憲法（第9条）を否定し、準戦時体制をつくり出す道へ繰り出したことにならないか。日本経済（資本主義）の行き詰まりの打開策（武器輸出三原則の放棄や原発・軍需産業への依存も）・そのあがきが集団的自衛権・秘密保護法の強行であるとしたらとんでもない愚策である。アベノミクスの誤魔化しも既にほころび始めているが、安倍政権の危険な賭けにどう対峙していくのか、もっともっと智恵をださなければならないと思う。

さて、本題にもどろう。ナチ・ヒトラー第三帝国の経済建設は、戦時経済体制の完成によって達成され、「ナチ経済の奇蹟」と称された。１９３３年11月のドイツ国会選挙は文字どおりナチ党のみの信任投票であり、国民社会主義労働者党の勝利宣言（茶番劇）であり、ナチ・ヒトラー政府は「第三帝国」の正当性を中外にアピールすることになった。前項で紹介した夕刊東京朝日は、ナチ・ファッショ政権の選挙結果を、ヒトラー政府が国民の圧倒的信任を勝ち取ったことを詳細に伝えているが、ヒトラー政府の声明書を鵜呑みにして「今やヒトラー首相の決定はドイツ国民の決定であり、世界はドイツ国民に対するその態度において最早この事実を否定することを得ないであろう」と手放しの記事となっており、当時の軍国日本・社会の状況をよく表していると思う。

１９３３年11月の国会選挙で揺るぎない「第三帝国」を謳ったナチ・ヒトラー政府であったが、ナチ党内部では、以前から党自体の指導体制をめぐっての対立がくすぶっていた。それは、

〝革命の意味とその任務とは何か〟という意見の相違である。ヒトラーが革命は終了したと声明[注1]したのに対して、「革命の継続」ないし「第二革命」を唱えている勢力をどう抑制したらいいのか。当初はヒトラーの呼びかけに応え次第に平静になるのではないかと思われ、1933年末には再び平常の生活にもどるだろうと期待されていた。しかし、翌年春から再び「第二革命」の言葉がつぶやかれるようになり、ナチ党指導部内では革命続行か収拾かで真っ二つに割れており危機的な状況が明らかになっていた。これは指導者原理に対する挑戦であり、ヒトラーにとっては、一刻も猶予ならぬ問題であった。

注1　ヒトラーは、1933年7月1日　突撃隊（SA）の指導者へ、7月6日国家直属の知事たちへ革命は終了したと声明をだした（他の政党全てを解散させ、一党独裁体制の成立）。

長年ヒトラーを支えてきた同志エルンスト・レーム（幕僚長）・突撃隊（SA：党内の準軍隊組織）[注2]の勢力が増大し、「政権獲得後1年半足らずの間に、50万（1933年1月）から450万（1934年中頃）以上という」膨張を遂げていた。国防軍との関係で両者をどう扱うか、この巨大な組織を国家体制にどう組み入れるかその対処を迫られていた。なお、SAには、鉄兜団（右翼系の軍人・兵士を含む）も吸収されており、ヒトラーの護衛をする親衛隊（SS：ハインリッヒ・ヒムラー長官）も組織的には配下に置かれていた。

注2　旧ドイツ軍の大尉エルンスト・レームによって軍隊的組織につくりあげられた突撃隊（SA）は、ヒトラーの権力獲得闘争に多大の貢献をしてきた（街頭闘争で敵対勢力を暴力やテロで封じ込める役割を果

たすなど計り知れない)。しかし、突撃隊のあからさまな行政への介入や国防軍への批判も公然とおこなわれるようになり、レームの党の指導部たちとの対立も激しくなっていた。そうした中でＳＡの勢力増大はいつの間にか「ＳＡをどうするか」という問題になってきた。

しかもレームは、ヒトラー内閣の無任所相(１９３３年12月より)[注3]であった。レーム自身、ヒトラーに忠誠を尽くすことを胸に刻んでいたが、期待したほどの報酬や地位を得られないという隊内の不満もあり行動は次第に暴力的テロになって現れていた。ヒトラーが「革命は終わったと呼びかけたのは、何よりＳＡに向かっての要望であった。《ＳＡ最高指導者》たるヒトラーは、ＳＡを完全には把握していなかった」ことが露呈したのである。

注３　国軍と突撃隊の対立で苦慮していたヒトラーは、１９３３年12月１日「党と州の統一のための法律」を成立させ、レームを無任所相に任命し懐柔をはかった。ところが、ドイツの国際連盟脱退によってポーランドとフランスがドイツへ攻めてくるのではないかとの危機感から、レームは再軍備問題に関して突撃隊をドイツ正規軍へ編入したいと考えるようになり、レームの軍事的野心が国防軍との亀裂を深めたのである。

もはや呼びかけだけでは解決できない段階にきており、増大する突撃隊には任務もなく、ヒトラー政権への不快や批判(党内部の中途半端な分子へ)の目が注がれるようになっていた。レームも部下たちと同じ気持ちで、革命の方向がＳＡの目標(思い)とは違う(矛盾する)ことを感じ始めていた。

レームは、「第二革命」を遂行させるためにもより軍事力の強化を図らねばならないと思っていた。またレームは将来、国防軍とSAが一丸となってナチの勝利を飾るために、「一個の民軍、国粋社会主義人民軍に転化する道を開きたい」とも考えていた。つまりレームはSAと国防軍を一体化させその総司令官になることを望んでいた。国防軍を握るのは事実上国家を握ることであり、ヒトラーがレームの要求を受け入れることは、ライバルを作ることでありその地位を脅かされることであって当然受け入れがたい要求であった。

1934年6月30日の未明から約3日間にわたって《突撃隊》指導部の粛清が実行された。ヒトラーの命令[注4]を受けた親衛隊（SS）と秘密警察（ゲシュタポ）によって全国の突撃隊幹部が襲撃され殺害がおこなわれた。

6月30日は、バイエルンのバードヴィースゼー（温泉地）で指導者会議を兼ねて休暇を送っていたレーム以下突撃隊の幹部を急襲し、逮捕。7月2日までの3日間に裁判を受けることなく200余名（正確な数は不明）が射殺されたといわれる。このとき銃殺されたものは政府発表でレーム以下77名とあるが、レーム一派だけでなくナチにとって好ましくない者も含まれていた。前首相のフォン・シュライヒャー、ナチ左派指導者グレゴール・シュトラッサーも同時に抹殺された。彼らはフランスと通謀していたとナチは発表したが、仏政府の抗議でドイツ外務省はこれをあっさり撤回した。

注4　1934年4月ごろからヒムラーやゲーリング、ハインドリヒらは、「突撃隊の反乱」（武装蜂起）情報を、ヒトラーはじめ各方面へ流しはじめた。この噂をパウル・フォン・ヒンデンブルク大統領

とヴェルナー・フォン・ブロンベルク国防相は重く受け止め、《この間に、5月17日協定が成立し、国防軍と突撃隊の関係は一定の解決をみたが》1934年6月21日ヒトラーに「突撃隊問題」が解決できなければ、ヒトラーの権限を陸軍に移し、陸軍がその処置をする旨通告した。ここに、ヒトラーは粛清を決断したという。

6月30日午前6時30分ごろ、ヒトラー自らバイエルン州バードヴィースゼーのレームを襲いミュンヘン郊外の刑務所に送り込んで親衛隊将校らに射殺させた。同時に前首相のシュライヒャーやナチ左派のグレゴール・シュトラッサーらも「反政府分子」として射殺した。

この粛清事件は、「ヒトラー自身はこの行動から、いちじるしく増大した権力と声望を勝ち得た」といわれる。最大のライバルかと思われたレームを葬り去ったことで、以後彼の前に立ちふさがるナチ党員や反逆を公然と企てる者は一人として現れなかった。

1934年8月2日にヒンデンブルク大統領が死去し、ヒトラーはその後継者としてスムーズにその地位を受け継ぎ、国家元首兼国防軍司令官となり比類ない権力を手にした。ナチ政府は、ヒトラーが国家元首になったことを国内外にアピールするため8月19日に国民投票を実施し（演出）、「4550万の投票のうち3840万票の支持」という圧倒的な支持を得て国家元首（大統領と総理の一元化）を追認した。〈「総統・フューラー」（指導者）を称す〉

振り返ってみると、ヒトラー（44歳）は1933年1月30日に政権獲得以来、建前は法治国家として体裁を保っていた。しかしこの6月30日事件を契機に「テロ組織（テロ国家）へと変貌」したといわれるが、事はナチ党員（突撃隊・SA）の国家反逆を旗印に掲げ党員を急襲・逮捕し、裁判に付すことなく（一切の法的手続きなし）処刑（銃殺）したことは、まさしく国家によるテロ行為である。６月30日事件は、第三帝国《ナチ・ヒトラー独裁体制》への道を切り開いた長い「ナイフの夜事件」（レーム事件）として歴史に刻まれることになったが、たしかにナチ・ヒトラー政府が、テロ（政府）国家へと変貌を遂げた「血の粛清事件」であったといえよう。

この粛清事件を実行した首謀者は、ヒトラーの懐刀・ヒムラー（ＳＳの創始者・親衛隊指導者１９３６年ゲシュタポ長官　１９３４年46歳）とゲーリング（当時プロイセン州首相、ドイツ国防相１９３４年41歳）であった[注5]。この粛清事件は全世界に大きな衝撃を与えたが、東京朝日の夕刊１９３４年７月１日付は、「ナチスの内訌爆発　国家警察隊突如　突撃隊本部を占領　総司令レ氏逮捕さる」の見出しで状況を詳しく報じている。

注５　突撃隊排除は、国防軍軍務局長ライヒエナウ少将とハインドリヒ親衛隊少将の間ではじまり、全国指導者ヒムラーに粛清を決意させた。

３　ナチ・ヒトラー独裁政権の思想弾圧①――ナチ焚書事件

１９３４年６月30日、突撃隊指導部を粛清したレーム事件《ヒトラーの命令で、幹部たちは逮捕され、反逆罪で射殺（国家テロ）された》は、第三帝国の性格を世界が知ることになった。この事件は、国内的には国防軍とヒトラーが手を結びドイツ国民へ一時的な安心感を与えたこと。さらに重要なことは、ヒトラーを政権の座に押し上げ・支えてきた盟友レームや突撃隊の幹部たち、いわば大衆運動団体の中核部分を切り捨てたこと。〝血の代償〟によってヒトラーは絶対的権力を手に入れ、ついに総統の地位を獲得したことである。

さて、今回は、ナチ・ヒトラー政権が、世界にその悪名をはせた焚書事件である。

(1)《ナチ焚書》の儀式

ヒトラー政権にとって、ナチズムをどう浸透させていくかは日々の課題であった。常々ヒトラーが口走っていた反ユダヤへの抑圧行動は、間もなく大学教育まで及んでいった。ナチズムは近代的文化にも背を向けさせ、不寛容で偏狭なイデオロギーを学生に押し付けた。その結果、学生たちは率先して本を焼くようになり、マルクスやフロイト、ハイネなどをはじめユダヤ人や共産主義者たち300余人の著書1万2000点が焚書目録（危険図書）に挙げられ、数十万冊の書物が焼却された。

1933年5月10日夜11時、《ナチ焚書》[注1]の儀式が始まった。11時20分、学生組合代表9人が叫ぶスローガンとともに、2000冊以上の書物が炎の中に投げ込まれた。ベルリンだけでなく、ドイツ各地の大学[注2]でこの夜2万冊が灰にされた。

注1　1933年1月、ナチ党は政権掌握以来、言論・思想統制を図り、自由な言動を封じてきた。ナチの唱えるドイツ民族の優越性やユダヤ人の邪悪性に反する思想や言論を弾圧してきた。その最

たるものが５月10日夜の《ナチ焚書》である。ナチス学生連盟の学生たちは「非ドイツ的、退廃的」を言葉にしてこの焚書儀式に参加したという。

焚書対象の作家の多くはユダヤ人で、社会主義思想家のカール・マルクス、ローザ・ルクセンブルク、カール・カウツキー、レオン・トロツキー、ウラジミル・レーニン、詩人ハインリヒ・ハイネ、社会主義的慈善活動家ヘレン・ケラー、心理学者ジークムント・フロイト、ＳＦ作家Ｈ・Ｇ・ウエルズ、劇作家ベルトルト・ブレヒト等々。著書としてはシュテファン・ツバイク『マリー・アントワネット』、アーネスト・ヘミングウェイ『武器よさらば』（１９２９）、ジャック・ロンドン『鉄の踵』（１９０８）、ベルトルト・ブレヒト、エーリッヒ・マリア・レマルク『西部戦線異状なし』（１９２９）、トーマス・マン『魔の山』（１９２４）等々、さらにアインシュタイン、リープクネヒト、フランツ・カフカ、アンドレ・ジード、エミール・ゾラ、ジャック・トンドン……『飛ぶ教室』（１９３３）の著者エーリヒ・ケストナーも（彼は群集にまぎれて、〝焚書〟をこっそり見物していたようである＝次項参照）。

注２　ミュンヘン大学でも、政府要人、大学関係者、学生が集まって、焚書の儀式（祭典）が民族の誇りを取り戻し、強いドイツを作る（国民革命）のだというナチの指導下に行われた。夜は市の中心部・ケーニヒ広場に向かって松明行列が行われた（『20世紀　全記録』講談社、その他）。

演出者はナチの宣伝相ゲッペルス[注3]であった。彼は焚書儀式が終わる頃このオペラ広場に到着し全国放送を始めた。「親愛なる諸君、ドイツ国の皆さん、ユダヤ人の知性偏重主義の時代は終わった。これからドイツ人は、知識だけではなく、強い意志を持つようになる」「革命は価値の建設と同様、非価値の破壊についても偉大でなければならない」とオペラ広場から演説した（『20世紀　全記録』講談社　１９８７年　Ｐ４７９）。

注３　ヨーゼフ・ゲッペルス：ヒトラー政府の宣伝相（国民啓蒙宣伝相大臣。１９３３年３月13日）となり、ヒトラーの反ユダヤ的思想や行動を手助けし、彼をドイツ国民の解放者と宣伝し、広く大衆の支持

を獲得する上で多大な貢献をした。ヒトラーが起草した1933年2月1日付の「ドイツ国民への政府の呼びかけ」で使った「国民的高揚」ということばを最も忠実に実行した人物である。彼は「どんなことがあろうとも、私はヒトラーに尽くす」というヒトラーの礼賛者であったという。そして「12年にわたりナチ体制下のニュース、放送、出版、映画芸術などの情報、宣伝、メディアをコントロールし、チェックする権限を握り、広報、宣伝、啓発の独裁者として振舞……」「メディアの没収。禁止、焼却、解散、強制買い上げなどテロまがいの行動も日常茶飯事であった」という（『ヒトラーの側近たち』大澤武夫著　ちくま新書　P110）。ゲッペルス博士が、国営放送を聞かせ、外国放送の受信を禁止し、反ナチの新聞、ユダヤ人が編集者となっている新聞を弾圧し、発行停止・廃刊に追い込むのは当然のことであった。

この書物を焼くという忌まわしい儀式に参加したドロテァ・ルーターは、「突撃隊と学生たちは、本の題名と著者の名を大声で叫んだ。著者がユダヤ人なら平和主義者かフェミニスト、近代主義者だと非難し、我々はお前を葬り去ると繰り返し唱えて本を火の中に投げ込んだ」「私は唖然とし、心の底から憤りを感じた。燃やされた本の多くは、私たちが感想を語り合うものだったからだ」と書いている（仏ドキュメンタリー映画『ヒトラー権力掌握への道　後編』）。

ヒトラーはこの儀式（ナチ焚書）後の6月に、社会民主党を非合法化し（ヴァイマル体制崩壊）、7月には全ての政党が禁止（政党新設禁止法制定）され、ナチの一党独裁が成立した。

(2) 各国からの抗議

このナチ焚書は、たちまち世界中を驚かせ、各国ではナチの野蛮行為を糾弾するデモや抗議集会が開催され、ドイツ政府に対する抗議文が発表された。アメリカでは、言論の自由を侵すナチ焚書に対して、ユダヤ人を中心に抗議行動が行われた。ニューヨーク、フィラデルフィア、シカゴ、セントルイスで焚書の儀式を非難する集会が開かれた。またアメリカのユダヤ人会議は、かねてよりヒトラーが首相になることに警戒心を抱いていたが、この焚書事件を機に世界に向けてナチの民族差別、思想統制を警告するよう訴えた（ネット・鳥飼行博研究室『ナチ政権ヒトラー総統の思想差別』の項）。

日本では1933（昭和8）年5月12日付東京朝日新聞が、次のような見出しで「焚書事件」を報じている。（原文を変えずに、適宜読みやすくした）

「マルクスや性の書物　大群衆の前で火葬

一々著者の名前を読み上げて投ず　ナチスの極刑

〔ベルリン10日発聯合〕ドイツ全土にわたり、今や事実上の一党専制を確立した国粋社会党（ナチス党）の「非ドイツ的」著書焼却は、いよいよ10日午後、ベルリン目抜きの地点国立オペラ劇場前の大広場において、大群衆の面前で挙行された。ドイツ文献清掃運動に狂奔する党員・学生団は各国粋社会党の制服に身を固め「宿命づけられた」非ドイツ的著書文献をうず高く車に積み上げ広場に持ち込み、嵐のような拍手喝采を裏に一々著書の名を読み上げながら次から次へと世界的名著を惜しげもなく焼却してしてゆく。この焼却の厄にあった著書の主たるものは、カール・マルクス、ニコライ・レーニン、などの社会主義文献、フランスのアンリ・バルビュス、米国のアフトン・シンクレア、ドイツのエミル・ルードヴィッヒなどの左翼的作品、エーリッヒ・レマルクの『西部戦線異状なし』、マグヌス・ヒルシュフエルド博士の性科学に関する等などである。ベルリンと同時に、フランクフルト・アム・マインにおいても一万五千の群集の前でふん書が行われた。」

また、同紙の6月3日付で、ナチへの抗議文が以下のような見出しで報じられている。

「ナチスへ抗議文　鋒を一転、文部省へ
文化、論壇のお歴々七十余名　自由同盟の結成決議

ナチスふん書に対する唯一の抗議団体としてその活動を注目されていたドイツ文化問題懇談会は、2日午後7時内幸町大阪ビルレインボウーグリルにおいて開催された。現下の最も興味ある問題だけに女流をまじえた文論壇の雄75名がずらりと顔を並べ会食をすませた後、新居格氏が起って開会の挨拶を述べた。次いで久米正雄氏を座長に押しドイツの現状を訴えるため、木村毅、芳賀檀、藤森誠吉、千田是也氏のドイツ事情に関する講演があり、ヒトラー前に各国の文論壇へ左のごとき抗議文を発送することに一決した。

抗議文

最近ナチスの強行せる文化破壊行為は、単にドイツ文化の歴史における一大汚辱たるのみならず広く人類文化にたいする挑戦と認む、我等は我国及び世界の目下の情勢に鑑みかくのごとき暴挙にたいして学芸の進歩と思想の自由との名において抗議す。

これをもってドイツ文化問題懇談会の使命も解消したので、三木清から思想家、芸術家自由同盟結成の動議がでたが満場一致でこれに賛成し、準備委員として芹沢光治良、千田是也氏等二五名が選ばれ、ここに文化擁護の思想家、芸術家の進歩的団体が生まれることになった。次いで、再び緊急動議として木村毅氏より提出された京大滝川教授問題の討論に移ったが絶対的に滝川教授支持の意見強く、種々談合の結果思想家・芸術家自由同盟として文部省弾劾の猛運動を起こすことに一致、10時20分散会した。……以下省略」

以上、東京朝日新聞の記事は、ただ事実のみを追った差し障りのない報道に徹しており、抗議文については、国際的な抗議行動を考慮して掲載したのではないかと思われる。

ナチ・ドイツを見ながら軍国主義〈軍部ファシズム〉へひた走る日本の現状はどうだったのだろうか。参考までに、年表でたどると、

1933年1月　関東軍、熱河（ねっか）省に侵攻（占領）

2月　小林多喜二検挙され、築地署で虐殺（20日）

3月　国際連盟脱退（27日）

4月　滝川事件（22日）　長谷川如是閑・三木清・新居格らナチ焚書に抗議（13日）　塘沽停戦協定（31日）
6月　内務省、左右出版物の徹底的取締りのため検閲制度の大改革と出版警察の拡充を行う。
7月　河上肇の引退声明（獄中独語）（６日）　文部省《非常時と国民の覚悟》を外務・陸軍・海軍各省と共同編集し、学校・社会教化団体へ配布（８日）　陸軍省、満州事変勃発以来の戦死２５３０人・負傷６８９６人と発表（20日）
9月　陸相荒木貞夫、陸軍の国策案大綱を高橋蔵相に提示（軍備充実の要求など）（９日）
10月　科学協議会、㈶国防科学協議会に改組（陸海軍の委託研究を行う）（２日）
この年、海軍、射程４万メートルの酸素魚雷を完成。治安維持法による検挙者４２８８人、起訴１２８２人となる（『近代日本総合年表』岩波書店　他）。

4　ナチ・ヒトラー独裁政権の思想弾圧②——ケストナーとマン

(1)　ケストナーと焚書事件

ヒトラー政権（第三帝国）の焚書は、言論・思想・出版に対する最も野蛮な〝憎悪表現〟であり近代文化の否定である。本（書籍）を焼くという忌まわしい歴史的汚辱に世界は驚愕し、直ちに抗議行動を起こし、ドイツ政府に厳しい批判をおこなった。

『エミールと探偵たち』『飛ぶ教室』の著者ドイツの詩人・作家のエーリヒ・ケストナー注1もまた、ナチから〝禁書リスト〟に挙げられ、ヒトラー政府から監視されていた一人である。彼は、ナチ焚書〝儀式〟のその日1933年5月10日夜、群集に紛れて〝焚書〟の「祭典」をこっそり見物したという。多くの文化人が海外へ亡命（作家2000名）するなか彼はドイツに留まり、執筆を黙認されていた児童向けの作品を書き続けた。幸いにもこの『飛ぶ教室』は、焚書事件1カ月後からひと夏かけて書き上げられ注2この年に出版された。この本のいたるところで、登場人物を通してナチ政権への警鐘のことばを連ねている。

例えば、「実業学校生たちが、きのう午後、ぼくらのノートを燃やしました。」「かしこさをともなわない勇気は乱暴でしかないし、勇気をともなわないかしこさは、屁のようなものなんだよ！」と言い、「世界の歴史には、かしこくない人びとが勇気をもち、かしこい人びとが臆病だった時代がいくらもあった。これは正しいことではなかった。」と述べている（『飛ぶ教室』池田香代子訳　岩波少年少女文庫　2014年9月第11刷）。

〝ぼくらのノートを燃やしました。〟というところは、ナチがケストナーの面前で彼の本を「火をつけ燃やした」焚書事件であり、後の「……かしこくない人びとが勇気をもち……かしこい人びとが臆病だった時代がいくらもあった」というのは、紛れもなくケストナー自身（ドイツ国民）が直面しているナチ政権への警戒・警告（告発）のことばであろう。後半のフレーズ

1933年５月10日夜11時、ベルリン大学前のオペラ広場で行われた「非ドイツ的書物」の焚書。ゲッペルスの反ナチ勢力に対する文化的粛清の象徴的儀式である（『20世紀　全記録』講談社）

は、この作品の最も有名なことばとして記憶されてきたが、今日においても子どもたちのみならず、大人が心しなければならないことばである。多感な子ども時代、かしこい勇気を育むことがいかに大事か……それは大人の日ごろのことばや行動であることを、ケストナー自身が身を持って体験したからである。

注１　ケストナー（１８９９〜１９７４）当時34歳は、焚書〝儀式〟の夜、群集に紛れて自分の著書『ファービアン』と4冊の詩集が目前で焼かれるのを目撃した。

注２　『飛ぶ教室』は、ヒトラーが政権を掌握する前の１９３２年の秋ごろに書かれ、１９３３年の１月ごろ出版されたといわれていた。しかし、「近年の研究で、焚書事件後、１９３３年の11月に刊行された、という推論が導けるドイツ語の資料があることが確認された」という（２００４・９・25　文教研の例会・『飛ぶ教室』成立時の問題〈報告〉　井筒満）。

(2)　ヒトラーの言葉と行動

振り返ってみると、ヒトラーは１９３２年４月の大統領選に出馬し、１日に５回の演説をしたが、「敵は我々、とりわけ私のことを不寛容な鼻持ちならない人間だと思っている。我々がほかの党と協力しないと言って批判する。彼らの言うように我々は不寛容だ。私の目標はすべての党の抑圧にあるのだから！」と逆襲？（この選挙でヒトラーは敗れ、ヒンデンブルクが再選された）

翌33年1月30日ヒトラーが政権を掌握すると、日を追って次々と法令（強権的に）が施行され、《ナチ革命》へのボルテージも最高に上げられ、「国民的高揚」にあらゆるメディアが動員された。反ナチ的新聞や雑誌、ユダヤ人編集者の新聞を弾圧、発行停止・廃刊に追い込み、外国放送の受信を禁止し、国営放送を聞かせるなどテロまがいの行動も日常的であった。

同年2月10日夜、ヒトラーは政権掌握後初の公式の演説を、2万の観衆を前にスポーツ宮殿で、「私は、その時は近いと確信している。我々を非難した数百万の人びとが仲間となり、我々が手に入れたものを我々とともに歓呼で迎える。それは新しいドイツ帝国の誇り高く強力な帝国だ！」と謳った（『ヒトラー権力掌握への道 後編』２０１１年 仏・ドキュメンタリー）

2月27日夜、ドイツ国会議事堂放火（炎上）事件がおきた。焚書事件（言論・思想・出版の弾圧）の前触れであった。繰り返すことになるが、ナチはこの国会議事堂炎上を共産党の仕業だとでっち上げ、この事件を皮切りに弾圧政策を公然と行いはじめた。ヒトラーは翌28日の閣議で、コミュニストと「法的考慮に左右されず決着をつけるため」として、二つの緊急令を閣議決定した。その一つが、「国家防衛緊急令」（民族と国家の保護のための大統領令）すなわち《言論・出版の自由等、基本的人権と市民的自由権を停止した》公布であり、あと一つが29日に出された

「反逆防止緊急令」（ドイツ国民への裏切りと反逆的策動に対する大統領令）の公布である。二つの法律は、ナチの国家と国民（ヒトラー政府・ドイツ民族）への絶対忠誠を求めており、いかなる主義・主張もナチは認めないことを宣言した。《ヴァイマル憲法の実質的な死文化であった》

ヒトラーに続いて、ゲーリングは３月１日、ラジオ放送で「共産主義を我々の民族から抹殺することが私の最も重要な責務である」と述べ、「革命〈国民社会主義〉の敵に対しては、テロルの使用が不可欠である」と政府による白色テロ（為政者が反政府運動または革命運動に対して下す激しい弾圧）を宣言した。間もなく共産主義者は次々と警察によって予防拘束され、二カ月後には無政府主義者、社会民主主義者も対象に加えられた。

ナチ党は３月５日、テロとプロパガンダの非常事態（暴力的干渉）下の総選挙でもって、総議席６４７中２８８議席（43・９％）を獲得し第１党を維持した。その余勢と策謀でついに、３月23日、新国会で「全権委任法」《民族と国家の困難を除去するため、内閣政府に立法権を委ねる法律》を成立させ全権力を手中に収めた（全権委任法の成立過程については既に述べているが、あえて繰り返した）。この間髪をおかない仕掛け！　政治暴力の急襲、嵐のごとく、逆巻く波のごとく、その激しさに国民はただただ茫然自失となったのだろうか……。

(3) ナチへ文化人の抵抗？

ナチの抑圧・弾圧は、全ての分野（文化・芸術などへも容赦なく）に及び多くの文化人たちが、ナチを受け入れるか（黙認、妥協、迎合？）、海外への亡命かを余儀なくされていた。おそらく、前者の代表格として挙げられてきたのが、ハイデッガー[注3]であり、ナチ・ヒトラー政府に敢然と自己主張をつらぬこうとした小説家の一人として、トーマス・マン[注4]が挙げられるだろう。マンは身の危険を感じ転居を繰り返しながら、最後はアメリカに亡命した人である。ナチ・ヒトラー政権下のドイツ社会の状況については、様々な見方・捉え方があると思うが、トーマス・マンを少し追ってみたい。

注3　ハイデッガー（１８８９～１９７６）：ドイツの哲学者。南西ドイツの小村メスキルヒに生まれる。フライブルク大学で神学、哲学を修める。初めリッケルト、後にフッサールに学びフライブルク大学私講師となる。１９２３年マーブル大学教授を経て、１９２７年に主著『存在と時間』を公刊。28年フライブルク大学教授に就任。33年４月21日同大学総長に選出され、５月１日の「国民労働の日」（ナチ政権下の民衆的行事で、ドイツ民族の国民的祝日であった）に、22名の同僚教授たちとナチ党に入党したという。５月27日総長就任講演「ドイツ大学の自己主張」の中で、ナチを積極的に支持し、学生たちに民族への奉仕を訴えた。しかし、次第にナチにも失望し、再び思索の世界に戻っていった。戦後ナチ協力の理由で教職から追放されたが、のち解除され復帰した（『世界大百科事典』「ハイデッガー」『倫理用語集』山川出版他）。＊４月21日といえば、日本では鳩山一郎文相による、滝川幸辰（ゆきとき）京都帝大法学部教授の処分の意向が報道された日である。５月26日には、滝川教授の休職処分が発令され、京大法学部の全教官が辞表を提出した。

注4　トーマス・マン（１８７５～１９５５）：ドイツの小説家。リューベックの富裕な商家に生まれる。『ブッデンブローク家の人びと』で文名を確立。初期は英仏の文明国に対して、ドイツ精神を擁護、保守的ロマン主義の立場を主張。『魔の山』で民主主義的ヒューマニズムへの転換を完成。ナチに対

してはは評論や講演で果敢な抵抗を示し、１９３３年ナチが政権を握ると亡命し、スイスからアメリカへ移住し44年に米国の市民権を得る。29年にノーベル文学賞を受賞。＊国会議事堂放火事件の翌日2月28日、アナーキストのエーリヒ・ミューザーム（詩人）は逮捕され、翌年7月10日に強制収容所で虐殺されている。しかし、マンはどうしても帰国しなければならない理由があった（『百科事典』フリー百科事典「ウィキペディア」トーマス・マンの項）。

マンは１９３３年2月10日、ミュンヘン大学講堂で「リヒァルト・ヴァーグナーの苦悩と偉大」と題する講演をおこなった。これはリヒャルト・ヴァーグナー注5の没後50年にあたる記念の催しとしての講演であった。

注5　リヒャルト・ヴァーグナー（１８１３～83）：ドイツのロマン派（古典主義音楽）を脱皮し、個性・意志・感情を強烈に表現した作曲家。楽劇の創始者、代表歌劇「タンホイザー」（１８４５初演）「トリスタンとイゾルデ」（１８５９）「ニュルンベルクのマイスタージンガー」（１８６７）など。

マンはナチが台頭すると、国民社会主義の新聞に対して論戦を張り、１９３０年ベルリンで「理性に訴える」と講演し、ナチズムの危険性を訴えていた。また彼は、33年1月30日ヒトラーが政権をとると同時に兄と共にドイツアカデミーを脱退し、自身の意志を明確にしていた。マンのミュンヘン大学での講演は、その10日後のことだった。この講演がやがてドイツとの決別へと向かわせることになった。講演内容は、ナチ・ヒトラー政権にとって決して危険と思われるほど強烈な発言とは思われないが、この夜ヒトラーの政権掌握後初の公式演説（上述）が計画されていた。ナチが難癖をつけるのは雑作ないことで、講演会当日のナチ側の激しい妨害がそれである。

講演2カ月後の4月16日、新聞、ラジオを通じて、マンがドイツの巨匠を歪曲し、貶めたのは許せないとする「リヒャルト・ヴァーグナーのミュンヘンの抗議」なるものが出された。その声明には、マンの友人たちが多数名を連ねていた。ナチの野蛮きわまりない手口が、自身の眼前で繰り広げられたことにマンは大きなショックを受けたが、マン自身はすでに新たな生き方を決行し始めていた。マンは講演の翌2月11日に、アムステルダム、ブリュッセル、パリでの講演旅行に出かけ、2月26日に講演が終わりそのままスイスのアローザに療養目的で滞在した。その間、ドイツの政情はますます険悪化するばかりで、マンはついにミュンヘンへ戻ることを断念した。

(4) 日記にみるマンの真情

しかし、マンの断念は本心ではなく、帰国のチャンスをうかがっていたという。なぜ、マンは帰国しようとしたのか？　上述のドイツの状況を正視すれば、帰国判断はできなかったはずである。……では、マンの様子を、1933年3月15〜16日の日記から少し覗いてみたい。

（日記の始まりが、3月15日）（『トーマス・マン日記 1933〜34』紀伊国屋書店 1989、『ナチス』ドキュメント現代史3 ドイツを憂うる（抄）トーマス・マン 平凡社）

3月15日㈬「……ベッドで朝食を摂ったあと、『ヴァーグナー』（2月10日の講演録）エッセイのなかでのナショナリズムについての発言のうち、検閲にふれそうな部分を削除する件で、ズルーカンプ（フィッシャー書店の月刊誌「ノイエ・ルントシャウ」の編集長）に数行したためる。いまこの時期に、何もわざわざあの連中を刺戟する必要はあるまい。」「エーリ（マンの長女エーリカの愛称）が到着し、ミュンヘンでの馬鹿げた事件やおぞましい出来事、逮捕、虐待その他いろいろの話をしてくれたことは、私たち家族のうち眼を付けられている人間はもう誰も帰って来ないようにというミュンヘンからの警告は、……（知人二人）の手紙いらい、ますます切実な響きを帯びるようになっている。」「たえまない政治的な種類の正規の暴力沙汰に必ずつきまとうミュンヘンでの殺人と恐怖の話で、わたしの耳はがんがんしている。ユダヤ人に対するすさんだ虐待行為のことだ。あのH（ヒトラーのこと）なる白痴は、禁止令を出しても効果のあがらぬ無政府状態に絶望しているなどとぬかす。暴力沙汰は凪ぐことを知らない。」

3月16日㈭「政府のあつかましくサディスティックなプロパガンダ計画、世論の通告つき蹂躙とその完全な画一化、あらゆる批判の根絶、あらゆる反対の無用声明。ぞっとするように現代主義的な威勢のよさ、文化・精神・道徳の退化の点から見たそのさいの心理的即時代性。反未来的な無理念性に奉仕する現代性、即時代性、似非（えせ）未来性（未来なき未来性）。無のためのマンモス宣伝。無気味で、みじめだ。禁令、焼却、弾圧。国民からできるだけすべての教養手段を切り取ろうとする傾向。……彼らが望むのは、近代的な暗示技術の助けをかりて、機械のように一様な支配を目的とする大衆愚昧化をくまなく完成することなのだ。いかなる理念もないという点でロシアのそれと区別される、最悪の〈ヴォルシェヴィズム〉だ」（『ナチス』ドキュメント現代史3 ドイツを憂うる（抄）トーマス・マン 平凡社）と厳しく批判している。

マンならではの鋭いことばでの指摘、ヒトラー（ナチ）の政治がいかに野蛮で非民主的ものであるかを伝えている（その後の日記でもマン自身はナチへの警告を発し、もう我慢できないと様々に記しながら、これ以上の侮辱はないと思われることばでヒトラーを罵倒している）。

マンが亡命を表明したのは、講演旅行に出発してから3年もたった1936年であった。

マンは、自身に関する4月16日の事件をどう捉えていたのか。同日付の日記を開いてみると、「33年4月16日復活祭の日曜日　ルガーノ」とあり、「K（マン夫人）がクレッパー夫人から耳にしたところでは、ラジオ・ミュンヒェンの《芸術家たち》の私の『ヴァーグナー』論文と『われわれドイツの巨匠（ヴァーグナー）に外国で加えられた侮辱』に抗議する宣言を流したが、その署名者の中には、クナッペルツブッシュ及びナチ党員である市長の名前もあったという。萎縮し、すさみ切り、そして国民全体を脅かしかねないドイツ国内の精神状態からは、身の毛もよだつような、意気消沈させるような、興奮させられるような印象をうける」と記している。

マンはかつての友人たちの挫折や信念のなさにショックを受け落胆もするが、58歳になった彼は、「これを機会に、社会的な善意、『義務』、『虚栄心』、あるいはその他長年自分の生活から払拭することができないでいた一切の公職や顕職を投げ捨て、『浮世のしがらみ』を一気に振り払い、今後は自分自身に生きようというのがそれで」と新たな決意をし、著作家協会の会長職から退く旨の声明文を夫人に口述筆記させ、自分の行き方を明確にし実行している。

第6章　「八紘一宇」のスローガンと小林多喜二の拷問死

1　「八紘一宇」は「侵略戦争」のスローガン！

参議院・予算委員会で、「八紘一宇」は、建国以来の価値観である！の発言

――前回を執筆中に、参院予算委員会（2015年3月16日）で、〝八紘一宇は日本建国以来の価値観である〟であるとの発言が飛び込んできた。本題からそれるが、今回はこの件についてから述べたい。

発言の翌17日に、朝日新聞DIGITAL版（3・16・21：09）で、〈三原じゅん子氏「八紘一宇は大切な価値観」予算委で発言〉記事を確認。17〜18日の全国各紙や海外紙にも批判記事が掲載され、反響を呼んでいる。18日の朝日川柳にさっそく、「安倍一家八紘一宇と言って媚び」の句が、選者は三原じゅん子氏とのみ記す。4句目には、「次なるは五族協和か新東亜」とあり、選者は戦意高揚と記す。突然（？）の「八紘一宇」の発言に、川柳諸氏はみごとに時代錯誤の〝発言〟と皮肉り揶揄している。こうした発言を予期していたのだろうか？

それはともかく、3月16日の国会における三原じゅん子議員の「八紘一宇」発言の真意はどこにあるのか。なぜ、いま八紘一宇を使って「租税回避問題」を質問し、麻生副総理・安倍総理に回答を求めたのか。

当日、ラジオで聞いたよ、ネット配信記事を読んだよ、○○新聞に出ているよ！と伝わってきた。三原発言後、「八紘一宇」の塔を考える会にもマスコミ数社から問い合わせがあり、22日(日)の例会でも話題になった。翌23日夕刊毎日が「八紘一宇」の塔の取材に東京から飛んできた。27日の夕刊・特集ワイド版（「問題視されない怖さ」（縦書き）「戦意発揚スローガン『八紘一宇』国会発言」の見出し）で、戦後70年を迎える折も折、「良識の府」参議院で飛び出した発言を忘れ去っていいのだろうか、と現地での取材（宮崎の「八紘一宇の塔」）を踏まえた記事を掲載している。列島中を駆け巡った三原議員の発言に、誰が喝采したのだろうか。

この発言は、敗戦後70年という節目に、「植民地支配と侵略」「心からのおわび」という文言を踏襲するのか、安倍首相がどのように表明するのか、世界が注目している最中での発言である。多くの視聴者は、国会で堂々の発言に、エエー！と驚き、議員の見識を疑った。しかし、出席中の総理・副総理は驚きもせず笑みを浮かべて、彼女の質問に応じていた。

今回の三原発言が、歴史修正主義者＊たちの思惑どおりだったかどうかはさておいて、国会の対応に疑問符がわくとともに、三原議員の発言が意図的、非常識であったことに変わりはない。

＊独アルゲマイネ紙の記者が、安倍政権を歴史修正主義と記したことに、在独日本総領事が社へ抗議。

(1)「八紘一宇」とは

「八紘一宇」は、五族協和・王道楽土（満州事変・「満州国建国」）や東亜新秩序・大東亜共栄圏（日中戦争・太平洋戦争）などの言葉とともに、日本の侵略戦争（膨張政策）の推進や植民地支配を正当化するために使われたスローガンである。以下、「八紘一宇」がどう使われてきたかの事例〔1～4〕である（『日本書紀』の「八紘為宇」から田中智学が「八紘一宇」を造語[注1]したことについては省略する）。

注1　田中智学は、著書『日本国体の研究』（1922）で、神武天皇の精神にもとづく「世界統一」という意味で「八紘一宇」という言葉を造語したと記している。

〔1〕この「八紘一宇」があらたな軍事的装いで登場してくるのが、満州事変前後である。〝満州国建国は、「王道楽土」の建設という理想主義にもとづいたものであり、覇道（侵略）ではなく、「八紘一宇の皇道精神」にある〟と主張し（『満州事変勃発四年　日満関係の再認識に就て』昭和10〈1935〉年　陸軍省発行　P7）宣伝している。

〔2〕1937年日中戦争が始まると、対外侵略を覆い隠し戦争の正当性を主張するために「八紘一宇」を「……今度の事変は飽迄（あくまで）慈父の愛の鉄拳……宇宙の大道と天地の公道の大乗的見地に立ち、八紘一宇、万邦協和の我が二千六百年伝統の国是に則り……」と国是にして喧伝（『何故の支那事変』昭和12〈1937〉年　内閣情報部発行）。

〔3〕日中戦争開始から3年目の1940（昭15）年7月26日、第二次近衛内閣は「八紘一宇」をいれた「基本国策要綱」を閣議決定した[注2]。以下は「八紘一宇」が基本国策要綱にうたわれた部分である。

「一、根本方針　皇国ノ国是ハ八紘ヲ一宇トスル肇国ノ大精神ニ基キ世界平和ノ確立ヲ招来スルコトヲ以テ根本トシ　先ズ皇国ヲ核心トシ日満支ノ強固ナル結合ヲ根幹トスル大東亜ノ新秩序ヲ建設スルニ在リ　之ガ為皇国自ラ速カニ新事態ニ即応スル不抜ノ国家態勢ヲ確立シ　国家ノ総力ヲ挙ケテ右国是ノ具現ニ邁進ス」（『日本史資料上』東京法令　P679）と。

ここに、「八紘一宇」にもとづく「肇国ノ精神」は、日中戦争からアジア・太平洋戦争にいたる海外侵略を正当化するスローガン《国是》となり、さらに、日独伊三国同盟締結の詔書（1940・9・27）にも「八紘一宇」が記された。

注2　日中戦争を打開するために政府・軍部は、日中戦争は「八紘一宇の皇謨（こうぼ）」＝《八紘一宇という天皇の計画》であると主張し、国民を戦争へ動員した。天皇の計画した「八紘一宇」が聖戦となり、侵略戦争を正当化することになった。

〔4〕なお、『大東亜戦争とわれら』（昭和17〈1942〉年　教学局発行）では、「聖戦の大目的」として「それこそは、国の肇（はじめ）からの大精神（肇国の大精神）すなわち「八紘（あめのした）を掩（おほ）ひて宇（いへ）と為（な）す」（八紘為宇）の大精神に基づくものである」と明示している。

以上「八紘一宇」[注3]が戦争用語として歩いてきた歴史的経緯である。三原議員は、「八紘一宇とは、世界が家族のように睦み合うこと。一宇、即ち一家の秩序は一番強い家長が弱い家族を搾取するのではない。一番強いものが弱いもののために働いてやる制度が家である。……世界中で一番強い国が、弱い国、弱い民族のために働いてやる制度ができたとき、初めて世界は平和になる」と説明（三原議員は『建国』清水芳太郎著・昭和13年から引用したという）。歴史的事実を理解していれば、このような発言はできなかったのではないか。

注3　軍国主義的・戦争用語「八紘一宇」は、1945年12月15日「神道令」で使用禁止となった。

安倍総理[注4]、麻生副総理が同席する参院予算委員会での三原議員の発言は、まともな政権下ではあり得ないことである。強引かつ不穏当な言辞を弄する（レトリック）政府の答弁と相俟っていないか、注目していきたいと思う。

注4　安倍首相の「戦後70年談話」が、侵略戦争と植民地支配を打ち消そうとしているのではないかと海外（中・韓他や米・独など）から憂慮する声が強くなっている〈＊アルゲマイネ紙本社へ外務省抗議、記者への攻撃に海外メディア怒り〉。

2　日本（1933年）の学問・思想弾圧

前項は、三原じゅん子参議院議員の「八紘一宇」讃美発言に対して、〝侵略戦争を聖戦〟とみなし、国民を戦争へ誘導するための標語（スローガン）として使用された「戦争用語」であることを述べた。さて、前章では、1933年の「ナチ焚書」事件当時、作家トーマス・マンがどのようにナチへ抵抗したのか、また知識人の対応はどうだったのか、マンの日記を追ってみた。今回は、ナチの独裁体制下のドイツに対して、急ピッチで軍国主義化（日本的ファシズム）する当時の日本の状況を追ってみた。

1932年5月15日、国家改造を唱える海軍青年将校らが、犬養毅首相を襲い射殺した。この5・15事件後、海軍の長老斉藤実の挙国一致内閣[注1]が成立し、24年の護憲三派内閣以来の政党政治は幕を閉じた。この1932年は、日本の政治・外交上の一大転換点といえる。

注1　斉藤実の施政方針演説（第62臨時国会1932・6・3）「現下の時局は世人が之を称するに「非常時」の形容詞を以てします程重大であると考えます。深刻なる経済上の不況は今猶ほ回復の燭光を見難く、農村の困憊と都市の沈滞とは共に益々甚しからむとするの状況であるのみならず、近時凶変相継いで行われ、人心極めて不安、誠に重大なる危機と申さなければなりませぬ」（外務省編『日本外交年表竝主要文書』原書房）。

翌33年2月24日、「満州国」不承認などを内容とした日中紛争に関する問題を、国際連盟臨時総会は対日満州撤兵勧告案を42対1で採択。主席全権松岡洋右（ようすけ）はこれに抗議し退場。27日、枢密院本会議は、満場一致で脱退通告文を可決し、直ちに連盟事務総長へ送付し、日本の連盟脱退が正式にきまった（35年に発効、国際的孤立への道を選択）。

中国大陸では、関東軍が中国軍と激しく対峙したが、5月31日にようやく塘沽停戦協定（長城以南に非武装地帯を設定）が成立し、満州事変に一応の決着をつけた。

政治が混迷するなか、日本社会は、前年から農村の恐慌が深刻化しており、33年3月3日には東北・三陸地方に大地震・大津波が発生、死者3000人以上を出す大災害となり、救護のために駆逐艦9隻と3飛行隊が出動した。

一方、満州事変後、国民の言動を厳しく監視する状況と相俟って治安維持法[注2]（1925年5月施行）が適用・拡大されつつ、プロレタリア文学に対する取り締まり、共産党に対する露骨な弾圧《特高による、32年11月岩田義道の虐殺、33年2月小林多喜二の虐殺》は、国民へ大きな恐怖を与えた。作家の小林多喜二[注3]が築地署で特高課員の拷問によって虐殺されたのは、岩田義道が虐殺されて3カ月後の1933年2月20日のことである。街頭で逮捕されてから、わずか7時間後であった（3月15日労農葬）。

注2　1928年6月緊急勅令で治安維持法改正（29年3月議会承認）。7月内務省警保局保安課の拡充、また思想検事を全国に配置した。朝鮮総督府も思想検事を配置。

注3　小林多喜二（1903～33）ロシア文学に傾倒。昭和初年より代表的なプロレタリア作家として活躍。共産党に入党し、非合法活動中に逮捕され、拷問を受け死去。1929年発表の『蟹工船』は代表作（北洋の蟹工船労働者を描いている）。

同年1月には大塚金之助・河上肇が検挙され、2月に長野県の教員赤化事件[注4]。5月滝川事件（5月26日休職発令）[注5]。これは、京都大学の滝川幸辰教授を文部省（文相鳩山一郎）が罷免しようとしたことから起こった。4月22日文部省は、教授の著書『刑法読本』『刑法講座』や講演内容が、内乱を煽動し姦通を奨励するもので大学教授としてふさわしくないと小西総長に辞職を要求した。内容が共産主義的であると報道された著書『刑法読本』も発禁となった。これは、政府の大学の自治と学問の自由への介入を公然化させた事件であった。「ナチの焚書」事件に長谷川如是閑・三木清・新居格らが抗議したのが5月13日であるが、ちょうど時を同じくして、ドイツ・日本は言論・思想の取り締まり・弾圧の道をたどっていたのである。

注4　2月4日長野県で教員などの一斉検挙始まる。4月までに65校、１３８人の教員を検挙した。

注5　処分に抗議して、京大法学部の全教授39名は、辞表を提出し、学生たちも抗議行動に立ちあがった。マルクス主義だけでなく自由主義まで弾圧の対象とされるようになった。5月21日の東京朝日に、「刑法読本の発禁　僕がさせたのだ……」との見出しで、鳩山文相が、車中で記者と行ったやりとり（5・19）が記されており、要約すると、「**記者**　滝川教授の如何なる点が処分に値するのであるか。**文相**　個々の理由はいわね。全体として滝川さんのもつ思想が、今日の時勢上、大学に止まるに不適当なのだ。昨今の中央大学に於ける氏の講演はこの問題を起す重要な原因をなしている。**記者**『刑法読本』の発禁が近因のように一般に見られているが……。**文相**　いやそれは違う。中央大学の講演の時司法省から注意があった程で、その後私から閣議の席上、内相に対してとりしまられたいと話したので、順序はむしろ反対である。**記者**　法学部では20年来の教授会の権限を主張していますが。**文相**　時勢だよ。その時代にはその必要がある。20年後の今日の時勢、教授会の権限などといってはおれぬ。時勢の力だよ、止むを得ぬ」（5・21の東京朝日新聞および『資料体系・日本の歴史の「京都帝国大学新聞より」8』飛鳥井雅道著　大阪書籍）。後に、末川博氏（元京大教授、立命館大学長）は、「……滝川君は、この姦通罪が片手落ちだと主張したんです。つまり妻だけ罰して、亭主が2号、3号を持っても罰しないというのはおかしい。男の都合のいいようにこしらえたもので、これはいかんと、……これは道徳の問題だということを『刑法読本』にかいているんです。ところが、これが共産主義的結婚観だと攻撃された。……終戦後、アメリカがくると、姦通罪というのは、刑法からとってしまったんです。……これほど明白なことはないですわな。……」（三国一郎編『昭和史探訪 2』

番町書房 立命館土曜講座末川博先生「法について」の聴講〈筆者〉より)。この事件を契機として、大学の自治・学問の自由は失われ学園はその後急速にファシズムの嵐に襲われることになった。

特高警察(1911年8月誕生)ならびに思想検事は、近くは事変前後から治安維持法をどう拡大適用していくか現実の動向を視野に、逮捕・検挙をおこなっていた。1928年の3・15事件は、「警察自体にその切れ味の凄さを実感させた」。そして「緊急勅令による最高刑《死刑》への引き上げと目的遂行罪の導入」は、その具体的数字が語るように、特高の活動をさらに保障したといえよう。国内の治安維持法違反の検挙者数は、31年から1万人を超えており、33年には1万4622人に達している。起訴された数も33年が1285人とピークを示している(『特高警察』荻野富士夫著 岩波新書)。

時勢の嵐《学問・思想の弾圧》は、防共の名のもとに主義主張を問わず、容赦なく襲いかかったのである。

3 小林多喜二の虐殺——治安維持法と特高警察

——3人の憲法学者が、集団的自衛権の行使は明確に憲法違反(第9条)だとしたことについて、安倍政権は、頑(かたく)なに裁量の範囲内であり、行政府として間違っていないと強行に法律を制定しようとしている。民主的な政治手法を逸脱する違法行為である(政権は昨年の閣議決定以来、思考停止のままである）。

現政権の憲法条項を無視した政治がいかに危険であるか、詭弁や虚言の政府答弁に安保法制の法律的根拠は失われたとみる国民の声は列島中にこだましている。国会が国権の最高機関としてその機能を発揮し、憲法どおりの権威を示すことができるか。いま主権者一人ひとりの言動がいっそう重要になっており、個々人の力に応じた行動をしっかりとらなければと思う（6・6）。

安倍首相・閣僚の答弁は、詭弁とどまるところなしで、あくまで憲法違反の安保法制法案に固執している。国民世論は現政権の存続を許すことこそが、日本（国民）にとって最大の不利益であると判定をくだしているが、全く耳をかそうとしない。政権の横暴がいつまで続くのか。「集団的自衛権の行使の基礎（根拠）となる憲法上の条文は、どこにもないし、外国を防衛する義務は全く存在しない」のである。どこを探し、突いても集団的自衛権の行使容認は、不可能といわざるを得ない（6・15）。

(1)　特高とゲシュタポ

本題にもどって、1933年当時（わずか90年前の日本の出来事……）、日本における思想弾圧の尖兵は特高警察であり、思想検事であったことは、歴史が証言しているとおりである。前回、滝川事件を主にとりあげたが、今回は、小林多喜二虐殺事件を見ながら、特高警察がどういう組織であったかを振り返っておきたい。

特高警察は、大逆事件（1910）をきっかけに1911年8月、警視庁警視総監官房高等課から特別高等課（32年部に昇格）を分離し、ここに高等警察が誕生。12年10月、大阪府に高等警察課が分離独立。治安維持法が改正（6・29緊急勅令）された28年7月に、全国的に特高課が設置され、日本中に特高警察の取り締まり網が広がった。以後特高警察は、政治警察として予防検束、拷問を繰り返し猛威を奮っていった（28年3・15事件、29年4・16事件他）。

ドイツでは、ナチの恐怖政治のシンボルとなったゲシュタポ（国家秘密警察）は1933年4月26日、ゲーリングがベルリンに設置して間もなく、首相直属の組織に改造され、ドイツ内務省、プロイセンの行政府からも独立しドイツ全体に強大な権限を及ぼした。時を同じくして、思想弾圧の尖兵として特高・ゲシュタポが登場したのである。

(2) 特高警察の手口とマスコミ報道

昭和8（1933）年2月22日㈬の「東京朝日新聞」は、「小林多喜二氏　築地署で急逝――街頭連絡中捕はる――」と、以下のような記事を掲載した。

「『不在地主』『蟹工船』等の階級闘争的小説を発表して一躍プロ文壇に打って出た作家同盟の闘将小林多喜二氏(31)は、20日正午頃……築地署小林特高課員に追跡され、……格闘の上取り押さえられ……連行された……特高課員の取調続行中午後5時ごろ突如そう白となり苦悶し始めたので……同署裏の築地病院の前田博士を招じ、手当てを加えた上午後7時ごろ病院に収容したが既に心臓まひで絶命していた。21日午後東京地方検事局から吉井検事が築地署に出張検視する一方取り調べを進めているが、捕縛された当時大格闘を演じ殴り合った点が彼の死期を早めたものと見られている。……（後略）」

当時のほとんどの新聞が同様な記事を掲載しているが、虐殺された小林多喜二の遺体を前に、作家江口渙が記録した文を『特高警察黒書』から引用すると、

「何という凄惨な有様であろうか。毛糸の腹巻に半ば覆われた下腹部から左右の膝頭へかけて、下腹といわず、股といわず、前も後も何処もかしこも、まるで墨とベニがらをまぜてぬり潰したような、何とも彼ともいえないほどの陰惨な色で一面覆われている。その上、よほど多量な内出血があるとみえて、股の皮膚がぱっちりハチ割れそうにふくらみ上がっている。そしてその太さが普通の人間の太股の二倍もある。

さらに赤黒い内出血は陰茎から睾丸に及び、この二つのものが異常な大きさにまでハレ上がっていた。（中略）それよりももっともっと陰惨な感じで私たちの胸をしめつけたのは、右の人さし指の骨折だった。それはいわゆる完全骨折であって、人さし指を反対の方向へ曲げると、らくに手の甲の上へつくのであった。指が逆になるまで折られたのだ。この一事によっても、この拷問が、いかに虐殺の限りをつくしたもであるかが想像された。（後略）」

と記しているが、その拷問の凄惨さが目前に迫ってくるようである。

作家小林多喜二が築地署で死亡したことは、翌21日午後3時ごろ、ラジオの臨時ニュースで

放送され、各夕刊紙もいっせいに報道した。警察側は、新聞紙上で次のような談話を発表した。
毛利警視庁特高課長談「余り突然のことなので、もしやと心配したが、決して拷問したことはない。あまり丈夫でない身体で必死に逃げまわるうち、心臓に急変をきたしたもので、警察の処置に落度はなかった」

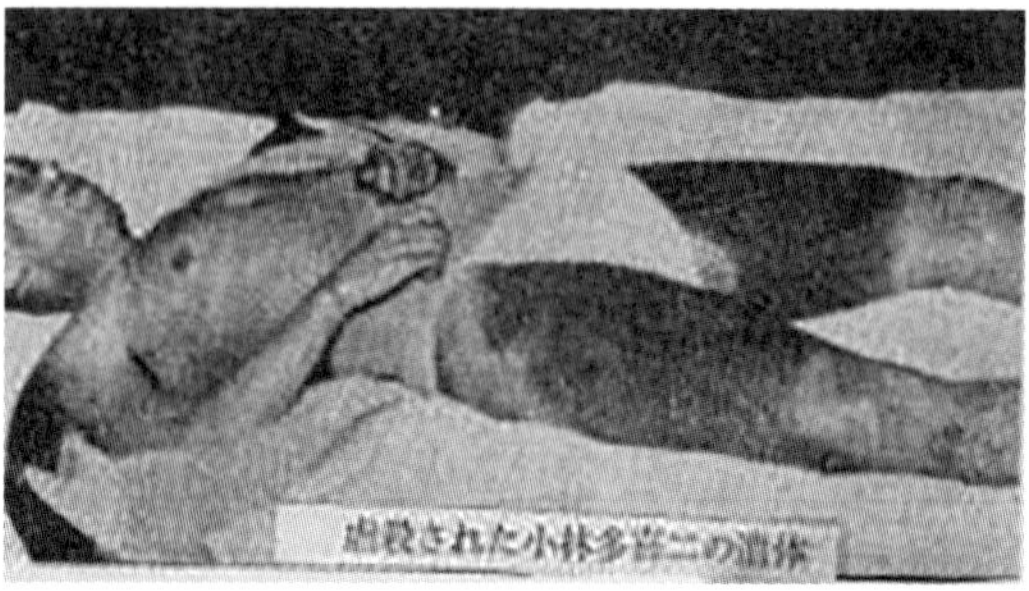

小林多喜二の遺体（1933・2・22？　『特高警察黒書』P131より）

市川築地署長談「殴り殺したというような事実はまったくない。当局としてはできるだけの手当てをした。長い間捜査中であった重要な被疑者を死なしたことは実に残念だ」

こう述べているが、実に白々しいでたらめであることは、当時遺体を見た人たちの証言であり、いま遺体の写真をみてもわかることである。遺体をみた誰しもが、「小林多喜二は虐殺された」と考えたという。毛利特高課長、市川築地署長の談話が、あえて「心臓マヒで死んだ」「拷問・虐殺ではない」と強調したこと自体がまったく不自然である。

当時の刑法においても拷問は禁止されていた。しかし、特高警察が日常的に拷問していたことは多くの前例で知られていたことである。小林多喜二の虐殺は、岩田義道が虐殺されてから3カ月後のことであり、しかも小林が、詩人の今村恒夫とともに赤坂福吉町の街頭で検挙されてから、わずか7時間後の死亡であった。いかに、特高が小林多喜二に敵愾心を燃やし、執拗に探索し追い掛け回していたかを示している。

治安維持法は拡大解釈され政府・警察当局の恣意的な道具として絶大な威力を発揮していた。拷問と虐殺――それは、〝国体を護れ〟の美名のもとに、「天皇陛下の警察官」が手を下した明白な犯罪行為であり、ナチ・ヒトラー政府の白色テロと同様の行為であった。当時の新聞社は、ほぼ全て（時事新報・東京日々新聞・讀賣新聞・都新聞他）が、上記朝日同様、特高警察側の発表どおりを報道しており、真実の証拠となるような取材や報道はみられなかった。

(3) 検査医師の証言

小林多喜二の遺体を前に、この検査を指揮した医師・安田徳太郎博士の言葉が、いかに酷い拷問であったかを留めている。それは検査がはじまり次第に拷問の惨さを眼前に、「さらに帯をとき、着物を広げ、ズボンの下を脱がせたとき、小林の最大最悪の死因を発見した私たちは、思わず〝わっと〟と声を出して、いっせいに顔をそむけた。『これです。これです。やはり岩田義道君と同じです』と安田博士は、鎮痛きわまる声でいった」。

その後の記録に「歯も上顎部の左の門歯が、ぐらぐらになってわずかについていた。着物を脱がせてからだを仰向けにすると、背中も全面的な皮下出血だ。もちろん、ここには多少の死斑もまじっていた。それでも股ほどにひどくはないが、やはり、蹴ったり撲ったりした傷の痕と皮下出血で眼もあてられない。『こうまでやられては、むろん、腸も破れているでしょうし、膀胱だってどうなっているか解りません。解剖したら腹の中は出血で一ぱいでしょう』と、安田博士がいった。昨夕五時に絶命したというのに、早くも屍臭がぷうんと鼻を打った。内臓を破られたための内出血が、腹のなかで腐敗し始めていたのだ。（後略）」（『特高警察黒書』作家江口渙記録〈作家小林多喜二の死〉新日本出版社　１９７９年）

安田博士のことばが、特高の拷問による虐殺であることをリアルに示している。多喜二の遺体の写真を見ると、作家江口渙の記録がいかに正確に書かれているか、容易に分かる。多喜二の拷問死は、通夜に集まった多くの作家仲間・同志たちが確認しており、遺体や傷跡の写真も撮ってあり、多くの人たちの証言でも明白である。

虐殺を指揮したのは、警視庁の安倍源基特高部長と毛利基特高課長で、いずれも岩田義道を虐殺したときの同人物である。その後、多喜二の遺体を解剖をしようとしたが、「東大でも慶応でも、にべもなくことわられ、前日は引き受けた慈恵医大病理学教室でも、《愛宕警察署に解剖届けを出して戻り》遺体を運びこむと、解剖を拒絶したことであった」と遺体解剖を妨害されたことを記録している（下記も含め「特高月報」参照）。

(4)　特高警察の記録

小林多喜二の死亡の件について、当時の「特高月報」昭和８（１９３３）年３月分の記録は、次のように記している（「小林多喜二の死亡と労農葬の状況」「小林多喜二の死亡と文化団体の策動」）。

「二月二十日京橋築地警察署に於て作家同盟員（日本共産党コップ内フラク）小林多喜二を検挙せるが、同人は同夜心臓麻痺にて死亡せるを以て、翌二十一日死体を実母に引渡したる処、即日市内杉並区馬橋三七五の自宅に搬入、通夜と称して作同員、江口渙等出入しに何事か画策する所あり、更に翌二十二日には死体の解剖を為さむとしたるも之を引受くる者なく、二月二十三日告別式を挙行する事となりたるが、警視庁に於いては之に対し厳重なる取締を加へ、外来者の出入を禁止し、午後三時迄の間に於て告別式を終了せしめ、尚当日制止を肯ぜず会葬せむとしたる者三十二名を一時検束したり(注)。」

（注）「特高月報」1933年3月分より：労農葬挙行計画　極左一派に於ては小林多喜二の死亡は官憲の虐殺なりと宣伝煽動し（文科団体一斉に檄、指令を発して下部組織を宣伝煽動す）、虐殺の抗議行動として三・一五記念日運動と結付け、三月十五日を期し築地小劇場に於て左記計画の下に労農大衆葬を行ひ、葬儀の合法性を利用して党同盟の拡大強化を図らむとせり。

（1）労農葬主催団体　日本プロレタリア文化運動、日本赤色救援会、ソヴェート友の会、日本無産者消費組合連盟、日本労農救援会、全農全国会議

（2）葬儀委員長（コッププロ（ママ）科）江口　渙　同副委員長（コッププロ科）布施辰治　同委員（コップ演劇）佐々木孝丸　同（コップ美術）橋浦泰雄　同（ソヴェート友の会）藤森成吉　同（弁護士団）上村　進　同（モップル）小林　栄

（3）当日の地区的、全市的街頭デモの敢行　全市的街頭デモは午後三時、各地区より選抜されたる者約五十名宛、築地小学校横の公園に集合し全市的街頭デモを決行すること、右デモを解散

せしめられたる時は午後五時日比谷交差点付近に集合、大手町を経て宮城前に向ってデモを行ふ。

（4）京橋築地警察署襲撃計画　午後六時四十分頃、新桜橋付近に集合し、三人又は四人を以て行動隊を編成し築地署を目標に投石之を襲撃すること。

あと、当日の状況（①遺骨 ②街頭デモおよび警察署襲撃 ③追悼記念公演 ④新築地劇団稽古場 ⑤帝大の状況 ⑥その他地方の状況）……などが実に詳細に記されている。特高警察が日常的に嗅ぎまわり事細かに調べ上げていたか、当局のやり方がいかなるものであったかを物語る証拠資料である。

「特高月報」は、遺体の解剖をも邪魔し、葬儀やその後の活動そのものを制限・監視したことを詳細に記している（『昭和特高弾圧史1 知識人にたいする弾圧』明石博隆 松浦総三編 太平出版社 1975）。なお、上記『特高警察黒書』は、江口渙が記した「作家小林多喜二の死」を引用、その中に、時事新報記者笹本寅が検事局へ電話をかけて、「検事局は小林多喜二の死を、たんなる病死と認めるか、それとも怪死と認めるか」を問い合わせると、電話なのでだれかわからないが、「検事局は、小林の死をあくまでも心臓マヒによる病死と認める。この問題で、これ以上文句をいうなら、共産党を支持するものと認めて、即時、刑務所へぶちこむぞ」と、検事の一人が大喝して、ぷっつり電話を切ったという事実を書き残している。

戦前の刑法（旧刑法第95条、96条 1882年施行）でも、拷問は禁止されており、虐殺に関わった特高警察官は殺人罪により「死刑又は無期懲罰」で罰せられて当然であると思うが、逆に検察・警察は真相を隠蔽（いんぺい）。彼ら（警視庁の安倍特高部長・毛利特高課長ら）は程なく叙勲の栄誉を与えられている。

治安維持法下に、国民から一切の自由と民主主義を奪った特高警察の実態は、知るほどにその残虐非道さに怒りを覚えるが、いみじくも警察当局の「特高月報」がそれを如実に証明している。共産党への弾圧にとどまらず、次第にエスカレートしていき、「戦争に負ける」といった一言で、特高から拷問を受けた無辜(むこ)の国民がいたことをあらためて記憶したい。

(5) 新聞への弾圧

小林多喜二死去の新聞報道が当局の情報（虚偽・捏造）を鵜呑みしたものであったことは、以下の資料（『特高警察黒書』P36～37「主要日刊新聞紙行政処分並差押執行統計表」）からも容易に想像がつく。当時（1933年1カ年間）新聞24紙が、何らかの処分を受けているが、『朝日』禁止2回・注意28回・削除1回、『毎日』禁止5回・注意27回・削除1、『讀賣』禁止5回・注意24回・削除1回とある。

また昭和十年代はじめの内務省警保局の文書には、「処分理由」として、15項目列挙している。同書では、次の3項目を紹介している。「国民は政府の対支（中国のこと）方針を支持しおらず、あるいは民心相離反して国論統一しておらずとなすが如き事項」「今次事変を目するに我国に領土的野心ありとなし、又は支那新政権（汪精衛のこと）を我国のかいらい政府なりと曲折するなど、帝国の公明なる態度を誣妄(ぶもう)（ないことをあるといつわったり、妄想したりする意）すが如き事項」「時局の重圧に耐えず平和回復を希求するなど、国民の堅忍持久(けんにんじきゅう)の精神を消磨(しょうま)（すりへらすこと）せしむるが如き事項」とある。今から考えると、とてもまともな政治感覚とは思えないが、まさに真実の報道をしてはならないということである。

ひるがえって、昨今のメディアはどうか。本題からそれるが、あらためて考えてしまう。敗戦後〝戦争讃美、戦意高揚〟を反省したはずの新聞・放送メディアが、一部とはいえ「戦争法案」を与党が強行採決したこと（衆院通過２０１５・７・16）を「今国会の成立が確実となった」と他人事のように、あるいは「法案成立の公算大」などと擁護するような報道に対し、放送・メディアとは何か、自ら問い正してもらいたい。

(6) ヒトラー独裁下のゲシュタポでも

さて、１９３３年に政権を掌握したヒトラーは、全権委任法（１９３３・３・23）を謀略で成立させ、間もなくヴァイマル憲法を封殺し独裁体制を確立した。以後ナチ・ヒトラー政権は暴政をほしいままに、ドイツ国民の国家再生を標榜し拡大へと大きく踏み出していった。それは、偏狭なナショナリズムを煽り、隣国の領土を犯し、他民族の生命を奪う侵略戦争への道であった。

ヒトラー政権成立後間もなく、各州に付属していた警察は統合され国家秘密警察《ゲシュタポ》に組織され、警察のほか突撃隊にも警察権が与えられた。強制収容所が各地に作られたのも、ヒトラー政権直後（1～5月）であり、３～4月だけでも2万５０００人が収容されている。

《ミュンヘンの北、ダッハウに最初の強制収用所が設置され、「共産主義者などの政敵に対して無法な取調べや身柄拘束を行い虐待、暴行、殺害をほしいままにするといったテロ組織作り」が始まっていた》（『ヒトラーの側近たち』大澤武男著　ちくま新書　P82）。

4　麻生妄言から2年、安眠できぬ夏

――麻生副総理が、「僕は今、（憲法改正案の発議要件の衆参）3分の2（議席）という話がよく出ていますが、ドイツはヒトラーは、民主主義によって、きちんとした議会で多数を握って、ヒトラー出てきたんですよ。ヒトラーはいかにも軍事力で（政権）をとったように思われる。全然違いますよ。ヒトラーは、選挙で選ばれたんだから。ドイツ国民はヒトラーを選んだんですよ。間違わないでください。……中略……憲法は、ある日気づいたら、ワイマール憲法が変わって、ナチス憲法に変わっていたんですよ。だれも気づかないで変わった。あの手口学んだらどうかね」などと発言した。いわゆる2年前、麻生副総理の「ナチスの手口に学んだらどうかね」（2013・7・29東京都内でのシンポジウム）発言である。

たちまち内外から批判が相次ぎ、彼はすぐさま「私の真意と異なり誤解を招いたことは遺憾だ」と釈明し、「ナチス政権を例示したことは撤回したい」とした。しかし今日、彼の発言の信憑性は、現政権の言動から見ると、よりいっそう高くなっているように思う。

あえて付言すると、この間の政権側の発言は、〝戦後レジームからの脱却〟を御旗に〝積極的

平和主義〟のオンパレードである。安倍首相はじめ、文科大臣・防衛大臣、他の閣僚や首相補佐官、党幹事長・党政調会長などの言動がいかに立憲主義に挑戦的であるか、明白である。麻生副総理が、〝ナチス〟という言葉を表面にだして語ったが、「もはや戦前、戦前以上」という言葉とともに、いまやナチ的手法が現実化しているような錯覚さえ呟かれる。数の力で押し切ろうとする独裁的政治が、いかに不安や懸念、不信を国民に与えているか、世論調査が示すとおりである。

(1) 積極的平和主義と8・15

日本は、アジア・太平洋戦争の敗戦から70年を迎えたが、侵略戦争、植民地支配の歴史事実を語れない安倍首相に、海外のメディアはいぶかりかつ批判的記事を一斉に掲載した。《第二次世界大戦に対する日本政府の戦争認識（戦争責任）が定まっていないと危惧しており、日本（国民）は日中戦争から太平洋戦争に対する捉え方がまだ不十分であると指摘する海外識者の声も掲げている……》。また、安倍首相は国民の声を聞こうとせず、敗戦後築いてきた民主主義を否定し、国家主義政治を強行に推し進めている？と、外国特派員から〝歴史修正主義者〟と名指しされているが、既にそのタカ派ぶりは海外でも評判である。

積極的平和主義が振り撒かれるなか、8月15日・敗戦記念日、恒例のウォッチング「八紘一宇」の塔（塔の見学会）を実施した。塔（高さ36・4ｍ）の中に8枚の石膏レリーフがあり、その中の1枚に「民族協和」のレリーフがある（縦3・63ｍ×横1・65ｍ）。中央に女神が軍艦を背に右手に鏡をかざし、その女神を取り巻き手をつなぐ日本、満州国、中国の子ども（帽子、着物ですぐ判明できる）が描かれ、女神の右脇下に爆撃機。鏡を掲げた女神の頭上後方には、燦燦と輝く朝日！　着剣して突撃する日本兵が描かれている。

また、女神の足元には、満鉄の超特急「あじあ」号が走り、帆船、鉄橋、自動車などが描かれており、当時の日本の最新鋭の技術を誇るかのようである（大東亜共栄圏の盟主の立場を表徴した〈あからさまな〉レリーフである）。入り口の銅の扉の上部欄干には、三種の神器が透かし彫りにされている。

見学者の多くは、かつての「大東亜新秩序」や「大東亜共栄圏」「八紘一宇」の世界観を目の前にし、驚きつつあらためて戦争の歴史（侵略戦争）を知るようだ。なかには、積極的平和主義（＝武装平和）と重ね合わせて読み解く人も。中国占領地（軍隊）や植民地（居留民）から送られた石たちは、声もなく「八紘一宇」の塔に組み込まれ、75年の風雨に耐え、最前線の戦地・占領地における過酷な戦いや無辜の民たちを犠牲にした日本軍隊のありさま（戦争の歴史）や強制連行・強制労働、従軍慰安婦の実態を今も問い続けている。

8・15ウォッチング「八紘一宇」の塔の見学者は約200名、見学会始まって以来であった。

(2) 熱帯夜・時代錯誤の政権

さて、以下の文は、朝日新聞1980年8月10日付の天声人語に掲載されたある文章の抜粋である。

「改憲の根本方針は、個人の権利の諸権利を極力抑え、憲法九条を抹殺することにあるのであります。大国にふさわしい戦力を飛躍的に拡充し、中略……靖国法案はもとより、将来の徴兵制、核武装に反対する一部非国民は、必ずや執ように我に抗するでありましょうが、我が党は容赦なくこの無意義な抗戦を撃破する決意であります」「民主主義は多数派による多数派のための政治であります。改憲を決議する地方議会が多数派になることは、有権者がわが党の企図する軍事体制を了解したことに他ならないのであります。多数決という民主主義的手続きをふんで軍事化への道を選ぶ以上、有権者にこそその責任があるのであります」。この演説会場で、「違う、民主主義の眼目は少数意見の尊重だ」と叫んだ青年がいたが、たちまち黒い服の男たちに袋だたきにあった（とこの怪文書の送り主は付記していた）。

このときの天声人語氏は、以上「冷夏の夜の夢」と結んでいる。憲法への憎悪、基本的人権の否定、暴力的支配、国民を国家の従属物とし、責任は全て有権者へとするなど、言語道断と言いたい……。

当時「憲法変遷」論が出され、81年政府はこれを援用し「自衛のための必要最小限度の実力」として「自衛力」のみ保有、行使できると答弁。以後、政府・自民党は集団的自衛権行使解禁に拍車をかけてきた。この〝怪文書〟は、その当時をよく物語っているが、いかなることも数の力で押しきれるとする彼ら流の民主主義は、今も健在である。時代錯誤もはなはだしいといわざるを得ない。憲法を蔑ろにし、来るべき時代を読みちがえ、創造することを嫌がる（＝外交努力）独善的指導者は、早々に退散してもらいたい。

明治から太平洋戦争にいたる73年間に日本帝国陸海軍は、15回以上に及ぶ海外出兵を行っている。いずれもアジア地域への出兵、事変、事件である。それは、「海外居留民の保護」を口実とした大陸侵略のはじまりであった。これは、「八紘一宇」の塔にはめ込まれた石たちの証言でもある。

２０１５・８・22　戦争イヤだ　安保法案ＮＯ　宮崎集会の日に

第7章　戦争への道──1933～35年のドイツと日本──

1　ナチ・ドイツの強硬外交

──安倍政権の安保法案・廃案へ向けての抗議行動、集会は、かつてない広がりを続けており、いまや列島中に《地鳴りのように》廃案の声がこだましている。2015年夏、様々な立場にある国民が、主権者であることに目覚め、自ら身を投じて主権者意思を表明し始めたようである。民意をまともに受けとめない安倍政権に対する国民の怒りは、日ごとに高まるばかりである。安倍首相は、頑なに法案成立を強行しようとしているが、それが許されるのか‼《9月9日宮崎山形屋デパート前集会に900人、9月16日、230人が結集》

予断を許さない緊迫した状況が16～17日へとさらに高まるなか、参院・安保特別委員会は、鴻池委員長の不信任動議が否決され委員長が着席するや否や、与党議員が委員長防衛の輪をつくりその中で法案採決文を読みあげたのか(?)、輪を作っている佐藤議員が数回与党議員にむかって左手をあげ、立ち上がる指示を出した。怒号がとびかうなかで、可決されたのかどうか(?)、判然としないまま、与党議員が立ち上がったその直後委員長は与党議員に守られながら委員会室を出ていった。午後4時半過ぎ、仕組まれた土壇場の安保特別委員会はおわった。議事録（〝聴取不能〟）も取れない混乱したなかでの採決劇《ナチの「手口」に学んだシナリオ》であった。こうした安保法に合法性があるのか問いたい。

〈この無法議会に眠れぬ?伊藤博文、首相は誰だ! まだその程度か!!〉（9月17日）

そして19日未明、ついに安保法案は参院で可決・成立した。「戦後レジームからの脱却」を掲げた安部政権の暴走は、いましばらくは揺るがないであろう。首相は、国際社会の〝安全保障環境の変化〟を取り上げ法案整備の必要性を繰り返したが、肝心の政府答弁（安倍首相・中谷防衛相）は二転三転して、立法作成の根拠を十分説明できないまま、多くの疑問を残し国会審議は打ち切られた。また、安保法案《＝集団的自衛権の行使》は、憲法違反だと考える国民多数の声々にも、耳を傾けることなく納得できる答弁はされなかった。さらに、昨年12月統幕長が訪米、米軍幹部と会談した問題などについても。

このような理解不能な安保法案は、廃案が妥当であるというのが立ち上がった多くの市民の声である。政権担当能力のない安倍政権に代わるあらたな連合政権《野党を結集した》を模索することは、《次代を担う「SEALDs」（シールズ：自由と民主主義のための学生緊急行動〈2015・5・3～16・8・15〉）の集会・デモで訴えられた切実な声であり》、国民多数の世論の要請である。違憲の安保法廃止をめざすことは、平和憲法の原則に立ち返ることであり、国民がもとめる民主主義をより前進させることになるだろう。（9月19日）

(1) ヒトラーの外交政策と国際連盟

さて、ヒトラー・ナチ政権は1933年10月、国際連盟と軍縮会議から脱退したが、翌34年1月26日、ポーランドと不可侵条約を結んだ。それは、東部国境の緊張を和らげ、西方への勢力を伸張させる狙いからであった。これは、後の第二次世界大戦がナチ・ドイツのポーランド侵略から始まる事実からみて、ヒトラーならではの狡猾的な外交の戦術であった。

以下、ナチ・ドイツの外交政策を概略追ってみると、1934年6月14〜15日にかけて、イタリアのムッソリーニとヒトラーがはじめて会見し、持論を述べ提携を模索。7月25日、オーストリアのナチが同国のドルフス首相を暗殺。

翌35年に入り、1月13日、国際連盟の管理下にあったザール地方で住民投票が行われ、91％の賛成を得て、ザールはドイツに復帰した。3月16日、ドイツはヴェルサイユ条約の軍事条項を正式に廃棄、一般兵役義務を開始（徴兵制の復活）した。これまで、密かに行っていた再軍備の公然化《再軍備宣言（国防軍の5・5倍増の50万の常備軍保有）》であり、ドイツ空軍の存在も明らかになった。これに対して、イギリス、フランス、イタリアは、ドイツの再軍備に抗議し、4月11日、三国は北イタリアのストレーザで会談し、対独制裁の討議（ストレーザ戦線）を行った。ところが、会談は紙上だけの非難で終わり制裁は行われなかった。

その後フランスは5月2日仏ソ相互援助条約を結び、ソ連もチェコスロバキアと相互援助条約を結んで、ナチ・ドイツの膨張政策を牽制するために備えた。ドイツは、ヴェルサイユ条約破棄から3カ月後の6月18日、イギリスとロンドンで英独海軍協定を結び、ドイツ海軍は英海軍力の35％まで、また禁止されていた潜水艦（Uボート）も45％まで保有できることになった。これは、イギリスが先のストレーザでの再軍備抗議を破棄し、ドイツの再軍備を容認したことになる《つまり、英の対独宥和政策であり、英自らヴェルサイユ条約の修正を行ったのである》。これを見たイタリアは10月、エチオピア侵略を開始[注1]し、ドイツに接近し始めた。ナチ・ドイツは、イタリアを支持し、ドイツとイタリアは友好関係を強めた。ここに、4月のストレーザ戦線は、もろくも崩れ反故となった。

注1　イタリア・ムッソリーニはかねてから地中海帝国の建設を夢見ていた。国際連盟が日本の満州侵略を阻止できなかったのに励まされて、エチオピア侵略をスムーズに実現できると期待していた。

フランスは、去る5月に仏ソ相互援助条約（1932年11月の仏ソ不可侵条約を強化した）に調印したが、右翼勢力の反対で翌36年2月27日にようやく批准に成功し条約が発効した。これをみたヒトラーは、この批准成功を口実にロカルノ条約[注2]の遵守義務から解放《自らを守らねばならない》されたとして、3月7日早朝[注3]、非武装地帯のラインラントにドイツ軍を進駐させた。《イタリアのエチオピア侵略に気をそがれた英仏を尻目に、ライン地方への軍隊投入は、ドイツ国民のナショナリズムを満足させるに十分であった》

これに対し、ロカルノ条約締結国の英・仏・伊・ベルギーは、3月19日ドイツに対し一方的な条約違反（ヴェルサイユ条約、ロカルノ条約破棄）を非難し、国際連盟では、集団安全保障体制の再構築を目指して四国協定案を提示した。しかし、ドイツは連盟の四国協定案に反対し頑として応じなかった（参考資料：『太平洋戦争史2 日中戦争』青木書店 1972、『ナチスの時代』岩波新書 1967 他）。

注2 ロカルノ条約：1925年12月正式にスイスのロカルノで調印。英・仏・独・伊・ベルギー・ポーランド・チェコの7カ国が、ライン非武装と相互不可侵を約した地域的集団安全保障条約。ロカルノ条約の中心となったのが、英・仏・独・伊・ベルギーの5カ国が調印した〈ラインラントの非武装化と国境不可侵を約した〉ライン保障条約である。

注3 この日は土曜日で、各国政府の対応も鈍くなるとみたヒトラーの判断といわれる。

2 ヒトラーの膨張政策

――安倍政治と安保法案――この法案作成過程および法案の国会審議経過を通じて多くの国民が直視したのは、《違憲立法を正当化し、憲法尊重の擁護義務さえ放棄し、立憲主義の根幹を揺るがすなど》の政治不信や政策への不満に対する国民の声を蔑ろにし、誠実に応えようとしない安倍（自公）内閣の政治姿勢であった。安倍政権の政治手法があまりに傲慢かつ強権的であると感じ、多くの市民が自ら街頭へ繰り出し、安保関連法案廃案、安倍政権ノー、政権打倒へと市民的大行動（全国各地で、集会・デモが日々行われる状況を作り出している）へと発展したのは当然の成り行きかと思う（世論調査の結果もそのことを端的に示している）。

また、この3カ月間で、多くの国民はこれ以上安倍政治を許すことは、〝民主主義〟の崩壊に手をかすことになり、ひいては戦争への道を再び歩むことになるという危機感を肌で感じたのである。早く葬り去らなければならないという切実な気持ちは、恐らく主義・主張、立場を超えた団結へと歩をすすめなければならないと思う。安保関連法（戦争法）をぜひ廃止に追い込みたい。麻生副総理の「ナチスの手口云々」は、日ごとにその実態を、曝け出してきたようだ！（10月3日）

ヒトラーの矢継ぎ早の強権政策に、国際連盟は各国の結束力を欠き、ドイツ牽制に有効な手だてをとれずに（四国協定案＝集団安全保障体制の再構築もままならず）いた。ドイツを勢いづけたのは、英の宥和政策（35年、英独海軍協定を結び、ドイツの再軍備容認）である。これは、野に虎を放ったようなものであり、間もなくイギリスは自ら辛酸をなめることになった。フランスは、こうした状況に全く手も足も出せず、1936年6月4日に人民戦線政府を樹立し、ナチ・ドイツの膨張政策に反対の姿勢をとったのみであった。

ドイツの外交政策は機敏かつ術策に長けており、7月11日、オーストリアと同盟条約[注1]を結び、10月22日には、イタリア《35年10月エチオピアを侵略し征服した》と「枢軸」協定を締結し、いわゆるベルリン・ローマ枢軸[注2]を成立させた。また、内戦中のスペインの反共和派のフランコ政権[注3]を11月に承認し、11月25日には日本との間に日独防共協定[注4]を結んだ。日本では、2・26事件が起きた年であるが、前年の35年夏以来、日独協定締結の交渉は動き出していた。

注1　この協定の秘密部分では、オーストリアは、近い将来オーストリア・ナチの代表を政権につけることを約束させられていた。

注2　イタリア外相・チャーノが10月20～24日ドイツを訪問し、両国の協力を約束する議定書が作成された。これを受けてムッソリーニがミラノで、ローマとベルリンは「枢軸」であるとの演説がなされ、これがもとになって、「ベルリン・ローマ枢軸」が広まったという。ラインラント進駐・エチオピア侵略・スペイン内政干渉で独伊は孤立し、利害が共通して結合した。伊は対英硬化し、独はオーストリア併合を促進した。

注3　2・19に成立した共和国政府に対して、スペイン陸軍のフランシス・フランコ将軍ら6名の将軍が軍事クーデターを起こした。これがスペイン内戦となり、1939年3月31日にフランコ反乱軍がスペイン全土を制圧するまで続いた。

注4　日独（日独伊）防共協定：1936年11月、ベルリンで調印。全3条。秘密付属協定も3条。正式には「『共産インターナショナルにたいする』日独協定」という。秘密付属協定3条では、具体的対象をソ連と明記し、ソ連の攻撃を受けた場合の対応と、相手国に無断でソ連と条約を結ばないことを約していた。しかし、ソ連はこの協定の存在を察知していた。37年11月にイタリアが加わり、三国防共協定となった。イタリアは翌月、国際連盟を脱退。後に、スペイン・ハンガリー・ブルガリアなども加盟。防共は反ソ反共のことで、米・英・仏などの好意に期待した一面もあった（日独協定締結は、リッペンドロップ〈1936・8駐英大使、親日〉の工作と駐在武官の大島浩〈親独〉の演出が功を奏した）。

1937年に入るとナチの外交政策はいっそう露骨になってきた。4月26日、ドイツ空軍はスペイン政府側の町ゲルニカを空襲し、無差別爆撃を行った。この残虐さを世界に訴えたのが、ピカソの描いた『ゲルニカ』である（なお、報道による幼い子どもたちへの虐殺写真は、世界の人々へ

空爆されたゲルニカ

1937年４月26日、ゲルニカの町はドイツ空軍の無差別爆撃により破壊された（ウィキペディア：「ゲルニカ爆撃」より）。

大きな衝撃と怒りを巻き起こし、フランコ・ファシズムに対する連帯の輪は、国際義勇兵の参戦を促がすことになった)。

しかし、英仏その他西欧諸国は「内政不干渉」[注5]の名のもとに、この暴挙に対して制裁措置を講じなかった。これに対して、各国の民主主義者、社会主義者・共産主義者がスペイン共和政府を支持、義勇兵（「国際旅団」を編成）として馳せ参じ参戦したのはこのときであった。

注5　不干渉政策：1936年に英仏が主導し、スペイン内乱不干渉委員会が成立した。ソ・独・伊など27カ国が参加し、独伊は公然と反乱軍を援助したが、ソ連は脱退した。

アジアでは、中国への侵略を画策していた日本が、7月7日の盧溝橋事件[注6]を機に一挙に日中戦争へと踏み込んでいった。政府・軍当局の予想に反し戦線は膠着・泥沼化し長期戦の様相を呈しはじめた。そうしたなかで、11月6日、日独伊は三国防共協定を結び、欧州・アジアの雲行きは、いよいよあわただしく第二次世界大戦へと向かっていった。

注6　1901年以来北京には日本軍が駐屯していた。この駐屯軍が、永定河にかかる永定橋（マルコポーロも通った）の近くで夜間演習（両国軍は400～600mしか離れていない場所での夜間演習）を行ったとき、近くの中国軍と接近、数発の銃声がおこった。これがもとになり、両国軍の銃撃戦となったが8日の夜に停戦合意。11日午後8時に停戦協定が調印された。

ヒトラーは1938年2月4日、国防省に替えて国防軍最高司令部（ＯＫＷ）を新設した。これは、ナチ支持の将軍を起用し軍部への掌握を強めるための方策であった。策士といわれた駐英大使のリッペンドロップを外相に任命し、〝軍と外交の一元化〟を進めたのである。続いて行ったのが、3月13日のドイツとオーストリアの合邦《オーストリア併合》[注7]である。これは、オーストリア出身のヒトラーにとって積年の夢であった。

注7　オーストリア併合：英・仏・ハンガリーの反対を制して、オーストリア・ナチにオーストリアの国内を内乱状態にさせ、軍隊を送り併合を強行した。〝英仏は干渉せず〟とのヒトラーの予想どおりとなり、これに反対していた独国防軍の威信は低下。伊は黙認しヒトラーに感謝された。領土取得の始まりであった。

3　オーストリアを併合し、チェコスロバキア解体

――安倍首相は、11月11日閉会中審査の参院予算委員会で、「緊急事態条項」（自民党改憲草案第98・99条）の新設について、「緊急時に国民の安全を守るため、国家、国民自らがどのような役割を果たすべきかを憲法にどう位置づけるかは極めて重く大切な課題だ」と発言した。これは、有事法制化（憲法破壊・第九条廃棄）にむけて、疾走すべくその決意を新たにしたのだろう！　しかし、憲法破壊・立憲政治破壊を許すわけにはいかないというのが、市民の覚悟であることを銘記しておきたい。（11月12日）

(1) オーストリア併合

ヒトラーは、1938年に入ると、前回で記したように、忠実な側近リッペンドロップ[注1]を外相に起用し、〝軍と外交の一元化〟を図っていった。その手始めに行ったのが《オーストリア併合》である。この間の経緯について少し振り返っておきたい。

注1　リッペンドロップ（1893・4・30～1946・10・16）：ドイツの実業家、政治家。ラインラントに生まれ、ヒトラー内閣の外務大臣（1938～45）を務めた。ヒトラーの政権獲得直前に、リッペンドロップは自分の屋敷を提供し、そこで秘密会議がもたれていた。ヒトラーは政権を獲得すると、外務大臣フォン・ノイラートやナチ党の外政局長ローゼンベルクをさておき、リッペンドロップを自分の外交計画局長官に据え、外交政治の相談役として重用した。彼もまた、ヒトラーの寵愛を信じ期待に応えるべく奔走し、英独海軍協定（1935）、日独防共協定（1936）の交渉で成果をあげた。38年2月4日、第三帝国の外相に就任。当時もっとも重要な外交案件だった「独ソ不可侵条約」を調印（39・8・23）。この成功が彼の外交活動の頂点だっのかもしれない。ニュルンベルク裁判で絞

首刑に処せられた。

１９３４年7月25日、イタリア寄りのオーストリア首相ドルフスがナチに暗殺され、ドイツからパーペン元首相がウィーン公使として送り込まれ、36年7月11日に、ドイツ・オーストリア同盟（独墺同盟）が結成された。しかしその後急転、38年3月12日、ヒトラーはドイツ軍をオーストリアに侵入させ、翌13日強権でもって併合宣言を行った。

その間の37年11月5日に、ヒトラーは、外交政策の重大な計画を軍部、外交の最高首脳者に披露していた。その会議は秘密裏（総統官邸）に行われたが、のちに「ホスバッハ覚書〈議事録〉」（参謀本部付陸軍大佐（署名）ホスバッハが37・11・10ベルリンにて作成）によって、次のようなことが明らかとなった注2。

(1)「より大きな生活圏を獲得すること」「１９４３年～45年には武力行使にうつる」こと。

(2) その手順として、「チェコとオーストリアを打倒する」という侵略計画であった。

注2　ヒトラーの発言を副官のホスバッハがまとめた「ホスバッハの覚書」は、戦後ニュルンベルク軍事裁判において「平和に対する罪」の証拠と示された。この秘密会議に出席したのは、軍部・外交の最高首脳者らであった。総統ヒトラー他、空軍司令官ゲーリング、海軍司令官レーダー、国防相ブロンベルク、陸軍司令官フリッチ、外相ノイラートの5名である。

この計画に、再軍備の遅れを理由に慎重論を唱えた国防相ブロンベルクやフリッチ陸軍司令官、ノイラート外相は、ヒトラーから解任に追い込まれた。ヒトラーは、自ら国防軍最高司令官となり、陸海空三軍の統帥権を握り（38年2月）、信頼できるリッペンドロップを外相に据え、ここに〝軍事と外交〟の完全な一元化が、ヒトラーによって成された。

このあと、上記の侵略計画どおり、直ちにオーストリア併合が画策され、オーストリアの首相、大統領を威嚇して38年3月13日、ヒトラーはオーストリア併合[注3]を布告した。そこには、英・仏・伊三国が自国の利害から介入しないという自信〈エチオピア占領時、ドイツの〝恩義〟を受けたイタリアは、併合を是認し、英仏は口先だけの抗議に留める〉があった。

注3　ヒトラーは、1936年7月にオーストリアと同盟条約を結んで以来、オーストリアに圧力をかけていた。38年2月12日、ヒトラーはオーストリア首相シュシュニッグをベルヒテスの山荘に呼びつけ、オーストリア・ナチの活動に有利な要求を飲ませた。《ベルヒテスガーデン協定に同意》3月11日には、大統領ミクラスに、オーストリア・ナチのザイス・インクヴァルト（弁護士）をオーストリア首相に任命させた。翌12日、オーストリア政府を接収したザイス・インクヴァルト首相の要請というかたちで、ドイツ軍がオーストリアへ進駐（無血）し、合邦法に署名させた。しかし、大統領は署名を拒否して辞職した。4月10日、ドイツ・オーストリア併合についての賛否を問う国民投票〈選挙権20歳以上〉が実施された。その結果ドイツで99・08％、オーストリアで99・75％の支持票があった。

流血なしのドイツ「民族国家」の実現（オーストリア併合）に、ヒトラー人気はいっそう高まり、これに勢いを得たヒトラーは、これまでの「一民族一国家」の主張をかなぐり棄て、「ホスバッハ覚書」で決意した「生活権」獲得のため侵略に着手。その最初の犠牲となったのが、チェコスロバキア[注4]である（1938年に至るまではチェコスロバキアとナチ・ドイツの間には重大な紛争はなかった）。

注4　チェコスロバキア国家は、チェック人、スロヴァキア人、ズデーテン・ドイツ人の三大民族グループから構成された複合民族国家である。ズデーテン地方（ボヘミア北西部）にはドイツ系住民330万（総人口の2割）が住んでおり、もとはオーストリア帝国に属していた。ヴェルサイユ体制によってチェコスロバキアが独立した際に、〈民族自決の原則を裏切って〉その領内に編入され少数民族となった。そのため、チェコスロバキアは、国内諸民族の軋轢に悩んだが、チェコ政府の民族政策は比較的自由主義的であり、深刻な紛争はなかった。しかし、世界恐慌がズデーテン地方に不況をもたらし、これを機として民族運動が次第に激化していった。ヒトラーはこの民族運動を利用してチェコ問題に介入し侵略を企てた。

(2) チェコスロバキア問題

ヒトラーは、1938年4月にズデーテン・ドイツ人党の党首コンラッド・ヘンラインに、ズデーテン自治要求運動を起こさせ《ヘンラインは、3月28日ベルリンでヒトラー、リッペンドロップ、ヘスと会談。ドイツに干渉の口実を与えるため、法外な要求をチェコ政府に突きつけ恒常的な不安状態を作るよう命じられていた》、一方でヒトラーは、5月30日チェコスロバキア侵略の「緑作戦」《秘密指令》を、10月1日以降に実行することを国防軍に指示した。これは、独墺合邦（ドイツのオーストリア併合）が新しい情勢をつくり出し、ズデーテン・ドイツ人の民族運動に大きな刺激を与えたと同時に、ヒトラーの野望実現（「生活圏拡大」）に大きく作用することになった。

チェコ政府に対する、ヘンラインの法外な要求は、国内情勢の急速な悪化をもたらし、不安な状態が非常に大きかったので政府は5月20日、ドイツ軍の移動に関する根拠のない流説にもとづいて、軍の動員を布告した。しかし、逆に緊張を高めることになり、ヒトラーはこの措置を我慢ならぬドイツへの挑戦だととらえて、国防軍あての秘密指令を発したのである。以下、ヒトラーの当時の発言である。

5月30日付の国防軍あての秘密指令で、「予見しうる将来にチェコスロバキアを軍事行動で粉砕することは、自分の不退転の決意である」（国際軍事法廷議事録）。5月20日に書かれた草案では、「近い将来、挑発なしにチェコスロバキアを軍事行動で粉砕するのは、自分の意図ではない。ただし、チェコスロバキア国内の政治情勢の避けがたい発展が、それを余儀なくさせる場合は別であるが……」（同上）。その少しのち、やはり秘密指令で、10月1日以降は「チェコ問題解決」のため、「あらゆる有利な政治的機会」を利用する決意を固めたと述べて、時期の点をもっと正確にした。同時にまた、何を「有利な政治的機会」とみるかについて定義した。すなわち、彼はラインラント占領やオーストリア併合の場合のように、「フランスが進撃せず、したがってイギリスも干渉しない」と確信したときにのみ、行動に出るつもりだったのである（同上）（『ナチスの時代』H・マウ、H・クラスニック著 内山敏訳 岩波新書 P96）。以上、国際軍事法廷会議録で見るかぎり、ヒトラーの言動はほぼ一致していたことになる。

(3) チェコスロバキア解体と「宥和政策」

ズデーテン問題は、夏からチェック人とズデーテン・ドイツ人との間に緊張が高まり、間もなく流血の衝突となって緊迫してきた。

この状況をドイツの新聞は、チェコ国内でズデーテン・ドイツ人が脅かされ保護する必要があるかのような誇張記事を掲載。これは、ドイツが介入する口実となる事態をつくりだすナチ指導部の仕掛け（計画）であった。イギリス首相のチェンバレンは、ナチ・ドイツが暴力的にヴェルサイユ条約体制を修正（破棄）する態度に対して、あくまでも平和確保のために宥和政策で収めようとした。フランスもこれに同調し、両国政府は専らチェコ政府に譲歩を迫ることによって事態の解決を図ろうとした。

チェコ政府は、諸圧力下（9・12ニュルンベルクのナチ党大会におけるヒトラーのチェコ政府の暴虐非難やズデーテン地方の暴動など）に、ズデーテン・ドイツ人党の自治要求を全面的に受け入れることを余儀なくされ、1938年9月29日、当事国のチェコスロバキア、その同盟国のソ連邦を除外した独英仏伊四国首脳によるミュンヘン会談によって、ヒトラーの要求・ズデーテン地方併合を受け入れたのである。さらに、ポーランドとハンガリーがチェコスロバキア領土の一部を獲得した。これが、英仏の「宥和政策」がもたらした重大な結果である。ミュンヘン会談については、次に若干補足する。

4　ミュンヘン会談――ヒトラーのなし崩し戦略と英仏の宥和政策――

(1)　ミュンヘン会談

ミュンヘン会談におけるチェコスロバキア問題は、《当事者のチェコ、同盟国のソ連を除外した》英仏の宥和政策[注1]でもって決着をつけ、ミュンヘン協定が成立した。これは、ナチ・ヒトラーの野望（侵略）を手助けするようなものであったが、大国の利害得失の外交戦術そのものであった。また、これが第二次世界大戦直前（国際連盟下）の世界秩序《力の外交》の実態であった。皮肉にも不戦条約[注2]は棚上げされ《これを真っ先に破ったのが満州事変》、戦争政策を黙認・静観する世界は、いつしか戦争の淵に追い込まれていった。

注1　宥和政策：ナチ・ドイツや日本の露骨な侵略の目標が反ソ反共であることに期待を抱き、無法な要求に次々と譲歩していった1935年以降の一連の外交路線をさす。その典型がミュンヘン会談におけるイギリスである。37年に首相となったネヴィル・チェンバレンは、ナチ・ドイツに譲歩を行い平和を勝ち取ろうという〈平和確保を最優先する立場〉を推し進めた。

注2　不戦条約：正式名称「戦争放棄に関する条約」。主唱者の名をとって、ケロッグ＝ブリアン協定ともいう（仏外相ブリアンが、米国務長官ケロッグに提案したもの。1928年8月、15カ国がパリにて調印、のち空前の65カ国が参加）。

ミュンヘン会談[注3]（1938年9月29～30日）は、ドイツのヒトラー、イタリアのムッソリーニ、イギリスのチェンバレン、フランスのダラディエの首脳《2人の独裁者と英仏の首相》が集まり、ズデーテン地方の帰属をめぐるドイツ・チェコスロバキア間の緊張緩和のために開かれた。

しかし、上記のとおり当事国のチェコと隣接する同盟国のソ連を黙殺しての協議であり、英仏

ベルヒテスガーデン会談：チェンバレンとヒトラー

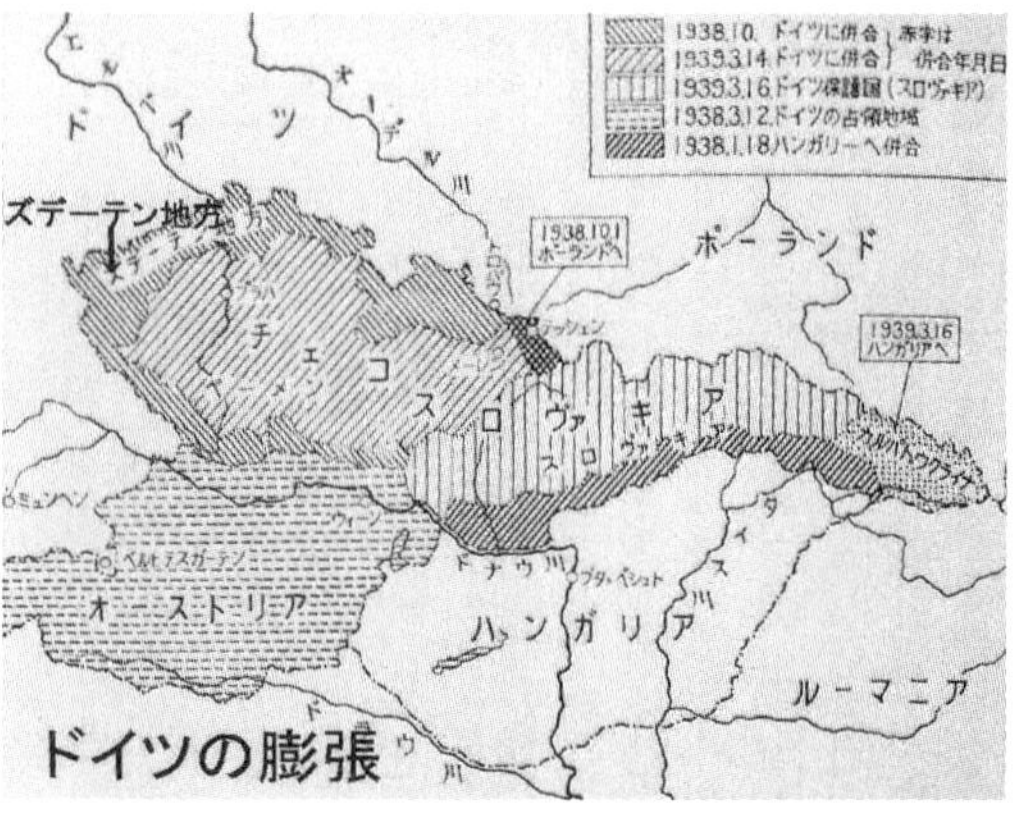

ミュンヘン協定：ドイツがズデーテン地方を獲得
（写真・地図とも『世界史大系16』誠文堂新光社 昭和39年8月第3版 P205、203より）

はヒトラーの戦争・恫喝に屈し[注4]、9月30日未明ムッソリーニの覚書[注5]に沿ってミュンヘン会談は行われ協定が成立した。

注3　ミュンヘン会談は、ナチ党本部のある建物で行われた。この会談前に、英首相チェンバレンは9月15日急きょ独訪しベルヒテスガーデンでヒトラーと会見。ここで、ヒトラーはズデーテン問題解決のためには世界戦争を辞せずと語った。ここに19日英仏両国は、チェコ政府にズデーテン地方のドイツへの割譲と、仏・ソ・チェコ三国間の相互援助条約体制（チェコ・ソは1935年5月16日、仏・ソは5月2日に締結）の廃棄を英は強硬に勧告（仏は英に追随）し、チェコ政府はこれを受諾した。9月中旬以降のチェンバレンの奔走空しく、同月27日ヒトラーの〝28日午後2時までに領土引渡し要求が無ければチェコに侵攻する〟との脅しによって万策尽きた。午前10時ムッソリーニが仲介をしミュンヘン会談を提案、ヒトラーはこれを受け入れ開戦の延期を声明。

注4　9月22日チェンバレンとヒトラーは、ライン河畔のドーデスベルクで再会談。そのとき、ヒトラーは9月15日の会見同様にズデーテン地方の即刻割譲（引渡し）を要求し、10月1日に同地を占領すると主張した。ここにヨーロッパは緊張し、英仏は動員令を発するなど大戦勃発の危機に襲われた。なお、妥協を図る英仏に、9月27日のヒトラーの発言はまさに最後通牒ともいうべき発言であった。

注5　この覚書は、「ノイラート、ゲーリングらが起草し、ヒトラーの承認を得たのちにムッソリーニに転送された」ものであり、ヒトラーの要求を実質的に満たすものであった。会談の協議事項は既にヒトラーの企図した内容であり型どおりにすすめられ協定書が作成された。

協定は10月1日から10日までの間にドイツ軍がズデーテン地方を逐次占領することを規定しており、チェコは堅固な要塞と工業地帯を含んだズデーテン地方（1万1千平方マイル）を喪失することになった。問題は、ナチ・ドイツの野望を知りつつ、英仏両国は「国際連盟や集団安全保障体制」の場に図らず、小国[注6]チェコスロバキアに譲歩を求め犠牲にしたことにある。まさに、英仏のナチ・ドイツに対する「有和政策の頂点」といわれたやり方であった。

注6　「ズデーテン」問題が深刻化するなか、1938年7月24日ベルギー、オランダ、ルクセンブルク、スウェーデン、デンマーク、ノルウェー、フィンランドの7カ国は小国の立場を守ろうと中立宣言を発した。

チェコ代表のヤン・マサリク駐英大使とヴォイチェフ・マストニー駐独大使（待機させられていた）は、会談終了（30日午前1時30分）後、チェンバレンから会談の結果が伝えられ協定書の写しが手渡された。さらに問題は、この機に便乗してポーランドとハンガリーがチェコスロバキアの領土の一部を獲得したことである（チェコ・ズデーテン地方）。

(2) 英仏の幻想の平和

英首相チェンバレンは協定成立後（9・30）、ヒトラーと不可侵を約束した英独共同声明を発表したが、イギリス政府・世論もまた束の間の平和（幻想）を歓迎し、チェンバレンを誉め讃えた。チェンバレンは、この協定を「わたくしは名誉ある平和をもちかえった。これは、わが時代のための平和条約であると信ずる」と自賛しているが、英仏両国の世論も圧倒的に、この協定によって辛くも戦争が避けられたことを熱狂的に支持・歓迎した。なお、フランスでは、11月10日社会党の離脱で人民戦線は解体し、12月6日仏独共同声明が発表された。これは、アルザス・ロレーヌの領土要求を封じようとする自国本意の立場であり、実際はナチ・ドイツへの対抗意識とその能力を放棄したことを内外に宣言したようなものだった。

重複するが、英仏の宥和政策の先導で開催されたミュンヘン会談（協定）は、ヒトラーの「なし崩し戦略」[注7]の勝利《西欧の大国がナチ・ヒトラーの要求にいかに弱いかを見せつけた》であり、ヨーロッパの国際関係にさらに複雑な状況をつくりだした。概略すれば、その一つに、ヨーロッパの力のバランスが独・伊側（ファシズム）に有利に傾いてきたこと。また、ズデーテン問題（チェコスロバキアとの関係）からソ連[注8]を締め出し（黙殺）、ヨーロッパの外交舞台から排除しようとしてきたことである。

チェンバレン主導のミュンヘン協定は、反ソ反共という小槌でもって「ヨーロッパの安全保障体制の重要な一環であったフランス・ソ連邦・チェコ相互援助体制」を崩壊させてしまった。「ミュンヘン協定は、ソ連に対抗し、弱小国を犠牲にして侵略国と妥協しようとする宥和政策の頂点であった」との指摘は、現国際外交にも当てはまるのではないか。

注7　ヒトラーは、『わが闘争』のなかで、「賢明な勝利者は、可能であるかぎり、敗北者に向かってつねになしくずしに要求を押しつけるだろう。そうすれば生活を喪失した国民――自ら進んで降服するような国民はすべてこのようなものである――は、個々の権利侵害のいずれに対しても、いま一度武器をとって立つだけの十分な根拠を感じなくなるものと考えてよい」と述べている。「このなしくずし戦略」の成功がオーストリア併合であり、チェコスロバキア割譲であり、ミュンヘン協定である。

注8　ソ連にとってミュンヘン協定は、１９３５年以来の西方との同盟体系が解体し、東方への膨張

（侵略）を開始したナチ・ドイツをまえに国際的孤立を余儀なくされたのである。39年3月10日、「スターリンは第18回ソ連共産党大会で、英仏両国が日独伊三国の侵略を助長し、侵略の鋒先をソ連に向けようとしていると述べて、その宥和政策を非難した」（『太平洋戦争史3 日中戦争Ⅱ』歴史学研究会編 1972年 P162）。

(3) ヒトラーのユダヤ人迫害、戦争への序曲

ヒトラーの「チェコとオーストリアを打倒する」という侵略計画（「ホスバッハ覚書」）は、強硬外交でもってそのとおり達成され、ヒトラーはその余勢をかって野蛮かつ無法な要求を次々と繰り出してきた。

ミュンヘン協定の興奮も覚めやらぬ1938年10月21日、ヒトラーは国防軍に全チェコの占領準備を命じ、28日にはポーランドにダンチヒの返還を突きつけていた。また、11月7日パリに亡命していたユダヤの少年ヘルシェル・グリュンシュパンが、ドイツ大使館員エルンスト・フォム・ラートを射殺したことを口実にして、11月9日夜〜10日未明、ドイツ全土でナチ政府成立以来最大のユダヤ人大迫害〈ポグロム〉[注9]を引き起こした。ユダヤ教会堂（シナゴーク）、住居・商店が多数破壊略奪され、数万名が逮捕され、殺害された者数百名という。

この蛮行を「帝国水晶の夜」〈ライヒス・クリスタルナハト〉と呼んでいるが、これに反発する多数のドイツ国民に対し、ナチはいっそう激化していった。それは、ユダヤ人を海外へ

強制移住させる方策やシンティ・ロマ（ジプシー）や障害者の排除など人種主義的「民族浄化」へと突きすすんでいった。

注9　「7500にのぼる商店、住居が略奪・破壊され171のシナゴークが焼き討ちにあい、900名をこえるユダヤ人が殺害された。家屋のガラスが砕け散ったさまを『帝国水晶の夜』とよぶようになった」（『世界近現代全史 Ⅲ』大江一道著 山川出版社 1997年 P324）。

5　中国戦線の行き詰まり。国家総動員法発令

(1) 昭和13（1938）年1月16日「国民政府ヲ対手トセズ」政府声明

ヒトラーが、英仏の宥和政策を操り、欺瞞と恫喝によって東方への侵略を開始していたころ、帝国日本の政治・社会はどう動いていたのだろうか。概略振り返っておきたい。

盧溝橋事件（1937・7・7）に始まった日華事変（日中戦争）[注1]は、見通しのないままに華北から華中へ、そして華南にまでずるずると戦線を拡大した。間もなく軍事動員力も限界に達し、1938年末には陸軍は日本本土（内地）に近衛師団を残す[注2]だけとなった。

注1　8月17日、近衛内閣は閣議で、不拡大方針を放棄し、中国への全面戦争を発表。9月2日に事変名を「北支事変」から「支那事変」に改めた。

注2　武漢・広東作戦で、日本軍は軍事動員の限界に達した。日本陸軍は中国大陸に24個師団、満州・

朝鮮に9個師団を配置し、日本国内には近衛師団1個を残すのみとなり、この段階で軍事力による国民政府を屈服させる自信を失っていたのである。

しかし、南京占領[注3]のころから軍部に強硬論が台頭し、この間の和平交渉が困難となってきた。1938年1月15日の大本営政府連絡会議で和平交渉の打ち切りが決定され、翌日「帝国政府は爾後国民政府を対手とせず」[注4]という政府声明を発表した。

注3　日本軍は、中国政府を全面降伏に追い込むために、首都南京攻略戦（1937・12・12〜13）を強硬し、南京を占領した。しかし、蔣介石政府は降服を拒否し、軍・政府機関を武漢に一時移して抗戦を堅持した。蔣介石政府を屈伏させることに失敗した日本は、38年3月28日南京に傀儡政権・中華民国維新政府をつくった。

注4　「帝国政府ハ南京攻略後尚ホ支那国民政府ノ反省ニ最後ノ機会ヲ与フルタメ今日ニ及ヘり。然ルニ国民政府ハ帝国ノ真意ヲ解セス慢リニ抗戦ヲ策シ、内民人塗炭ノ苦ミヲ察セス、外東亜全局ノ和平ヲ顧ミル所ナシ。仍テ帝国政府ハ爾後国民政府ヲ対手トセス」。この声明2日後の1月18日に補足的説明を行って、「爾後国民政府ヲ対手トセス云フコトハ同政府ノ否認ヨリモ強イモノデアル。……国民政府ヲ否認スルト共ニ之ヲ抹殺セントスルノデアル」（外務省「日本外交年表並主要文書」）と大見得を切ったが、これは、結果として中国側の激しい抗日意欲を燃えあがらせた。「抹殺する戦争」には参謀本部も反対し、しかし上奏かなわず。最後は「昭和天皇は近衛や海軍省の強硬派と同じ立場をとって、軍事力による事変の早急な解決を推進したのである」（『昭和天皇上』ハーバート・ビックス　吉田裕監修　岡部牧夫・川島高峰訳　講談社学術文庫　P388）

以後、戦線はさらに拡大され、4月7日大本営徐州作戦発動令、5月26日近衛内閣改造、宇垣外交による和平交渉とその失敗、10月に武漢と広東の攻略作戦《武漢の攻略をはかる武漢作戦と香港・広東から国民政府への物資補給ルートを遮断する広東作戦》を展開し、武漢と広東の占領に成功。主要商工業都市を占領した（日本は、武漢さえ攻略すれば中国は屈服すると読んでいたが、中国側は大きな打撃を受けたが、蔣介石政府は奥地の重慶に首都を移転し、あくまでも対日抗戦を貫いた）。

この間、7月11日、ソ満国境の丘陵地の争奪で、日本軍とソ連軍が衝突《第19師団が引き起こした張鼓峰事件》し、日本軍は大敗北を喫する失態があった。昭和天皇は、板垣陸相を叱責したが、事件を引き起こした将校らに何ら責任を取らせず懲戒措置を求めなかった。同様のようなことは、ノモンハン事件（１９３９・５～９）でも繰り返されている。

１９３７（昭和12）年９月末、第二次国共合作が成立し、抗日民族統一戦線を結成。共産軍は、華北で八路軍に、華中で新四軍に改編されて戦線に加わった。翌38年5月26日、毛沢東は延安で開かれた研究会の席上で『持久戦論』を講演し、日中戦争の長期的展望を発表した。これは、国民党の将軍や一般の人々へも大きな影響を与えたといわれる（『世界史資料　下』東京法令　昭和52年　Ｐ４１７～18参照）。

漢口が陥落した同年10月25日、蔣介石は、「敵は武漢でわが主力を撃滅して短期決戦に勝つという重要目的に失敗した。……敵は泥沼に深く沈んで、ますます増大する困難に遭遇し、ついに破滅するであろう」（『太平洋戦争史３　日中戦争Ⅱ』歴史学研究会編　青木書店　Ｐ１６２「長期戦への対応」（董顕光『蔣介石』））と国民に告げている。

(2) 昭和13（1938）年11月3日「帝国政府声明」

武漢陥落後の11月3日、政府は「東亜新秩序建設」の重大声明を出した。これは、「国民政府が、従来の抗日容共政策を固執するかぎり、断じて矛を収めずと述べる一方、国民政府が、従来の抗日容共の指導政策を放棄し、東亜新秩序建設に参加し、その任務を分担すれば、あえて拒否するものではない、として、前回声明（1・16）を修正し、和平交渉の途を再度ひらこうとするものであった」（『世界史資料 下』P417「帝国政府声明の解説」）。

この第二次声明に応じた汪兆銘[注5]は12月20日重慶からハノイへ脱出すると、近衛は22日国交樹立の方針として、「善隣外交」「共同防衛」「経済提携」を示す近衛三原則（第三次声明：日満華三国による政治的・経済的提携と防共体制を呼びかけた）[注6]を出した。しかし和平は失敗し、南京に汪兆銘（ロボット）政権を樹立したのみ。今回も具体的成果は上がらず、対中和平策は全くお手上げ状態となった。日本の中国政策は、何とも無謀かつ不当・不遜なものであった。

注5　汪兆銘（1885～1944）：中国国民党左派の領袖。行政委員長・国民党副総裁。日中戦争で共産勢力の拡大を嫌い、国民政府内で「救国和平」を唱え、ひそかに日本側と接触。1938年12月18日、近衛声明に応じて重慶を脱出し、20日ハノイに入った。近衛首相は、かねてからの計画どおり22日声明を発表。「支那における同憂具眼の士と会い携えて東亜新秩序の建設に向って邁進せんとするもの」としたが、日本軍の撤兵等の問題はあいまいのままで、汪派は不満をのこした。翌年3月30日、南京にようやく中華民国政府《汪兆銘傀儡政権》が誕生した。その後国民政府を楯にして、

和平・降伏工作を進めたが、汪兆銘政権を支持する中国国民はほとんどなく、日本の謀略工作は挫折した。（ＥＸ－ｗｏｒｄ百科事典他）

注6　蒋介石は、１９４３年重慶で出版した『中国の命運』で、「対日抗戦の国際的地位」の中で、「九・一八事変後、日本はその大陸政策に基づいて、『三原則』を提出し、われわれがこれを受け入れることを強制しようとした。『中日親善』『共同防共』『経済合作』の三原則である。中日親善は政治上日本帝国主義の中国合作を意味し、経済合作は日本帝国主義の経済上の中国独占を意味する。共同防共とは日本帝国主義が東北を拠点に、ソヴィエト＝ロシアを挟撃しようとすることだ。国民政府は、これは日本の大陸政策の既定のステップだということを看破し、終始はっきりとこれを拒絶した」と記している（『世界史資料　下』Ｐ４２０～21「中国の命運」抜粋参照）。

武漢・広東攻略戦後の軍事動員力はもう限界にきていたのだが、この一連の政府声明である。上述した毛沢東の「抗日戦争が長期化するものであり、戦略方針は持久戦であること」や「泥沼に深く沈んで……ついに破滅するであろう」と述べた蒋介石の見解がいかに正確であったか。第二次声明は中国の存在すら否定し、ひたすら軍事力と政治謀略で解決できると、「日本支配層の徹底した民族蔑視の政策は、動揺しがちな国民党指導層によってさえ『年内解決』を拒まれた」（『太平洋戦争史3　日中戦争Ⅱ』歴史学研究会編　青木書店　1972年　Ｐ２０５）。

日本は１９３８年中に中国の重要都市、鉄道幹線のほとんどを占領したが、蒋介石政府を降伏させられず、かつ占領地維持のために莫大な犠牲を払わねばならない状況（１９３９年末で、約85万の陸軍兵力を、中国大陸に張り付けていた）に追い込まれていた。

(3) 国家総動員法（1938・4・1公布、5・5施行）発令

戦線が拡大し泥沼化の様相を呈しているなか、国内では、開戦以来の相次ぐ戦勝報道と戦意高揚・戦争讃美の記事が新聞紙面を飾っていた。しかし、日ごとに戦病死者数は激増し、物価は高騰しつづけ、一般企業も軍需物資の生産へと転換され、失業者も増え、家庭は日々戦争の陰を追っていた。戦争の長期化は、国民の戦勝興奮を冷まし、これまでの消費節約や貯蓄奨励のスローガンや掛け声（地域では、町内会で慰問袋の決議、講演会など）だけでは、国民を戦争へ動員することは不可能になってきた。また、和平への疑問が生ずるなかで、厭戦（えんせん）的な傾向も見られるようになってきた。ここに、国民を戦争体制にどう引きこむか、戦争体制への全面的転換が強調され、さまざまな方策が講じられるようになった。

そのひとつが、国民精神総動員運動の再建（復活）であり、総動員法（全50条）の発動（第73議会〈1937・12・26～38・3・26〉）で、近衛首相は事変中は適用しないと確約したのである。これより先に、政府（第一次近衛内閣）は、日中戦争の拡大にともない総額20億2210万円という巨額の臨時軍事予算を第72臨時議会（1937・9・4開会）に提出していた。これを一般会計から特別会計に移し、金融統制のために臨時資金調整法他、戦時体制遂行に必要と思われるあらゆる法律の整備、戦争のための統制経済への転換が急ピッチで進められていた。

この統制経済をどう組織し、戦争経済体制の整備をどう進めるのかという基本法が、国家総

動員法である。法案は、「国家目的達成ノタメ国ノ全力ヲ最モ有効ニ発揮セシムル様人的及ビ物的資源ヲ統制運用スル」とされ、国家総動員上必要な場合には、政府は勅令でもってそれに関連する全ての物資・業務の統制を行うことができるという無制限《白紙委任》ともいえる広範な権限を政府に与えた委任立法であった。

《国家のため国家にすべてを捧げよ》というこの総動員法案要綱が、１９３７年11月９日閣議決定し公表されると、各界に衝撃が走った。法案の違憲性やあまりにも過大な違憲立法であり、議会政治否定であるとの批判も噴出し、法案への反対運動が激しく行われた。なかでも、政友会代議士牧野良三の「国家総動員法批判」は『都新聞』昭和13（１９３８）年２月12日、14日号に掲載され、世論を喚起し大きな反響を巻き起こした。議会では「政府に白紙委任状を渡すようなもの」「天皇の非常大権を犯す」と反対意見が相次ぎ、元老の西園寺公望も、憲法を無視した法案だと反対していた。しかし、「前線の兵士が生命をかけて戦っている時局がら、銃後の国民も財産や生活の便利にこだわるべきでなく、すべてを喜んで国家に捧げよう」とする軍部の意見に押し切られ（『20世紀全記録』講談社　１９８７年　Ｐ５５５他）、法案は１９３８年３月24日原案どおり満場一致で成立した。

6　総動員体制完了――1938年の日本――

――年あけて（2016年）安倍政権の歪みが酷くなってきたようだ。甘利明前経済再生相の「口利き」疑惑、「消費税軽減税率」騒ぎや「マイナス金利」不安政策他、場当たり的政策の化けの皮がはがされ「アベノミクス」もとうに破綻しているのに‼　また、相次ぐ女性閣僚（高市総務相、丸川環境相、島尻沖縄・北方担当相）の失態と丸山議員の侮辱発言は、もはや……と言いたい。

去る2月3・4・5日と連日、安倍首相は憲法第9条2項の改憲について言及した。「7割の憲法学者が自衛隊に憲法違反の疑いをもっている状況をなくすべきだ」と言い、「占領時代につくられた憲法で、時代にそぐわない」「押し付けられた憲法」と相も変わらぬ陳腐な押し付け憲法論を振り撒いている。今回の発言は、安倍首相が憲法第9条の意義を真っ向から否定したこと、またこれまで憲法第99条（憲法尊重擁護の義務）を蔑ろにしてきた姿勢をいっそう明確にした発言である。ただただ安倍政権にとって、第9条は抹殺すべき条文としか考えていないようだ（憲法を亡きものにしたい）。しかし、絶対に改憲を許すわけにはいかないというのが、市民連合への結集であり、安保法廃止せよ！と連日の国会デモ・集会、そして5野党・国政選挙協力の合意である。

（2016年2月19日）

(1)　国民精神総動員運動の開始

さて、1937〜38年当時のドイツ（ヒトラー・ナチ政権）と帝国日本（近衛政権）は、新たな世界秩序の建設をスローガンに、隣国や海外への膨張（侵略政策）を企て、民族の共存・共栄であると内外へ強弁し、世界戦争へと駆け出していった。日本は戦争へどう動いていったのか、もう少し（重複するが）追ってみたい。

近衛内閣は、日中全面戦争に踏み切った1937年8月14日、「国民的思想動員運動」注1を起こすことを閣議決定。8月24日「国民精神総動員実施要綱」を閣議決定し、9月11日近衛首相を先頭に、政府主催の国民精神総動員大演説会を日比谷公会堂で開催し、場外まであふれる5000名の聴衆を熱狂させた。

運動は、「挙国一致」「尽忠報国」「堅忍持久」の三大スローガンを掲げ、帝国在郷軍人会、海軍協会、愛国婦人会、大日本連合青年団、全国神職会、仏教連合会などをとおして、国民を戦争に協力させる全国的な思想運動を展開した。この運動は当然のごとく満州国や植民地朝鮮・台湾注2でも強行された。

注1　9月9日、政府は「内閣告諭号外」を発表し、国民の間に戦争支時ムードを盛り上げる一大キャンペーンに乗り出した。10月12日、国民精神総動員中央連盟を結成し、本格的に道府県、市町村、各種民間団体の協力下に、天皇制イデオロギーや軍国主義思想を鼓吹（日中戦争は、聖戦！）し、国策協力運動を展開した。なお、2月11日「紀元節」を中心に「精神強調週間」が定められ、同日は全国的に祝賀行事や祝賀行進が行われ「国民精神」を戦争へ「総動員」しようとした。宮崎県民は、相川勝六知事（就任1937・7・7）の率先垂範によりこの運動へ参加。知事は、勤労倍加運動を提

唱、全国に先駆けて独自の祖国振興隊（12月24日）を結成。合わせて祖国日向人（天孫降臨・祖国発祥の地）の奮起を促した。１９３８年国家総動員法が実施されるなか、紀元二千六百年祭に呼応し、相川は記念塔建設を思い立ち「八紘之基柱」（八紘一宇の塔）建設に着手（39年5月）した。戦時中の建設資材不足のなかでの難事業であったが、相川の呼びかけは、国民精神総動員運動の時勢にのり「八紘一宇」の塔は、40年11月25日に竣工した。

注2　朝鮮では、１９３７年南次郎総督のもとで、「皇国臣民の誓詞」を制定し、日本語常用を強制、皇民化教育が強制される。38年ハングル教育を禁止。7月には、「国民精神総動員朝鮮連盟」を結成させ、戦争への動員を要請。陸軍志願兵制度（2・22）を採用。また、台湾での「皇民化」は早く、日本語普及10カ年計画を31年から開始。普及率は、37年に37・8％、40年には51％に及ぶ。37年には、漢文使用禁止・中国劇上演禁止・神社増設等が矢継ぎ早に実行された。

(2)　中国戦線の膠着と国家総動員法の成立

１９３８年1月16日、近衛首相は「国民政府を対手にせず」の政府声明を発し、日中戦争が長期戦にはいることを宣言。中国側の激しい抵抗に毎日２００人近い戦死者を出す事態となっていた。国民は見通しのない戦争への不安にかられ厭戦的な傾向も表れており、また戦争の拡大は、召集と軍需産業部門での労働力不足をもたらしていた。労働現場では、実質賃金も下がり、労働時間も長くなり労働条件は悪化。労働争議・小作争議は後を絶たず〈弾圧で減ってはいるが〉の状況であった。

この戦争を乗り切るために、政府は国家と国民の絶対的な協力が必要になっていた（国家総動員体制の確立である）。軍事的にもこれ以上の軍備増強は望めず、軍・政府は、懐柔と強制によって全国民の力を戦争へ動員するため、国家総動員法の成立を急いでいた（国家総動員法案は、37年5月陸軍によって起案され、日中戦争の開始でその必要性がいっそう強まっていた）。

紆余曲折を経て、ようやく１９３８年３月24日国家総動員法（軍需工業動員法は廃止）が成立した。政府は国民を戦争に動員するための無制限ともいえる法を手にした。近衛内閣（挙国一致）は日中戦争遂行の言わばフリーハンドともいうべき権限を獲得した。

ところで、前回で記したように、この総動員法案要綱（37年11月）が示されると（既に貴・衆両院は、日中戦争支持の決議案を全会一致で可決していたが……）各方面から議会主義・立憲主義を否定する、帝国憲法を無視するものであり、天皇の権限をおかすものとの批判が噴出（東京日日新聞38年2月9日付は、「国家総動員法案――トピック解剖」と記し、〝戦時、事変の統制に徹底的な全権委任法〈ナチ・ヒトラー政権下に、１９３３年３月23日制定〉成立迄には紆余曲折〟の見出しで、解説記事を載せている）。

国家総動員法案は、２月19日に閣議決定され、24日に衆議院本会議に上程されたが、激しい世論の反発と厳しい批判にさらされた。なかでも政友会代議士牧野良三の「国家総動員法批判」（2月12・14日「都新聞」に掲載）は、的確に問題点を指摘しており大いに世論を喚起し、反対運動を力づけるものであった。

議会でも激しい論戦がおこなわれたが、その過程で、３月３日衆議院のこの法案委員会での審議中に、「黙れ事件」が突発した。それは、総動員法案の説明員として議場に出ていた陸軍省軍務局の佐藤賢了陸軍航空兵中佐が、野次られ中断されたことに腹をたて、宮脇長吉議員（政友会）へ「黙れ！」と暴言を吐き議場を大混乱に陥れたのである。総理大臣や法務大臣、政府委員が十分答弁できないなかでの出来事であった。佐藤説明員は、促されて発言を取り消したが、委員会は収まらず紛糾のまま散会した。翌日、杉山陸相が遺憾の意を表明して幕がひかれた。

この「暴言事件」は、軍部の議会軽視であり、議会否定の国家総動員法案（議会を納得させられない）を象徴した事件であった。牧野良三議員は、「本法案は、議会に白紙委任状を要求するもの（「国家総動員批判」）と厳しく批判した（同じく斉藤隆夫議員も批判）。《近衛首相は、黙れ事件後の答弁で「支那事変に直接これを用いるものではない」と言明。最後は軍部の強硬意見に政民両党は押し切られ……》この法案は〈本法の濫用をいましめるという付帯決議を付けはしたが〉無修正のまま成立し、近衛首相の約束は2カ月で反故にされ次々と発令されていった（4月1日公布、5月5日施行）。

第73議会[注3]は、同法案と並んで、懸案の「電力国家管理法」と「関連3法案」[注4]を成立させた。これは、産業エネルギーの基盤である電力の発送配電を全て国家管理に移すもので、1936年弘田内閣で立案したものであった。政府のファッショ体制を目指す統制経済の先駆をなすものとして激しい議論が行われてきた法案であった。両法案の成立は、もはや戦争邁進しかなく、国民はいかんともし難く総動員体制へと組み込まれていった。

注3　第73議会は、日本の大きな転機をもたらした二つの法案、国家総動員法と電力国家管理法（その関連法）を成立させた。また、審議過程で歴史にのこる汚点（事件、暴言）を残した。

一つは、「黙れ事件」で、二つ目は、社会大衆党の西尾末広議員が暴言で除名。3月16日、衆議院本会議で国家総動員法の討議中に、「もっと大胆率直に、……ヒトラーのごとくムッソリーニのごとくあるいはスターリンのごとく大胆に日本の進むべき道を進むべきであろうと思うのであります。……国民の信頼を全身に集めております所の近衛首相にしてのみ初めてこれを断行することができるのであります」と政府激励演説をした。「スターリンのごとく」は、政民両党（勇み足に反発）、軍部、右翼の反発を買い、西尾は懲罰に付され3月23日議員を除名された。社会大衆党はすでに戦時体制を支持する方向にあり、国家総動員法にも賛成であった。「当時の日本の異常な反共意識が作り出した笑えぬ悲劇であったということができよう」（『中国侵略と国家総動員』内川芳美編　1983年　平凡社　P121・西尾末広の除名参照、『太平洋戦争史3　日中戦争Ⅱ』歴史学研究会編　1972年　青木書店　P88～89）。第73議会は1937年12月26日開会し、上記法案のほか、農地調整法、国民健康保険法など重要法案を含め政府提出法案86件全て成立し38年3月26日閉会した。

注4　電力管理関係法律案は、1938年1月25日衆議院に再上程されたが、当初から激しい反対があり難航していた。「この法案は、レーニンの電力国営思想、ドイツの社会主義のワイマール憲法のもとの電力事業社会化法案、それから、コールのソーシャリゼーション等に類するイデオロギーをもとにしたもの、少なくとも国家社会主義の実現を期するもので、純粋な経済問題とは思われないがどうだ」と問われたことを、法案を推進した大和田悌二（当時電気局長）は『電力国管の裏話』で記している（『中国侵略と国家総動員』内川芳美編　P83～90参照、『太平洋戦争3　日中戦争Ⅱ』歴史学研究会編　1972年　青木書店　P90）。

後編　ヒトラー・ナチと日本の崩壊への道

第8章　欧州大戦から第二次世界大戦へ

1　独ソ不可侵条約調印

話をドイツにもどそう。1938年のミュンヘン協定《英仏のドイツに対する「宥和政策の頂点」といわれた》は、ナチ・ヒトラー政権にとって堂々と野望を実現させる踏み台（戦争へのステップ）となった。以後、ヒトラーは軍事的強硬外交でもって近隣小国を威嚇・併合し、ついには欧州を戦争へと引き込んでいった。

(1)　ヒトラー、チェコスロバキア解体・メーメル併合

1939年に入ると、1月30日ヒトラーは、欧州のユダヤ人絶滅を予言注1。3月14日、スロヴァキアに独立への援助と称して圧力をかけチェコからの「独立」を宣言させ、チェコスロヴァキア大統領ハーハとベルリンで会見した。これはヒトラーの意図的行動であり、会見

の席上軍事的威嚇でもってハーハ大統領にチェコの西半「ベーメン・メーレン（英語表記はボヘミア・モラヴィア）を保護領」とすることを強要し、翌15日ハーハに無理やり協定に調印させ注2、交渉進行中にヒトラーはドイツ軍隊とともにプラハに入城した。ここに、チェコは事実上ドイツに併合され、スロヴァキアも保護領となった。翌3月16日、ヒトラーはチェコ国家（領土）は大ドイツの構成要素となったと宣言した《チェコスロバキアの解体》（これは、言語的・人種的にドイツ人に属するオーストリアとズデーテン地方を獲得した場合とは異なり、ドイツは初めて外国の民族を併合したことになる）。

注1　1月30日ライヒシュタットでの演説で、「もう一度国民を世界大戦に引き込むことに成功するとすれば、その結果は……ユダヤ主義の勝利でもなく、ヨーロッパのユダヤ人の絶滅である」と述べている。

注2　協定で、ハーハ大統領は、「チェコ国民の運命をドイツ国総統の手に信頼して委ねる」ことを宣言した。これは、ヒトラーが準備した文面であり、一語たりとも変えることはできなかったという。そのときの状況を「ドイツ側は、拒否すれば８０００のドイツ機で、首都プラハを猛爆すると威嚇し、それぞれペンと文書を手にしたリッペンドロップとゲーリングが、ためらうハーハを机のまわりに追い回した。心痛のあまり二度も失神した老ハーハは、そのたびに強壮剤で覚醒させられ、気力もつきて15日早朝、文書に署名した」と記している（『世界の歴史15』Ｐ４２１）。

ミュンヘン会談（協定）半年後のことであり、これにはイギリス国民・世論も憤激し、保守党内のチャーチルやイーデンらは厳しくこれを批判、「宥和政策」で讃えられたチェンバレン注3もここにいたってドイツ非難に転じた。

しかし、ヒトラーはこうした非難を全く無視して、リトアニアにドイツ海軍を派遣し、旧ドイツ領のメーメル地方[注4]（バルト海に面した港町。現クライペダ）の返還を要求し、３月23日に同意させこの地を取り返した（メーメル併合）。

注3　ヒトラーの侵略行為に、イギリス国民の憤激の声を前にして、また保守党党首としての地位の危険を察したのか、チェンバレンは宥和政策を放棄することを3月17日バーミンガムでの演説で明らかにした。そして31日、下院で「ポーランドの独立が脅かされる場合には、イギリスが全力をあげてポーランドを援助する」と演説し、外交政策の転換を表明した。

注4　リトアニアは、バルト海東岸に位置した共和国で、人口３２５万人、面積６万５２００㎢（２０１０年）。ＮＡＴＯ（北大西洋条約機構）の加盟国であり、ＥＵ（欧州連合）に加盟している。首都はヴィリニュス（人口54万８８３５人、２０１０年現在）。メーメルは、ヴェルサイユ条約でドイツから切り離されて、リトアニア領になっていた。歴史的には、１２５２年にドイツ騎士団によって開かれた港町で、長い間プロイセンの支配下におかれ、その間はメーメル（独語）と呼ばれていた。現在のリトアニアではクライペダ（リトアニア語）という。

(2) ポーランド問題

「プラハの奪取は重大な結果をもたらす出来事であった。それはヒトラーの生涯における決定的な転換点であり、これによって解き放たれた進展は、直接には戦争、最終的には深淵に導くことになったのである」（『ナチスの時代』Ｈ・マウ　Ｈ・クラウスニック著　内山敏訳　岩波新書　Ｐ１０２）。ヒトラーの強硬策はまさに暴走そのもので、戦争へと突き進むのは時間の問題となった。それは、チェコ、リトアニアに続いてポーランド政府にダンツィヒ（現グダニスク）とポーランド回廊の返還を要求したことである[注5]。両国には1933年に遡るダンツィヒとポーランド回廊問題があった。

注5　ヴェルサイユ条約で、ダンツィヒ港は国際連盟管理下の自由市となりポーランドの関税管理下におかれた。また、東プロイセンはドイツ本来の領土から切り離されてしまい、ポーランド回廊（幅60キロ・ポーランド領）を通らなければ、ドイツから陸路では行けないことになっていた。

39年4月3日、ヒトラーは国防軍に、ポーランドに対する軍事行動を9月1日以降いつでも開始できるよう準備せよと秘密準備指令を発していた（ニュルンベルク法定記録より）。こうしたヒトラーの行動に危機感をもった英仏は、局面打開のために対独宥和政策の一部転換もやむなしと、3月末、ソ連・ポーランドとの四国宣言でヒトラー・ナチを牽制しようと図った。しかし、ポーランドがソ連との協力に反対したため宣言は成功せず。そこで、英仏は個別にポーランドに保障を与え（3・31）、ドイツの侵略を阻止する構えをとり、ソ連との話し合いを続行した。

このイギリスの「包囲政策」にドイツ政府は非難で応酬、報復的に4月28日、英独海軍協定（35・6・18締結）およびポーランドとの不可侵条約（34・1・26締結）を破棄した。なお、ポーランドとの不可侵条約破棄については、（チェコの場合と同じく）ポーランドでドイツ少数民族が迫害されているという言いがかりを付け加えた。この間イタリアは、すでに保護国化していたアルバニアを4月8日、占領し併合した。

ドイツは、先にポーランド作戦の「秘密準備指令」を出していたが、問題はソ連の動向であった。ヒトラーとしては、二正面の戦争[注6]は避けたかったので、ソ連を味方か中立化しなければならず、英仏とソ連の交渉の行方に暗黙の競争を演じた。5月に入り22日、ヒトラーはベルリン・ローマ「枢軸」（36・10・22協定）の協力を独伊軍事同盟（後に鉄の同盟と呼ばれた）へと強化した。

注6　ヒトラーは、ポーランド対策に執着しており、この障害を除くためにはどんな代償を払おうとも構わないという思いが、間もなくの「ソ連との握手」であった。

(3) 独ソ不可侵条約

一方ソ連は、さきのミュンヘン会談がヒトラーの「東方生存圏」獲得を保障したとみており、自国の安全保障のためには、ドイツとの接近もやむをえないと判断しつつあった。《それが西側の反ソ政策にクサビを打ち込むことになると……》。

ソ連は1939年5月3日、ヨーロッパとの強調外交派のリトヴィノフ外相（4・16英仏ソ三国条約を提案）が退き、モロトフが後任となるとナチ（反共）との話し合いが始まった。その間、英仏とソ連の交渉は遅々として進まず、7月24日になってようやく相互援助の政治条約が合意され、8月12日軍事条約の交渉となった。

しかし同日に、ソ連はドイツに独ソ間の共通する問題について、モスクワで高級レベルの会談を開始する用意（モロトフの提案）があると申し入れた。ヒトラーは、ポーランド戦を目前にこれを好機としてスターリンに親電を送り、リッペンドロップ外相を訪ソさせることにした。それから11日後の8月23日深夜、モスクワでモロトフ、リッペンドロップ間で独ソ不可侵条約が調印され世界は驚愕した[注7]。

注7　1939年8月23日モスククワ入りしたドイツ外相リッペンドロップは、午後5時からソ連共産党書記長スターリン、外相モロトフと首脳会談にはいり、「相互の不可侵、攻撃する第三国への援助禁止、両国を直接間接に敵視する国家連合への不参加」など……全7条、期限10年間の独ソ不可侵条約議定書に午後10時調印した。つづいて、秘密付属議定書が調印され、このなかでポーランド分割にも合意。独ソ会談と並行して、「英仏とソ連の軍事会談が行われていたが、英がソ連の軍事力を過小評価しドイツ包囲策をとらなかったので、スターリンはヒトラーとの握手という道を選んだという」（『ナチスの時代』岩波新書　P124）。

当時、極東では、満州とモンゴル人民共和国との国境で、日本陸軍の挑発によるノモンハン事件[注8]（1939・5・12～9・16停戦協定）が引き起こされたが、ソ連軍の優秀な火砲と戦車（機甲部隊）に圧倒され、日本軍は崩壊し無残な敗北を喫した。ソ連にとっては東西からの脅威を避けるためにも、交渉を秘密裏に行う必要があった。

注8　1938年7月、日本軍はソ満国境の張鼓峰で対ソ挑発の武力行使を計画。天皇も反対し、板垣陸軍大臣も中止を命じたが、朝鮮軍が強行し、ソ連軍の猛反撃で大敗した。それにもかかわらず、39年5月に外蒙古（外モンゴル人民共和国）・満州国の国境線をめぐって国境紛争――ノモンハン事件――をおこし、軍事力に勝るソ連軍とモンゴル軍との戦闘に多大な犠牲者をだして敗北した。

日本は、よもや独ソの交渉が進んでいるとは全く寝耳に水《日本軍がノモンハンで苦戦中の最中》の独ソ不可侵条約調印であった。当時侍従武官長であった畑俊六大将は、独ソ不可侵条約を「真に晴天の霹靂（へきれき）」と形容し「道義上よりすれば真にひどき仕打ちなりべし」と日記にしるしている[注9]。

日本指導層の狼狽ぶりが想像されるが、これまで練りぬいてきた三国同盟案《日本外交の最大の問題》は、一瞬にして消し飛んでしまった（8・25閣議、三国同盟交渉打ち切り決定）。平沼騏一郎首相は、8月28日「複雑怪奇」[注10]の一言を残して総辞職した（8・12モスクワで英仏ソ三国軍事協定の交渉開始。8・17中断、8・19ベルリンで独ソ通商条約調印。8・21英仏ソ三国交渉失敗……）。

注9　『太平洋戦争史3　日中戦争Ⅱ』歴史学研究会編　P247）

注10　「欧州の天地は複雑怪奇なり」——平沼内閣総理大臣談……今回締結せられたる独ソ不可侵条約に依り、欧州の天地は複雑怪奇なる新情勢を生じたので、我が方は之に鑑み、従来準備し来たった政策は之を打ち切り、更に別途の政策樹立を必要とするに至りました（木戸幸一『木戸幸一日記 下』東京大学出版会）。

8月24日英仏は対ポーランド援助条約調印、8月25日ムッソリーニ、戦争不参加をヒトラーに通告。こうしたドイツをめぐる欧州情勢・各国の状況は、まったく読めない不可解な状況を呈していた。8月29日ヒトラーは、対英回答でダンツィヒ・ポーランド回廊の割譲要求を繰り返した。

2　ヒトラー、ポーランド急襲。欧州戦争勃発

――独ソ不可侵条約の調印に、平沼騏一郎首相は「欧州の天地は複雑怪奇なり」と言って政権を投げ出したことは前項で述べたが、ここに当時の政府および軍部の世界政治に対する認識が読み取れるようだ。

ナチ・ドイツに対する英仏の宥和政策は、ソ連を蚊帳の外に追いやり（その影響を恐れ）欧州全体の危機を招いたが、ソ連は英仏に対する不信から、やがてはドイツと戦わなければならないとしても、自らの安全保障からもできるだけその時期を遅らせ、戦略的にも有利な着地点を確保しようとする判断から、１９３９年8月独ソ不可侵条約は成立したといえよう。

……ドイツとの関係を見極められなかった首脳たちのその後のあり方は、まさに敗戦後の状況（自ら起こした戦争に反省なし、無責任体制）に表われているように思う。ヒトラーを評価していた近衛文麿やドイツびいきの多くの軍人や知識人を含め、彼らが戦後どう自分の行動に決着をつけたのか、また戦後政治にどう関与したのか。ただひたすらに「国体」護持への眼差しと自己保身だけだったとは思わないが、いまだに旧態依然の政治家が跋扈する政治のありようは、何としても許されるものではない……と書き始めた矢先、熊本大地震が発生した。地震はその後も断続的に発生し、被害はさらに広がっており被災者の食糧と地域住民の安全確保は大丈夫なのか。また、震災救助を名分にオスプレイの要請や緊急事態条項を主張する政府の態度に大きな欺瞞を感じざ

るをえない。

熊本地震：2016年4月14日夜9時26分、夕食後パソコンを開いているとき、グラグラと身体のゆれを感じた。一瞬目まいかなと思ったが、アアー地震だと階下のアサ子（妻）にラジオつけてと叫びながら寝室のテレビをつけ、携帯ラジオのスイッチを押した。M6・5（震度7）を画面で確認した。何とも落ち着かず、熊本市のNさんのことを気にしながらベッドへ。その途端また身体にグラーっときた。画面に10時7分ごろM5・7（震度6弱）が表示された。この2度目の方が身体に強く感じた、余震ありの報、被害の状況が徐々に報じられるなかで、10時38分3度目の地震を感じた（M5・0 震度5弱の表示あり）。地震は追い討ちをかけるかのように16日にも（午前1時25分、M7・3 震度7）大きな被害をもたらし、17、18日と規模は小さくなったが断続的に続いている。握り飯をもらうのにも長蛇の列、2時間以上も待っているとも。心もとない政府の対応……批判の声に早く応えてもらいたい。（4月18日）

(1) ポーランドをめぐる独・伊・英

1939年8月25日、軍事同盟を結んだばかり（5月22日）のイタリアは、ドイツに戦争不参加を通告した。独・ポーランド戦争が始まれば英仏が参戦することになり、軍事同盟で、ナチ・ドイツはイタリアを戦争に引き込み、軍需物資や原料の調達など戦争遂行に可能なかぎり活用したい。イタリアは国力の弱さをドイツの力でカバーしたい。しかしドイツの過大な要求にはとても応じきれないという懸念から、イタリアは事実上の参戦拒否にいたったといわれる。

この間、米大統領ルーズベルト（1882～1945）は、ドイツ・ポーランドに直接交渉を呼びかけ、イギリスは8月24日、ポーランドと相互援助条約を結びドイツに警告を発した注1。

注1　独ソ不可侵条約にショックを受けたイギリスは、英国の威信上からもポーランドとの相互条約を締結し、ナチ・ドイツを牽制しようとした。

ヒトラーは予期せぬイギリスの強硬態度とイタリアの参戦不可能・非協力という事態を前に、8月25日夜、すでに行動を開始していた大部隊に急遽停止命令を発した（その数時間前にポーランド攻撃命令を8月26日朝と布告していた）。ヒトラーは、作戦行動をいったん止め、英・仏とポーランドを引き離す工作（同盟条約の提案）を行ったが失敗に終わった。これは、ヒトラー自身の大英帝国に対する畏敬ともとれる躊躇であり、イギリスを戦争からしばらくの間遠ざけておきたいという思いと同時に、英の宥和的態度（翻意するかも？）への希望を試みたのかもしれない。

イギリスの回答は、8月28日夜にもたらされたが、ドイツとポーランドは直接交渉し、平和的に処理すべきとの勧告であった。

一方ヒトラーは、翌29日の対英回答で、ダンツィヒと回廊の割譲要求を繰り返すのみで、ポーランドは30日、事態の悪化に備えて部分的に動員令を発した。31日、ドイツはポーランドに在住するドイツ人の安全保障ほか16項目の提案を公表し注2英と交渉したが、もはや万事休すであった。ヒトラーはある策略を指示しポーランド攻撃を命令注3した。

ダンツィヒ港のドイツ戦艦が、港の要塞にむけて砲弾を発射（1939・9・1）**、欧州戦のはじまりとなった。**

1964年6月4日、欧州戦（ポーランド戦）に対する西欧列強の態度を証言した上級大将アルフレッド・ヨーデルの言葉「我々は1939年まで、なるほどポーランドだけならたたけたが、1938年にも39年にも、これらの国々（英・仏・ポーランド＝編集者）が力を合わせて攻めてくるのに対抗することはできなかった。そして我々がすでに1939年に崩壊しなかったのは、およそ110個師団もの英・仏軍がポーランド戦争中、西部戦線で23個師団のドイツ軍に対し、ほとんど何もせずにいたからである」（『教科書ドイツ民主共和国』P213より引用）

注2　この要求は非常に穏健なもので、ただダンツィヒの返還だけを要求し、「回廊」の将来は住民投票によって決定するといった内容のものだった。これはのちにヒトラーが語ったというが、「ドイツが平和維持のためあらゆる手段をつくしたとみせかけるためのアリバイ」にすぎなかった。この穏健な要求をあくまでポーランド側が拒否したという印象を与える目的であったという。英・仏は、ポーランドへ全権を送るよう圧力をかけたが、先例に従うことを拒んだ。〔先例：38・2・12オーストリア首相シュシュニッグ、39・1・15のチェコ大統領ハーハが屈辱を受け、ナチ・ドイツに併合された〕。

注3　ヒトラーはポーランド攻撃を正当化するため、ＳＳの一隊にポーランド軍の制服をつけさせ、8月31日夜ポーランド国境に近いグラウィッツの放送局を占領させ、ポーランド語でドイツを非難する放送をやらせた。翌日の国会演説でヒトラーはこの事件を引用し、ポーランドに対する攻撃が、ポーランドの侵略に対する防衛措置にすぎず、「この行動は目下のところ、まだ戦争というべきものでない」と強弁したのである（『ナチスの時代』Ｈ・マウ　Ｈ・クラウスニック著　内山敏訳　岩波新書　Ｐ１２４、１２６）

(2) ドイツ・ポーランド進撃を開始

翌9月1日ドイツ陸・空軍は、ポーランド進撃を開始。午前4時45分、ポーランドのダンツィヒ（現グダニスク）港に停泊中のドイツ装甲巡洋艦シュレースウイッヒ・ホルスタインが、港の要塞に向けて砲弾を発射した。ここに欧州戦争がはじまり、第二次世界大戦の引き金が引かれた。

ナチ・ドイツはついに、宣戦布告もなしにポーランドに進撃を開始した。53個師団（150万）を超えるドイツ精鋭部隊が、雪崩をうってポーランド西部国境を越えた。そのうちの6個師団は装甲師団、4個師団は機械化部隊で、その他に7個師団が突撃用戦車を持っていた。また、ドイツ空軍は、高性能急降下爆撃機シュツーカをフルに機動してまたたく間に制空権を握った。ドイツ軍の陸・空電撃作戦は、ポーランドの不意を打ち、防衛体制を寸断していった。

以下、ポーランド崩壊の状況を追ってみると、「9月1日早朝、いたるところからポーランド国境を越えて出撃したドイツ軍機械化部隊は、ゲーリングの率いる空軍の掩護のもとに各地でポーランド軍を圧倒した。戦前、自己の実力を過信して仏ソ両国が推進した集団安全保障政策を挫折させ、みずから孤立させたポーランドは、軍事的にも同様の誤りを犯し、圧倒的に強力なドイツ軍の攻勢に対して、しりぞいて守備を固めるかわりに反撃とドイツ領への反攻を期待して、国境沿いに薄く長く兵力を配置し、後方に予備兵力を欠いていたのでポーランド軍の崩壊は急速であった。開戦10日後にはポーランド軍は切れ切れに分断され、まもなく組織的な抵抗をおこなう能力を失った。

9月12日、ヒトラーはカイテル将軍に、ポーランドのインテリ・貴族・僧侶など将来おこるべき反ナチ抵抗運動の指導者となりうるすべての者とユダヤ人とを抹殺するように指示した。9月17日、ソ連軍はドイツ軍の急進撃にともなって崩壊しつつあったポーランド東方から進入して、ポーランド領ウクライナとベロルシアを占領した。大統領モシツキーは、9月17日ルーマニアに亡命した」（『太平洋戦争史3』P256「ポーランドの崩壊」より引用）と記されているように、圧倒的な軍事力を誇るドイツ軍の前に、ポーランド軍はあまりに貧弱な戦力《600台の戦車と350機の飛行機しか動員できず、しかも旧式であった》であり、ナチ・ドイツ軍の急襲の結果、全ポーランド軍を動員することが出来なかったのである。

ポーランド攻撃について、ヒトラーは、〝イギリスが中立を維持するのか、そうでないにしても少なくとも積極的には介入しないという希望的観測をもっていた〟というが、その読みがあたったといえよう。

なお、**注3**（P197）については、ニュルンベルク裁判で、「1945年11月20日、親衛隊長ナウヨックの宣誓口述」で明らかとなった。また、当時の「ブレスラウ、8月31日（ドイツ通信社）」の記事からも、放送局を占領しポーランド語で、また一部はドイツ語で読み上げるのに成功したと掲載している（教科書『ドイツ民主共和国：4』ホルプ出版 1983年 P212参照）。

3　欧州戦から第二次世界大戦へ

(1)　英仏、ドイツに宣戦布告

ドイツ軍のうむを言わせぬ電撃作戦注1は、ポーランド軍を壊滅状態に追い込み1939年9月5日までにポーランド回廊の封鎖を終え、8日ドイツ軍はワルシャワを包囲し、27日にはワルシャワを陥落させ占領した。この電撃戦によって3週間でポーランド軍は壊滅した。

注1　航空機と機構部隊の圧倒的集中攻撃による戦闘方式。ドイツの攻撃は、南と西と北西から首都ワルシャワを目指して行われた。ポーランドの必死の援助要請にもかかわらず、英仏軍は西部国境に待機しているだけで動かず。ヒトラーの「電撃戦」は机上作戦どおりスムーズに展開できたということである。

ナチ・ドイツのポーランド侵攻に対して、英仏は同盟国の立場から国家総動員令を出してドイツを牽制したが、一方でドイツ軍のポーランドからの撤退を条件に交渉による解決を模索していた。フランスは、ベルリン駐在の大使を通じて、ポーランド支援の決意をドイツ外相のリッペンドロップに通告したが、ヒトラーはこの牽制を一蹴した（フランスは、この戦争を極力避けたいという思いから、時間稼ぎをしていたようだ）。

9月3日、英仏はドイツへの最後通牒が拒否されたことから、ようやくドイツに宣戦布告。

ヨーロッパは四半世紀を経て再び戦火にさらされることになった。

(2)　ソ連の動向

ドイツ軍の素早い侵攻に驚いたソ連軍[注2]は、白ロシア、ウクライナ系住民の保護を名目に、9月17日東部国境からポーランドに侵攻した。28日、ドイツとソ連はポーランド分割で合意し、独ソ不可侵条約・秘密議定書（8月23日）で定めた規定を一部変更して分割を実行した[注3]。

注2　ソ連は、8月23日の独ソ不可侵条約上しばらく静観していたが、ドイツの戦闘終了が間もないことを確信し、東部ポーランドへ侵攻した。独ソ軍の侵攻でポーランド兵約90万人が捕虜となった。なお、この秘密議定書は戦後1948年アメリカ国務省によって公表され、また88年エストニアでコピーが発表された（『世界近現代全史』大江一道著　山川出版社　P326）。ソ連はポーランド侵攻によって、1920年に失った西ウクライナ・白ロシアを占領した。

注3　ドイツは、ルブリンとブグ川の線と引き換えに、リトアニアをソ連に委ねた。ソ連は、1921年のリガ条約（対ポーランド戦の条約で、白ロシアの東半分をソ連領、西半分がポーランド領となっていた）の線まで進出したことになる。ソ連がポーランド東部とバルト三国をその勢力範囲においたのは、将来ドイツの侵略を予想しての布石であったという。

ソ連はさらにその国境防衛線の拡大強化をすすめ、エストニア（9月28日）、ラトヴィア（10月5日）、リトアニア（10月10日）のバルト三国と個別に相互援助条約を結び（40年8月に正式に併合）駐兵権を得た。トルコに対する相互援助条約の提議は拒否された。

また、ソ連はフィンランドに対して自国の安全保障上（軍事戦略上、レニングラードの防衛）か

スキー具に身をかためたフィンランド軍

まだ戦争の惨禍を経験していない諸国の人々は、このような姿で報道される北ヨーロッパの戦争に一種ロマンティックな関心さえ抱いていたのであった。そして、「勇敢な小国フィンランド」への同情は、「奇妙な戦争」のおりから、観念的な反ソ十字軍の夢想を生み出していった（『世界史大系16』誠文堂新光社 昭和39年 P288より）。

ら相互防衛条約の締結と領土交換を交渉したがゆきづまり、11月30日ついに武力攻撃を開始し、同国との戦争に踏みきった。フィンランド軍は北欧諸国から義勇兵の援助を受けつつ、意外なほど激しく抵抗した。

さらに、ソ連を侵略者と非難する欧米諸国（国際世論）にフィンランドは助けられ、戦争の大義名分においてもソ連は不利であった。12月14日、当時有名無実化していた国際連盟からソ連は連盟はじまって以来の除名処分を受けた。翌1940年3月初め、英仏両政府はフィンランドへの援助出兵を決定した。しかし、ソ・フィン戦争（北欧の「冬季戦争」）は3月12日休戦が成立し、ソ連は国境付近の領土を割譲（カレリア半島の一部）して戦争は終結した[注4]。

注4　ソ・フィン戦争（1939・11・30～40・3・12）‥アメリカと英仏など西欧諸国の援助が実を結ぶ前に、ソ連はフィンランドの和平希望を受け入れ、

40年3月12日、モスクワで両国は平和条約を結び、フィンランドはソ連の要求をのみ戦争は終結した。ソ連のやり方〈東部ポーランドへの侵攻を含め〉は、ナチ・ドイツにおとらず侵略的な国であることを西側諸国に印象付けた。また国際連盟からの除名処分、英仏のポーランド援助決定に名をかりた反ソ十字軍を準備させる口実を与えたが、和平が実現しその一歩手前で中止され、ソ連は大戦にまき込まれることなく局地戦で初期の目的を達成したといえよう。

(3) 英仏動かず、奇妙な戦争

ところで、英・仏は1939年9月3日ドイツに宣戦布告をしたが、ドイツのポーランド作戦が終了し、翌40年4月、ドイツがスカンジナヴィア方面で再び攻勢に出るまでのおよそ7カ月間、英仏軍とドイツ軍はほとんど交戦せず、むしろソ連を敵視するという状態が続いた。戦争らしい戦争は行われておらず、いわば戦争なき戦争の状態であり、まことに「奇妙な戦争」となっていた。なぜこういう状態が生じたのか。

英仏側は、ドイツ軍《兵力29個師団》に数倍する大兵力《英仏両軍を合わせると110個師団にのぼる》を抱えながら積極的に動かず、強固なマジノ線（独仏国境の要塞）[注5]を隔ててドイツ軍と対峙していた。この奇妙な戦争の背後には、一つにドイツ軍の準備が遅れていたことがあげられるが、またドイツ軍首脳部は、ポーランド戦は局地戦としてヒトラーの意向を受け入れたが、戦争がさらに拡大し英仏側（列強諸国）を相手にしなければならない作戦には不安を抱き、反対の意向を示していたという事情があった。一方フランス政府[注6]は、フランス国民が全面戦争の回避を強く願っていることを理由にして、躊躇していた向きがあるが、前線のフランス軍は全く士気が上がらずというありさまであった。さらには、ヒトラーの戦争は局地戦で終わるかもしれないという富裕上層部の希望的観測に期待と楽観があったともいわれている。

注5　フランスの対独国境の大要塞線。1930年以降構築されて難攻不落と思われていた。しかし、40年5月ドイツ軍は電撃戦で突破し、フランス軍は大混乱におちいった。

注6　イギリスへの依存が強かったダラディエ内閣（1938～40・3・21）は、主体的な戦争遂行策がとれず、ドイツとの軍事的衝突は極力さけ、漠然と講和の機会を期待し国内の意思統一もままならずであった。

しかしこうした《奇妙な戦争》の状態も、1940年4月9日「保護」を名目に、ドイツ軍がデンマークとノルウェーに突如侵攻し、デンマークは即日ドイツ軍に降伏し〝期待と楽観〟は幻想となった。ノルウェー政府はヒトラーの「保護」を拒否し、西ヨーロッパの列強にたよって抗戦の決意を示したが、ドイツは宣戦布告を行い10日にはオスロを占領し、占領地域のナチ指導者キスリング[注7]を首班とする傀儡政権を樹立した。このノルウェー作戦でドイツが勝利したのは、キスリングらノルウェーのファシストの通謀が寄与したともいわれる。

このドイツ軍の攻勢に英仏軍は抗戦したが2週間で敗れ、6月10日ノルウェー国王ハーコン（1872～1957）はロンドンへ逃れ亡命政府を樹立した。

注7　キスリング（1887～1945　クヴィスリングの表記も）：ノルウェーの軍人、政治家。第二次大戦中、ナチ・ドイツのノルウェー占領に協力し、傀儡政権の指導者となり、戦後処刑された。

イギリスでは、5月10日このノルウェー戦失敗の責任をとりチェンバレン首相は辞任し、対独強硬論者のチャーチルが労働党をふくむ挙国一致内閣を組織した。

同日に、ドイツ軍は第一次大戦の際と同様に、中立を犯してオランダ・ベルギー・ルクセンブルク[注8]に侵攻し、14日オタンダを降伏させた。17日ドイツ軍はセダン付近でマジノ線を突破、5月28日ベルギー国王が降伏した。ドイツ軍は英仏連合軍を英仏海峡沿岸に追い詰め殲滅作戦を行ったが、6月3日イギリス海軍の必死の輸送で33万余の英仏将兵は、ダンケルク（ドーヴァー海岸のフランスの港市）から救出された。10日日和見のイタリアが英仏に宣戦布告。14日ドイツ軍がパリに入城。フランス政府・ペタン元帥（ペタン内閣1940～43）が休戦を申し入れ、22日独仏休戦条約が調印[注9]された。

注8　40年5月10日、真夜中過ぎに120個師のドイツ軍が西方攻撃（西部戦線）を皮切りに、オランダ・ベルギー・ルクセンブルクに攻撃を開始。「今日はじまる戦いいかんによって、向こう千年間のドイツ民族の運命が決まるのだ」とヒトラーは大見得を切ったといわれる。

注9　レイノー内閣の辞職後、「ヴェルダンの英雄」ペタン元帥（1856～1951）首班の内閣が成立し降伏を決定。ヒトラーは、第一次世界大戦でドイツが和睦したコンピエーニュの森のなかで（一鉄道車両に）フランスの軍使を迎え、6月22日休戦協定を結んだ。この協定によって、仏の北半分および大西洋沿岸一帯は、ドイツの軍事占領化におかれた。ペタンは、中部フランの町（新首都）ヴィシーに新政府を樹立。フランス議会から全権を委ねられ「フランス国家主席」の地位に就き、フランス第三共和制を廃止。「自由・平等・友愛」から「労働・家族・祖国」の標語のもと全体主義国家へと踏み出した。

4　戦後70年、右傾化する欧州と日本の状況

ナチ・ドイツ軍のうむを言わせぬ電撃作戦は、前回で述べたとおり驚異的・現実的行動であった。当時、ドイツへ熱い視線を送っていた帝国政府は、ヒトラーの侵略、開戦をどうみていたのだろうか。とパソコンにむかったが……近年、欧州では経済危機を背景に極右政党が伸張し、当事国はもとより欧州連合（ＥＵ）内外に政治的、社会的に憂慮される事態が伝えられている。とても気になるので、今回は欧州の右傾化、極右政党の動向（進出）について少し覗いてみたい。（ご容赦を！）

(1)　オーストリアと日本の戦後政治

オーストリアの大統領決戦投票

オーストリアでは「初の極右政権成立か」（国際ニュースの見出し　２０１６年４月24日付　ＡＦＰ）と騒がれたが、５月22日の大統領選決戦投票で決着した。結果は「みどりの党」の元党首、アレクサンダー・ファンダーベレ氏（72歳）が極右・自由党候補のホファー氏（45歳）を僅差でやぶり当選し、初の極右政権誕生は阻止された[注1]。ＥＵはじめヨーロッパの指導者たちが、ほっと胸をなでおろしたとのニュース（外電）もあった。

注1　2015年に入り、シリア、イラクなどからの難民が急増する中で、当初は難民に寛容な姿勢であったが、翌年になるとファイマン首相は難民申請者の数を制限する政策に転換。これに政府批判が強まり、4月24日の大統領選挙において、大連立政権を公認した候補がいずれも決選投票に進めないという歴史的敗北となった。ファイマン首相は5月9日電撃的な辞任を行い、18日に社民党のケルンが新首相に就任した。その後、上述したとおり5月22日、大統領の決選投票が行われた（なお朝日新聞5月26日付は、右翼・自由党候補ホファー氏が460万余票で3万票差まで迫ったと報じている）。

振り返ってみれば第二次世界大戦後、オーストリアと日本は侵略戦争の歴史を教訓にしてこなかったのではないか。オーストリアは、ナチによる最初の犠牲者「オーストリア併合」（1938〜45）というイメージ《被害者の立場》が強く、また「モスクワ宣言」（1943）で「ナチス・ドイツ軍の蛮行は戦争犯罪であり、その責任はドイツ軍の指導者にある」と明記されたことからも、オーストリアには戦争犯責任はないという立場をとってきたと思われる。

第4代国連事務総長を務めたクルト・ワルトハイム氏が大統領選の最中（1986年）にナチ戦犯容疑者と指摘され、彼が第二次世界大戦前に「ヒトラー・ユーゲント」に加入し、ナチ突撃隊将校であった事実が判明した。しかし、オーストリア国民は彼を大統領に選出した。

ここにナチへ協力した歴史事実（加害的事実）の究明や戦争への反省（非ナチ化）が欠落し教育も不徹底となった要因もあるようだ。当選後、欧米各国から「ペルソナ・ノン・グラータ」（好ましからざる人物）とよばれ、また米国では「要注意人物」に指定。国際社会から戦犯容疑者であるとの強い批判をあび、大統領在任中の6年間バチカン以外の国への公式訪問はなかったという注2。

注2　クルト・ワルトハイム（1918〜2007）は、第4代国連事務総長（1972〜81）、大統領（1986〜92）を務めた。1986年の大統領選中に、ナチ戦犯容疑者と指摘され米のユダヤ人権団体「サイモン・ウィーゼンタール・センター」から厳しい攻撃を受けた。こうした要職につく人物であれば、事前に彼の経歴も十分調査されていたはずである。国連事務総長に選任されたときは、国際社会は黙認していたようだ。その後の調査で、戦争犯罪に直接関与したという証拠は見つからなかったという。92年の大統領選には出馬せず引退した。2007年6月14日心不全で死去（ウィキペディア）。

国際社会からの厳しい批判の中で、フランツ・フラニツキー首相（在任1986〜96）がイスラエルを訪問し、「オーストリアもナチ・ドイツ軍の戦争犯罪の責任がある」と初めて認めた。以後、徐々に戦争へ向き合おうとするオーストリアの姿勢が、2000年以降のナチ時代の再検討へと前進してきたのも事実（大戦中、同国内で強制労働させられた旧ソ連や東欧などで存命中の約15万人に補償を決定）注3である。

注3　戦後オーストリアは、四大国（ソ・英・米・仏）の分割占領を経て、旧ソ連などに賠償金を支払い、1955年の主権回復条約で戦後補償問題は解決ずみとされてきた。しかし、ナチに財産を没収されたユダヤ人や旧東欧諸国出身の人たちへの補償は放置されたままだった。こうしたなか、ワルトハイム元大統領がナチの将校だったことが判明し、以後欧米諸国からの厳しい批判から反省へと大きく動いたという背景がある。

ナチ讃美の政党登場

ところが2000年2月、極右の自由党が政権入りすると、彼らの声高さに圧倒され、ナチ時代の再検討への世論に一時ブレーキがかかる事態となった。今日的状況は、欧州に押し寄せる難民問題が背後にあるが、そこには、自由党が従来から主張していた排外的自民族主義に共感した人々の姿が反映しているように見える[注4]。今回、ホファー氏がアレクサンダー氏「緑の党」に敗れたが、これは、「戦後オーストリアの二大政党制が取り返しのつかないほど崩壊し、極右に道を開いたという事実は隠せない」という論評（英紙フィナンシャル・タイムズ）（日経5・17）にも注目したいと思う。

注4　オーストリアは、ハンガリーやチェコ、スロバキア、スロベニアと国境を接しているが、ソ連・東欧の旧体制崩壊後、移民の流入などで影響を受け、生活の悪化や失業問題に苦慮してきた。自由党は、それを外国人の増加や欧州統合の進展、政権党（中道左派・社民党と保守・国民党）の癒着のせいとして、「弱者の味方」を訴えて1999年の総選挙で躍進した経緯がある。2000年自由党は、連立政権に加わったがそのときの党首がハイダーであり、彼はナチ讃美発言で欧州連合（EU）から制裁を受けたことがある。その後「オーストリアが第一」のスローガンを掲げ大衆路線に舵をきったが、政策の行き過ぎからかえって国民の加重負担となり、自由党は政権を離脱した経緯がある。

自国中心の安倍談話

翻って日本の場合はどうか。例をあげれば戦犯の岸信介が総理大臣[注5]になったことからも推察できるが、敗戦後政府自身による侵略戦争の反省が欠落し、国民もまた十分な反省をしてきたとは言い難い。

戦前のファッショ政権の閣僚（東条内閣の商工大臣）であった岸信介がA級戦犯容疑者として戦争責任を問われ、巣鴨拘置所に収監（1945年9月）されたのは当然である。ところが、米の占領政策の転換で48年12月に早くも釈放された。岸には侵略戦争への反省は全くみられず、世論の厳しい審判を受けることもなく（国会の弾劾なし）、彼を総理大臣に許した苦い歴史があることを忘れるわけにはいかない（戦犯を首相にした罪は、誰が負うのか）。

注5　岸信介（1896〜1987）：山口県出身。農商務省の官僚として出発。東条内閣の商工大臣。敗戦後A級戦犯となるが不起訴。追放解除後政界に復帰。自由民主党総裁となり、一次（1957・2〜58・2）、二次（58・6〜60・7）内閣を組閣。経済力・自衛力の強化を図り、「日米新時代」を掲げ、60年日米安全保障条約を改定し、批准成立直後の7月に退陣した。この安保条約をめぐって国論は二分され、激しい反対闘争が繰り広げられ、全学連は国会へ連日デモをかけ、東大生樺美智子が死亡する事件もおこった。

当時の話題となった、「〝声なき声〟にきく」……岸首相記者会見（60・5・28）問：こんどのデモに対しては羽田デモ、国会乱入事件の時のような非難の声は少ない、ここに問題があるのではないか。首相：私がこれに屈したという印象を国民に与える方が、もっと大変なことだと思う。私は国民の〝声なき声〟に耳を傾けている。いまは、〝声ある声〟だけだ（毎日新聞5月28日付夕刊）。《事が終われば何とやら》

これまで歴代政権は節目節目に戦争への反省を述べてきたが、近隣諸国や欧米の国々から決して十分な評価を得ているわけではない。昨年の安倍首相の70年談話に対する世界の報道が物語っているように、どこの国が諸手をあげて首相談話を歓迎したのか[注6]。内外のメディアが指摘したのは、植民地支配の問題に触れず、日露戦争を近代国家の出発点と自画自賛した歴史観である。特に中国や韓国にとって日露戦争がどういう意味ををもつのか、あまりにも日本中心の歴史観で謳われていたとの批判である。

注6　安倍談話は、首相の歴史観がそのまま出ていたという。近隣諸国や欧米の学者が指摘したのは、あまりにも日本（自国）中心の見方であるとの批判である。その一つに「日露戦争は、植民地支配のもとにあった多くのアジアやアフリカの人々を勇気づけました」とあるが本当にそうか。ここの部分は特に韓国の立場からみると違和感を覚えた箇所である。日露戦争がなぜはじまったのか、韓国（朝鮮半島）にとって、日露戦争は悲劇の始まりでありいまに繋がる独島、植民地化の問題である。中国側からみると、奉天海戦では日露60万人弱の兵力の戦いで、戦場の遼寧省の人々１００万人以上が避難民となり、誤射もあり数百人が死亡したと清朝の地方役人は記録しているという（朝日・耕論２０１５・10・10　韓国 国民大学　李 元徳教授、信州大学 久保亨教授発言から一部引用）

また、今なお未解決・不十分といわれる従軍慰安婦問題や強制連行・強制労働問題、靖国参拝問題、戦後補償などの戦争に関わる諸問題にどう対処するのか。こうした問題への配慮、展望を欠いたむしろ頬被りした安倍談話であれば、とても日本の戦争責任を明確にした談話と受け取れないのは、自明の理であろう。かつての轍を踏みかねない（憲法破壊）暴走内閣（「超極右」政権との指摘も）にいつまで政治を委ねるのか、いまこそ主権者としての権利、意思を発揮する時機である。

(2)　欧州の極右政党

さて、オーストリアのほか、ギリシャ、ハンガリー、スイス、フランスなどでも極右政党が伸張し、内外の政治に大きな影響を与えはじめているようだ。紙面の関係で、各国の極右政党名をあげて次回へつなぎたい（順不同）。

イタリア：北部同盟　オーストリア：自由党　オランダ：自由党　ギリシャ：黄金の夜明け　スイス：国民党　スウェーデン：民主党　デンマーク：国民党　ノルウェー：進歩党　ハンガリー：ヨッビク（右翼青年協会）　フィンランド：真正フィン人党　ドイツ：ドイツ国家民主党（NPD）　フランス：国民戦線　ベルギー：フラームス・ベラング　イギリス：イギリス国民党（BNP）（「ウィキペディア：各国データ、外務省基礎データ」）

(3) ハンガリーの権力集中・「3分の2」と民主政治

ここまで、気になる欧州の右傾化、極右政党の動向について、オーストリアの大統領選から遡ってオーストリアの現況をのぞいてみた。他の諸国はどうなのか。

近年、自国中心のナショナリズムに、反移民、難民排斥感情とイスラム嫌悪を糧にした反リベラル政治へと激しく動いているハンガリー。いま、同国で何が起こっているのか。欧州連合（EU）との協力を拒み、欧米各国の批判をよそに頑なに強権政治を進めているオルバン政権！「伝統的友好関係」にある安倍政権への〝影響も懸念〟といわれるが、オルバン政権の3分の2政治とは何か。

ハンガリーで権力の一元化のはじまりは、2010年4月の総選挙後のことで、オルバン・

ビクトル首相の率いる中道右派の政党「フィデス・ハンガリー市民同盟」が大勝利したことにある。オルバン首相は、「ＩＭＦ（国際通貨基金）、ＥＵ依存をやめ、ハンガリー独自の行動計画を実行する」と訴え、また与党・社会党（旧社会主義労働者党）への不信を市民同盟票へと巧みに取り込み、３８６議席中２６３議席（連携するキリスト教民主国民党を合わせて）を獲得し、８年ぶりに政権を奪還した。

以後、オルバン政権（第二次）は、憲法の部分改正をくり返しながら新たな憲法を制定するという便法を講じた。例えば、２０１０年7月憲法を改正し、野党抜きでの裁判官の任命を可能にした。11月にはメディア法の施行——これは、8月に発足した「国家メディア・情報通信庁」に属するメディア評議会が「バランスを欠く報道」と判断すれば、新聞、雑誌、インターネットニュースに罰金を科すことが可能となる。これは、政権基盤を磐石にし、メディアの政府批判（左派、リベラル系）を封じるねらいといわれる（ハンガリーの国会は一院制。国会議員の3分の2以上の賛成があれば憲法改正は可能。国民投票はない）。（資料：朝日新聞２０１６年6月6日付他）

さて、3分の2を得たオルバン政権は、11年の議会で新憲法案を3月に提案し、わずか9日間の審議で4月に新憲法《ハンガリー基本法》を成立させ、翌12年1月に施行した。また13年3月、議会は新憲法の第四次改正を断行し、国民から「違憲」とされた法律の条文を憲法に盛り込んだ。14年4月の総選挙《議員定数が３８６名から大幅に削減され、１９９名の議員を選出する新選挙制度の最初の選挙―小選挙区１０６名、比例区93名》でも3分の2の多数を獲得した。2015年の補欠選挙で敗れ、現在「3分の2」を少し下回っているが、第三次オルバン政権の鼻息は相変わらずで荒い。

(4) 新憲法・ハンガリー基本法

これまでの共和国憲法とはかなり異なる考え方（非民主的条項?）が新憲法には綴られている。特徴的なことを若干あげると、

①前文は、「国民の信条宣言」という名称で記されており、〝キリスト教はハンガリー史において重要な役割を担ってきた〟〝我々は、我々の歴史的憲法並びにハンガリー国家の憲法的継続性及び国民の統一を具体化する聖王冠を称える〟と明記、聖イシュトヴァーン王（ハンガリー建国者）への讃美を表記。また、社会主義政権を完全に否定。

②国名（国号）:「ハンガリー共和国」から、「我々の国号は、ハンガリーである」と記し、「ハンガリー」国に変更。

③憲法の名称:「ハンガリー共和国憲法」から「ハンガリー国基本法」と改称。

④「自由と責任」:ここに、国民の基本的人権の尊重項目が挙げられているが、第Ⅱ条に「人間の尊厳は、侵すことができない。何人も、生命及び人間の尊厳に対する権利を有し、胎児の生命は、受胎の時から保護される」とあるが、これは、「堕胎の禁止」である（欧州の人権条約に抵触するとして批判あり）。

⑤「特別法秩序」：緊急事態に関する条項がはじめて盛り込まれた（50条に6項目）。その他、憲法裁判所違憲審査権の縮小や国境外ハンガリー人の保護が盛り込まれ、国家予算は、債務残高が前年度ＧＤＰ比50％以内に収まるように編成することを義務付けている。先の共和国憲法で、記載されていた第6条①「ハンガリー共和国は、国際紛争を解決する手段としての戦争を放棄し、他の国家の独立または領土の保全に対する武力の行使および武力による威嚇は行わない」との条文は、基本法にはない。

以上、垣間見たハンガリー・オルバン政権は、総選挙で3分の2という多数の議席を獲得し、いとも簡単（？）に憲法改正を繰り返し、国民の言論や思想・行動の自由を制限し、メディアの統制などを行い、一方で個々人の国家への義務を果たせと迫っている。こうした改革は、憲法や法律に則っての《民主主義》の一つの結果ではある（3分の2という多数を背景〈民意の支持を受けた〉に、国民をいかようにも統御することは可能と）。しかし、これは、立憲主義を忘れた民主主義（多数決原理に埋没した）が、いかに「民意の操作」に走るかという事例であり、とてもよそ事とは思えない強権ぶりである。なお、２０１４年11月、オルバン首相が日本を公式訪問。安倍首相と共に「共同声明……21世紀における新たなパートナーシップ」を発表した。（資料『ハンガリー国基本法』比較法学47巻1号　監訳　佐藤史人）

〔補足〕トリアノン条約（１９２０年）で領土の72％を喪失したことは、ハンガリー経済に耐え難い苦痛を与え、失地回復の政治運動へと向かわせた。これは独伊の枢軸結成、独・オーストリア合邦（併合）、チェコスロバキア解体など国際情勢の変化から、ハンガリーは枢軸側の衛星国へと追い詰められた。その結果ナチ・ドイツ軍のユーゴスラビア攻撃の援助、第二次大戦における東部戦線への出兵を余儀なくされ、大戦末期は国土が戦場となり悲惨な運命をむかえた。戦後もまた辛酸を嘗め尽くしたハンガリー。その歴史を紐解かなければと思う。

＊２０１６年４月現在の政党別議席数は、以下のとおりである（資料：『ハンガリー概況』在ハンガリー日本国大使館他）。

・フィデス（ＦＩＤＥＳＺ）とキリスト教民主国民党（ＫＤＮＰ）１３１議席　・社会党（ＭＳＺＰ）29議席　・ヨッビク（ＪＯＢＢＩＫ）24議席　・新しい政治の形（ＬＭＰ）５議席　・無所属10議席

なお、欧州議会におけるハンガリーの各党が獲得した議席は次のとおり（全21議席）。ハンガリーは、２００４年にＥＵに加盟（２０１４年５月25日欧州議会議員選挙の結果）。

・フィデス・ＫＤＮＰ（ＥＰＰ所属）12議席　・ヨッビク（無所属）３議席　・社会党（Ｓ＆Ｄ所属）２議席　・ＤＫ２議席　・ＥＧＹＵＴＴ－ＰＭ１議席　・ＬＭＰ（Ｇ所属）１議席

以上欧州議会選挙の結果は、フィデスが過半数を上回る51％を獲得し、21議席中12議席を占め圧勝。極右政党ヨッビクが、総選挙では第３党であったが、欧州議会選挙では第２党に躍進した。最大野党の社会党は、11％に留まり４議席から２議席へ後退した。

５　敗れたフランス、たたかうイギリス

ナチ・ドイツ軍の猛進撃に、欧州諸国はあれよあれよという間に屈伏させられ、しかも英仏

が動かずヨーロッパ戦線は、ドイツ軍の軍靴で踏みにじられっぱなしという戦況となっていた。戦闘意欲に欠けるフランスは、１９４０年６月14日、ドイツ軍のパリ入城を許し、フランスは休戦を申し入れ、22日独仏休戦条約を結び新たな局面を迎えた（休戦協定６月25日発効）。

＊休戦時、約１５０万人の仏将兵が捕虜となり、ナチはこれを人質として連行。70カ所の収容所にぶち込んだ。

(1) ヴィシー政府

降伏したペタン元帥は中部フランスのヴィシーに新政府を樹立したが、フランスの西北部分はドイツ軍が直接占領を続けたので、ヴィシー政府は残された南部地域（３分の１）の親ドイツ的政権に甘んじた。ペタンは議会の承認により「フランス国家主席」となり（６月16日）、７月10日第三共和政憲法《自由・平等・友愛から》を廃止し、新憲法を公布《労働・家族・祖国へ》[注1]し、ファシズム的国家体制へ踏み出した。

注１　「人民戦線」の崩壊から敗戦にいたる過程で、フランス政府の無策ぶりが反議会主義、反共和主義を生み出し、時代錯誤の「王党派」的思想の持ち主というペタン元帥にフランスの運命を託した。当時のフランス国民が、いかに呆然自失していたかを物語るものであろう。フランス革命の精神である自由で平等な個人の権利を否定し、家父長的家族制度の尊重を掲げ、国民主権を否定し、「祖国」を絶対視する思想、行動へ駆り立てたのである。

この間、軍首脳のマジノ線による防御戦略を批判し、降伏に反対したド・ゴール将軍はボルドーから飛行機でロンドンに亡命。6月18日、ド・ゴールはBBC放送を通じてフランス国民へレジスタンス（抵抗）を呼びかけた注2。イギリスはここに、「自由フランス」指導者としてド・ゴールを承認（イギリスは、ペタン新政府に対しフランスの抗戦継続を求めたが、6月17日、ペタンは独へ休戦を求めたので、イギリスの必死の努力も水泡に喫した）。

注2　ド・ゴールは「イギリスと連合し、アメリカの巨大な産業を利用すれば、フランス軍を撃破した機械力にまさる機械力をもってドイツ軍を敗北させ、勝利することができる。何が起ころうとも、フランスの抵抗の炎を消してはならない」と訴えた。

フランスは、ほとんど戦わずに降伏したことになるが、欧州戦争はこの頃からヒトラーの意図とは反対の方向へと動きだしていた。ヴィシー政府は、7月3日イギリス海軍がメルセルケビール軍港およびオラン港のフランス海軍を攻撃したことを理由に、7月5日イギリスに断交を通告。19日、ヒトラーはイギリスに和平を勧告したが即座に拒否された注3。

注3　イギリスは、この時期重大な局面に立たされていた。フランスが降伏し、ポーランド、オランダ、ベルギー、ノルウェーは、ドイツ軍に占領されていた。ヒトラーは「もう一度イギリスの理性と良識に訴えることは、私の良心が命ずる義務であると痛感する。この戦争を今後続行せねばならぬ理由はない。チャーチルが私のこの声明を一蹴するなら、今後発生する事態に関して、私は良心の責から免れる」と自信満々だった。最初の返事はすぐにBBC放送から発せられた。セフトン・デルマー局員は「ヘル・ヒトラー」とドイツ語でうやうやしく呼びかけ、しかし、それにつづいて、「提案は、悪臭を放つあなたの口のなかに投げ返します」と突っぱねた。この放送は、BBC放送独自の見解でおこなわれたが、イギリス政府も7月22日夜、和平提案を一蹴。ハリファック外相は「わ

れわれは自由を確保するまで戦いをやめない」と宣言した（『20世紀全記録』講談社　昭和62年9月）。

(2) アメリカの対英援助とヒトラーの戦略

チャーチル首相率いるイギリス政府は１９４０年5月10日以来、ドイツ軍優勢の前に絶望的な状態におかれていた。しかし、なお和平への道を選ばず戦争継続の決意を明らかにしていた。

焦ったヒトラーは、ドイツ国防軍にイギリス本土上陸作戦を命じ、ドイツ空軍総司令官ゲーリングは8月24日、イギリス空軍力の全滅をはかるよう司令。同国各地の飛行場を爆撃し、イギリス空軍は壊滅的状況に追い込まれた。ヒトラーは首都ロンドンへの爆撃を禁止していたが、ドイツ空軍機の1機が方角を失いロンドンを誤爆。翌25日、イギリス空軍機がベルリンを報復爆撃。ヒトラーは方針を変えロンドン爆撃を決定した。

この日ドイツ軍９００機による爆撃で、ロンドンは混乱の坩堝（るつぼ）と化し、多大の被害を被（こうむ）った。一方ドイツ空軍の損失も大きく、9月15日にはイギリス空軍の迎撃戦が功を奏しロンドンへの侵入は阻（はば）まれ、ドイツは制空権を奪うことができず間もなくイギリス上陸作戦は事実上中止に追い込まれた。ヒトラーは10月中旬、対英上陸作戦を翌年の早春まで延ばす秘密決定を下した。しかし、ドイツ空軍のイギリスへの空爆はその後も続けられた。

きわめて厳しい局面にある「イギリスの戦い」[注4]を支えたのはアメリカの援助であった《9月3日同国政府は、英帝国内に基地を租借する代償として駆逐艦50隻を譲渡するなどの米英防衛協定に調印》。アメリカ政府は、ドイツとイギリス・フランスの開戦直後に中立宣言（１９３９・９・５）をしたが、11月に入り中立法[注5]を改正し武器禁輸を撤廃し対英援助に乗り出していた。

注４　この１カ月にわたる「イギリスの戦い」は、イギリス空軍がドイツ空軍のロンドン進入を阻み、制空権を守り抜いたことで第二次世界大戦の西部戦線における転機となった。

注５　１９３５年の中立法は、武器および戦争用具をいかなる交戦国、または交戦国に再輸出するいかなる国にも売ることを禁じた。また、アメリカの船舶が交戦国のため武器を輸送することも非合法とした。さらに、１９３７年の「新中立法」も同様にあらゆる交戦国への武器輸出を禁じた。また戦争が始まったときに、アメリカの特定の商品を買う際は、「キャッシュ・アンド・キャリー」（現金払い・自国船輸送）を原則とした。あくまで、アメリカは中立を維持し、戦争に巻き込まれるのを避けるという名目があった。しかし、欧州戦争はアメリカ政府にとっても、もはや対岸の火事ではなくアメリカ世論も英仏への単なる同情ではなく具体的援助の声となってきた。

アメリカは、ヒトラーとたたかうイギリスに武器援助を決断するまでに、時間を費やしていた。同国政府は、中立法がヒトラーの侵略外交を間接的ながらも力づけているのでないかの批判にどう応えるのか。政府・国民にとっても悩ましいことであり、中立法をどう改正するか焦眉の急であった。

ナチ・ドイツの脅威を説くルーズベルト大統領は、１９４０年７月、海軍増強法を成立させ、合衆国初の選抜徴兵法を公布し（９・16）国防態勢の強化を図った。そして11月、大統領三選という偉業を達成。年末29日の「炉辺談話（ろへんだんわ）」[注6]で、「今日、アメリカ文明は……最大の危機にさらされた。……われわれはデモクラシー諸国の兵器廠たらねばならない」と全米国民に訴えた。

注6　12月29日、アメリカ大統領のルーズベルトは、ラジオをとおして全国民に、戦争にかかわる重大な決意を表明、国民にその支持や協力を呼びかけた。ルーズベルトのよく響く声が流れると、国民は耳をかたむけ聞き入ったという。炉辺談話は、アメリカ国民を戦争へと奮い立たせる契機となった。

これは、三選後のルーズベルトがチャーチルの要請をうけて、イギリスへの援助方針を全国民に強く訴えるものであった。同時にイギリスと交戦中の独・伊のみならず、仏印進駐[注7]を強行した日本に対する警告でもあった。

注7　１９４０年9月22日、仏印のハイフォンで日仏印軍事細目協定に調印。23日、日本軍が北部仏印に進駐を強行。同日、ハル米国務長官は、脅迫による仏印の現状変更を不承認との声明をだした。

ルーズベルト大統領は、〝民主主義が危機〟に瀕していること、そして脅かされる民主主義への連帯を熱っぽく国民へ語りかけたこともあり、アメリカ国民世論も徐々に変化。１９４１年3月11日、ついに武器貸与法を成立させ対英援助をいっそう活発にした。また、米英参謀部会議（40・7・12設置）が開かれ、日独伊との戦争の際の基本戦略も討議された。フランスの敗北と三国同盟の成立は、アメリカを臨戦体制にふみきらせたのである[注8]。

注8　アメリカとしては、主要な敵はドイツとする「ドイツ第一主義」が承認され、日本との関係は対独戦を考え、できるだけ破局を回避しようとしていた。しかし、三国軍事同盟の締結はアメリカ対象であり、もはや日本は親米・協調外交にはもどらないという判断をアメリカに抱かせたのである。

(3) ヒトラー、アメリカへの牽制――日独伊三国同盟――

ヒトラーは、「イギリスの戦い」(9・15) に事実上敗退したことから、アメリカの対英援助を牽制し、ヨーロッパへの介入を阻もう (日独伊の同盟結成) としていた。

ヒトラーは、1940年8月から日独伊三国同盟の成立を急ぎ、9月27日ベルリンで日独伊三国同盟条約を成立させた。調印式はヒトラー総統官邸で、27日午後1時15分に行われた。

三国同盟は、前年の独ソ不可侵条約の成立で一時中断されていたもので、日独伊防共協定の強化交渉の延長線上にあった。これは第二次近衛内閣が早々に決定した大本営政府連絡会議の「世界情勢の推移に伴う時局処理要項」(7・27) に示された、支那事変の処理とからめた対南方武力行使が定められたが、そのために独伊との結束強化をはかる〈対米開戦は回避〉方針に沿うものであった。

条約の内容は、ヨーロッパと「東亜」における新秩序建設に関する指導的地位の相互尊重、新たな外国からの攻撃に対する、政治的・経済的・軍事的な相互援助が主な柱となっている。同盟の事実上の仮想敵国はイギリスであり、この条約締結によって、英米との関係悪化が懸念されたが、松岡洋右外相はアメリカ参戦への牽制のねらいを重視し、「虎穴にいらずんば、虎児を得ず」との強行姿勢で三国軍事同盟条約の成立を促し、この調印式に臨んだのである。

第9章　日本と米国——太平洋戦争への道——

1　南進政策への転換とアメリカの対応

1939年8月23日の独ソ不可侵条約の成立に、日本政府は茫然自失かと思われるほど驚き、国際情勢の見通しを全く失い〈平沼騏一郎内閣の瓦解〉、9月にはじまった欧州戦争に関しても静観することで形勢を見ていた〈阿部信行（陸軍大将）内閣（1939・8・30〜40・1・14）は、大戦への不介入を声明〉。40年に入り、ドイツがオランダ・フランスを屈伏させ、イギリス本土への上陸も予想されるというドイツ優勢情報に幻惑され、日本の支配層〈強硬派〉はドイツに接近し、《北進論を一時棚上げにした陸軍》は南進策を具体化し始めた。ナチ・ドイツの《電撃作戦》の相次ぐ勝利に、南方進出が容易に実現できると踏んだからであろう。それは、ヨーロッパ戦がおこなわれている最中での好機到来〈戦争継続中にドイツと同盟を結び、戦後の植民地再分割にむけての発言権を確保する狙い〉であった。

経済の底の浅い日本にとって、日中戦争の長期戦に備えるためにも、また、経済の対米依存から脱するためにも、南方に進出して資源・軍需物資を獲得し、さらに勢力圏を拡大することは以前にもまして強硬であった。

親独的な第二次近衛内閣（1940・7・22〜41・7・16）は、7月26日「基本国策要綱」を閣議決定し、「東亜新秩序の建設」を謳い、独伊との連携・対南方武力進出の方針を決定した注1。ここに、太平洋戦争への伏線が決定されたといえよう。

注1　米英協調派の米内光正（海軍大将）内閣（1940・1・16〜7・16）を総辞職に追い込んだ第二次近衛内閣は、強硬派の東条英機陸相と松岡洋右外相をそろえた。初閣議で大東亜新秩序建設の『基本国策要綱』をさだめ、大本営との連絡会議で、『世界情勢の推移に伴ふ時局処理要綱』を決定した（7・27）。このとき、支那事変の処理にからめて対南方武力行使（南進論）が国策の基本となり、そのために独伊との結束強化、対米戦の回避を打ち出した。その3カ月後に仏印に武力進駐を強行した（前章第5節の注7、8を参照）。

アメリカは、1939年7月26日、米国務長官が日米通商航海条約の廃棄を通告、40年1月26日失効。40年7月26日、米大統領、石油・屑鉄を輸出許可制適用品目に追加、10月26日屑鉄禁輸の制裁措置をとる。イギリスは、10月8日「援蒋ビルマ・ルート」の再開を通告。40年に米英が決定した対中国借款案は、それぞれ1億9500万ドルと1000万ポンドに達する。

当時の日本の状況を振り返っておきたい。政府・軍指導層は、戦争の場合相手は「極力イギリスのみに極限」し、対米戦には備えつつも回避に努めることとしていた。それは、日本の南進策をアメリカが黙認してくれることを期待してのことであり、また、米英間の提携がそれほど強いとの認識もなかったようだ。こうした指導層の分析・判断がいかに甘いものであったか、間もなく思い知らされることになる。

ルーズベルト大統領は、矢継ぎ早にアメリカの立場を内外に示し（1940年7月海軍増強法成立、9月16日選抜徴兵法公布）ながら、年末の12月29日、「炉辺談話」[注2]という新しい手法（ラジオ）で全米に民主主義の危機を訴え国民へ結束を呼びかけた。

注2　12月29日、ルーズベルト大統領は、「新秩序とは全人類を支配し奴隷化するための権力と金力との非神聖同盟」であると批判し、「アメリカは民主主義の偉大な兵器廠にならねばならない」と全国民に発表した。

一方日本政府は、総力戦準備のために「新体制」の樹立を急ぎ、ナチにならい一切の政党を〝自主的〟に解散させ大政翼賛会（40年10月12日発会式）をつくり、労働組合を解消して産業報告会、大日本婦人会を組織し、居住地には隣組制度（部落会・町内会）[注3]を強制するなどして、あらゆる手だてをもって全国民を戦争協力の総力戦体制に組み込んでいった。

注3　9月11日、内務省は、部落会・町内会・隣保班・市町村常会要綱を府県に通達した。

新方針に沿い、1940年9月13日オランダ領東インドに経済使節が派遣され、石油資源をはじめ重要物資の供給をめぐる交渉が開始された。23日、北部フランス領インドシナ（現在のヴェトナム北部ハノイ・ハイフォンを中心）に武力進駐が行われた（22日に、日仏印軍事細目協定成立。

日本海軍陸戦隊のサイゴン市中行進：1940年９月仏領インドシナに軍事進駐を行った日本軍は、翌41年７月、南部にも進駐し、国際情勢は急速に悪化した。

三国同盟の成立：９月27日夜、外相官邸で祝杯をあげる松岡外相（中央）とオットー・ドイツ大使（右）、インデルク・イタリア大使（外相の背後）

アメリカの対英武器援助：ルーズベルト大統領（前列左）は、1941年１月６日の議会において、「われわれはイギリスに対し、もっと多くの船舶・戦車・弾薬の武器援助をおこなうべきだ」と演説し武器援助法の成立を提議した（『世界史大系 16』誠文堂新光社）。

インドシナは、日本軍と仏印当局の二重支配下におかれた）。

１９４０年9月27日、ついに日独伊の三国軍事同盟（9・19御前会議で決定）。ベルリン・東京・ローマ枢軸[注4]が締結され、日本の運命がはっきりとドイツ、イタリアと結び付けられた。同時に、アメリカの対日外交は松岡外相のアメリカ牽制のねらいとは裏腹に進み、上述したように明らかに米は硬化し対日経済制裁[注5]が日を追って強化されていった。

注4　三国同盟の第3条に「三締約国中イズレカノ一国ガ、現ニ欧州戦争マタハ日支紛争ニ参入シ居ラザル一国ニ依テ」攻撃されたときは、三国はあらゆる政治的・経済的・軍事的な方法により相互に援助を行うことを約束。一国とは、第5条のソ連への適用除外からみて、アメリカであることは明白である。日本は、三国同盟でもってアメリカを抑制しようとしていたが、アメリカはヨーロッパの戦争に早く介入するためにも、三国同盟を有名無実化することを狙っていた。ルーズベルト大統領も松岡外相もこのことは十分意識していたことだろう。

注5　アメリカは、日本の南進行為に対する警告措置として、1940年7月から航空用ガソリンの対日禁輸を実施していたが（8月1日石油輸出全面禁止）、仏印への武力進駐に対して、屑鉄の全面輸出禁止の制裁措置を実施し、日本に大きな打撃を加えた。

なお、蘭印石油の確保を求める要求交渉は、翌41年1月2日から再開されたが、蘭印政府との交渉は進まず、日本側の最大の要求である航空機燃料の輸出については、アメリカの介入もあり蘭印政府はまったく応答しなかった[注6]。しかし、石油採掘利権や輸入物資の項目に妥結を見た品目もあったが、軍部の主張により調印にはいたらず。当時軍部は独ソ戦が間もなくであろうという情報を入手。これに呼応して武力行使をふくむ南方施策の強行を企図していたというが、それは経緯をみれば明らかである（40・7・27武力行使を含む南進政策決定、41・4・17陸海軍による「対南方施策要綱」を提示）。

注6　米の対日経済制裁により石油供給が懸念されるなか、米への石油依存を脱するためにも、南方からの石油資源獲得は焦眉の急とされ、蘭印との石油供給交渉（日蘭会商）が1941年7月まで続けられた。しかし、日本側の要求どおりにはまとまらず、同年7月28日、日蘭石油民間協定は停止された。
40年9月からの交渉団は、次のとおりである。「日本側代表使節：小林一三商工大臣（40年10月20日召還）、民間石油交渉団代表：向井忠晴三井物産会長。蘭印側交渉代表：ファン・モーク蘭印経済長官、石油交渉団：蘭印現地石油会社の役員及びロイヤル・ダッチ・シェル、スタンダードから4名を派遣」（『戦前期日本の海外石油確保と蘭領東インド石油――日蘭石油交渉と蘭印の対日石油輸出方針を中心に――』張 充貞氏 2013・7・27、早稲田大学「第5回日本経済史セミナー」）日蘭石油交渉は、当局の思うように運ばなかったが、「日本・蘭印間の石油契約は履行されず成約量135万5500トンのうち、実際に日本に輸出されたのは、1941年7月までの船積み分の90万トン」であったという（上記書）。

2　日蘭石油交渉

――麻生副総理の「ナチスの手口をまねたら……」発言（2013年7月29日）から3年余、この間の安倍政権は、特定秘密保護法はじめ、集団的自衛権の行使容認の閣議決定、安全保障関連法（戦争法）の成立など、いずれも民意を踏みにじって強行採決・成立させてきた。全く民意を省みることなく、立憲主義を否定する政治手法は、麻生発言の「ナチスの手口云々……」の本音を十分に裏付けているようだ（麻生発言は、8月13日の持ち回り閣議で不問にされた）。

さて、この間の沖縄の辺野古、東村高江における政府の一連の強圧的行動をみるにつけ、日本の民主主義がいかに危機的状況にあるかを痛感させられる。去る2016年8月20日、東村高江のヘリパッド工事抗議行動の現場にいた警察が、取材中の記者2名を拘束し強制排除した事例である。この件について政府は、現場での十分な事情聴取も行わず検証もされないまま、「県警においては警察の職務を達成するための業務を適切に行っており、報道の自由は十分に尊重されている」と返答し、問題ない対応であったとする「政府答弁書」を閣議決定（10・11）した。実にお粗末かつ不誠実な対応に唖然とさせられた。この件は、報道の自由、国民の知る権利を侵害するものであり、直ちに政府答弁書の撤回を求めたい。

こうした沖縄住民の抗議行動を強制排除する政府の姿勢は、1950年代、アメリカ占領時代の沖縄の島ぐるみ闘争《米軍の弾圧・言論統制》を彷彿とさせるものがある。多くの沖縄県民が米軍政と日本政府がオーバーラップして見えたのではないか（島ぐるみ闘争：米軍の強制的土地接収、軍用地料の一括払いや新規の土地接収に反対して行政・議会・地主・住民が立ち上がり、米軍政におこなった一連の抗議行動）。政治権力を振りかざし沖縄の自治的行動を規制し、法秩序をやぶっているのは一体どこの政府かと糺したい。

また、報道の自由、知る権利に関しての大問題は、大手マス・メディアの対応・姿勢である。上記沖縄の件も然りだが、波風が立たないようにオブラートに包むか、無視して報道しないか、相当萎縮した報道ぶりである。特に、安全保障に関する《南西諸島への自衛隊配備、米軍・自衛隊基地での子どもたちへの軍事教練(?)、高校生への自衛隊の違法な勧誘活動他》各地の問題はほとんど報道されない状況である。マス・メディアの役割を放棄しているのではないか。マス・メディアが萎縮し権力側の言い分しか報道しなかった暗い時代（戦前・戦中期）を常に念頭においてもらいたいと思う。

――日本の秘密保護法は、「国際原則からも逸脱・違反し、米国の同盟国の中でも最悪のものだ」と批判し「21世紀最悪」の法律と指摘したのは、元NSC（米国家安全保障会議）メンバーのモートン・ハルペリン氏である。2014年5月8日に来日、秘密保護法制定への「米国の関与」の有無《〈アメリカから圧力はかけてない、日本政府の口実だ》、「秘密法」は、安全保障と知る権利についての国際的なルールである「ツワネ原則」から逸脱している。などと各地で講演した。（法政大 五十嵐仁氏 報告文より抜粋）

前回ふれた日蘭石油交渉（日蘭会商）について話をもどしたい。強硬なアメリカの対日経済制裁政策にどう対処するのか。この件は日本の動向を左右する大問題であり一刻の猶予も許されないことであった。特に海軍にとって石油は〈作戦上〉死活問題である。日蘭交渉の結果は妥結にいたらず1941年7月28日、日蘭石油民間協定は停止された（前項参照）。

ではなぜ、焦眉の急とされた石油資源獲得交渉は決裂し停止に追い込まれたのか。その間の経緯、事情を見ておきたい（蘭印に対する有田外相声明〈1940・5・11〉については省く）。

第二次近衛内閣は重要資源を外交で確保し、輸入を図るべく蘭印への使節団を派遣することにした。40年8月石油資源獲得の交渉団が蘭印に派遣され、9月12日蘭印政府と現地バタビアで交渉が開始された[注1]。《日蘭会商は石油、ボーキサイト、ゴム、錫（すず）、ニッケル鉱などの重要物資の確保と日本人の入国や企業問題などを目的とした総括的な交渉であり、重要物資の品目数は交渉の過程で増加された》。

注1　蘭印（総督）政府は、当時イギリスに亡命していたオランダ政府の指示によって動いていたので、植民地政府としては弱い立場にあったが、ドイツとは敵対関係にあった。三国同盟の締結に蘭印が大きなショックを受けたなかで交渉は始まった。小林団長は三国同盟について「米国が参戦せば日本もドイツにに味方して戦争に引き込まれる惧れあり。之を避けんとせば、日本と蘭印と固く握手することにより米国をして参戦を思ひ留らしむる要あり」と発言。これに対して、モーク長官は「ドイツの敗戦こそ太平洋の平和維持に必要にして、蘭印はこれを希望しかつ、固く信じ居るものなり。本国を蹂躙せられたる蘭印はドイツとの交戦国であり、敵と同盟関係に入りたる国がいずれの側に居るやは明確にしてオランダ本国の将来より判断して、いずれの国がドイツ側なりやを決定せざるを得ず。此の点、日本側とは見解を異にして、蘭印の立場は明瞭なりと謂ひ得べし」と答えた。

交渉は小林一三代表（団長・商工大臣）（民間からは、三井物産の向井忠晴が石油業者代表として派遣された）と蘭印政府のファン・モーク長官との間でおこなわれたが、日独伊三国同盟の締結（9月27日）によって蘭印側が硬化し、また日本側の過大な要求をめぐり具体的交渉は暗礁に乗り上げてしまった。10月16日「三国同盟は日本と蘭印の友好関係を阻害するものではない」との共同コミュニケを出し、小林代表は10月21日帰国の途につき交渉は中断した。一方、向井石油業者代表の交渉は11月に一応の妥結をみたが、石油の対日供給量は日本側の要求とはかけ離れており満足いくものではなかった。

政府は10月25日、蘭印が「いかに資源豊富な地域であり、広大な未開発の地であるか。蘭印との経済的関係を密にしてここを開発して大東亜共栄圏に包摂したい」と閣議決定[注2]した。11月下旬政府は小林代表の後任として芳澤謙吉元外相（団長）の派遣（同行者は山田文雄太平洋協会調査部長（元東京帝大教授）、伊藤與三郎三井物産常務取締役（向井忠晴会長の後任））を決定し、蘭印に会商を一方的に中止しないよう要請。12月28日芳澤代表はバタビアに到着、翌1941年1月2日から交渉を再開した。日本側現地代表の石澤豊蘭印総領事は16日、日本人の入国制限の緩和と各種事業参加の便宜、営業・貿易上の制限緩和、交通および通信の便宜など網羅した第一次要求事項を提示した[注3]。

注2　蘭印（現インドネシア）に対する日本の立場は、「世界新秩序ノ進展ニ伴フ経済圏発生ノ必然ニ日独伊三国条約ニ基ク皇国ノ蘭印ニ於ケル優位ヲ確認シ共存共栄ノ大局的立場ニ基キ速ニ蘭印ト経済的緊密化ヲ図リ以テ其豊富ナル資源ヲ開発利用シ皇国ヲ中心トスル大東亜経済圏ノ一環タル実ヲ挙ケシメンコトヲ期ス」（40年10月25日閣議決定）

注3　「天然資源ニ富ム蘭印ノ広大ナ領域ノ大部分ハ人口甚タ稀薄ニシテ未開発ノ儘ナルヲ以テ広範囲ニ亘リ開発ヲ必要トスル状態ニアリ是等地域ノ開発カ啻ニ蘭印ノミナラス日本ニ対シテモ利益ヲ齎ラス……」（41年1月16日の第一次要求）

ところが、21日の松岡洋右外相発言がこの交渉に水をさすことになった。第二次近衛内閣の組閣直前の荻窪会談[注4]で合意された「英仏蘭葡植民地ヲ東亜新秩序ノ内容ニ包含セシムルタメ」の文言が、基本国策要綱（40・7・26閣議決定）では「大東亜ノ新秩序ヲ建設」と記されている。松岡外相はこれを、〝大東亜共栄圏〟という言葉で国策を説明した前歴がある。政府要人としてはじめて〝大東亜共栄圏〟という言葉を用いた。これは首相近衛文麿の年来の思想と合致するものであった。

注4　荻窪会談：1940（昭和15）年7月19日、近衛文麿は、組閣前に荻窪の近衛別邸・荻外荘に松岡洋右（外相候補）・東条英機（陸相候補）・吉田善吾（海相候補）を呼び、次期内閣の基本政策を話しあった。ドイツがヨーロッパを制覇しつつある世界情勢に対応しながら、日独伊三国同盟を結び、それを背景に武力を行使してでも東南アジア《英仏蘭葡の植民地》を東亜新秩序に包含することを申し合わせ、そのための戦争準備、統制経済の実施等を確認した。その内容が「荻窪会談覚書」である。

松岡外相は1941年1月21日の第76議会で、事もあろうに蘭印・仏印・タイを「大東亜共栄圏」に包摂すると演説した。この松岡外相演説に蘭印政府は強く反発し、2月3日「日本が蘭印を仏印やタイと同列において総括的な指導権を主張することは承服しがたい。対案提出も再検討したい」として日蘭会商（石油交渉）は停滞した。

蘭印は〝国防上の安全が原則〟であると日本の要求を突っぱねたのである[注5]。《蘭印側からすれば、日本の指導権云々に警戒感を持ったのは当然と思われる》。2月6日芳澤代表は松岡外相に交渉の困難を説き、「結局武力によらざれば蘭印を東亜共栄圏の一員たらしむること不可能なるや思考せらる」と打電した。しかし、武力行使は英米との関係から到底不可能。またアメリカの対日禁輸措置の強化を考えると、とにかく蘭印から重要物資をいかに多く輸入するかが急務であり、松岡外相はさらに交渉の継続を指示した。

4月17日、大本営陸海軍部は日本の当面する対南方施策の目的を「帝国の自存自衛の為速やかに総合国防力を拡充するに在り」とする「対南施策要綱」を策定。時同じくして芳澤代表は第二次要求案を提出することになった。

注5　蘭印政府は〝国防の安全が原則的〟であることを述べ、「住民利益の擁護、外国権益の優越的地位の否認、利益経済活動の防止」であると回答し日本の要求を拒否した。また対日警戒を強めるアメリカの蘭印への牽制もあり交渉は難航した。

3　第二次日蘭石油交渉とその決裂

――またも、差別的言動が繰り返された！　今にはじまったことではない。歴史的に繰り返されてきた構図がある。沖縄差別にとどまらず、外国人差別も然り。こうした差別的言動が続くことに日本政府はどう対応しているのか、あらためて糾したい。《大阪府警の機動隊員の「土人」発言、鶴保庸介沖縄担当相が「土人」発言は「差別であると断じることは到底できない」と11月8日の参院内閣委員回で答弁》。（2016年11月21日）

(1)　強硬姿勢の日本指導者――松岡外相の外交路線窮地へ――

1941年初頭から日・蘭印石油交渉（『日蘭会商』）が続けられているなかで、1月8日東条英機陸軍大臣は「戦陣訓」注1を示達。また、国内の防諜体制と言論統制を強化するために「国防保安法」注2（3月7日）が公布された。4月13日、松岡洋右外相が主導する日独伊ソ四国ブロック論にもとづいて「日ソ中立条約」注3が締結された。これは松岡がソ連を本気で三国同盟に引き込もうとするものであったが……。

注1　戦陣訓：1941年1月8日、陸軍大臣東条英機が「最精強の皇軍錬成」を目指すため、全陸軍に対して「戦陣訓」を示達した。教育総監部が起草、島崎藤村・土井晩翠らも参加して作成。序文と本訓其の一（第三軍紀・第六攻撃精神・第七必勝の信念など）、其の二（第一敬神・第二孝道・第四戦友道・第七死生観など）、其の三（第一戦陣の戒・第二戦陣の嗜）、結びの合計3000字からなっている。本訓其の二、第八は、よく知られた一節「名を惜しむ」の「生きて虜囚の辱を受けず、死して罪過の汚名を残すこと勿れ」である。これは捕虜になることを禁じたものであり、大戦中の玉砕や将兵・市民の自決を生み出す原因となった。陸軍当局としては、ノモンハン事件や日中戦争などで捕虜がでたことに対する防止策であり、将兵の士気を維持するためのやまれぬ方策であったと思われる。

注2　国防保安法：41年3月7日公布。第一章　罪（第1条～第15条）、第二章　刑事手続（第16条～第40条）の全40条からなり、朝鮮、台湾および樺太にも施行。要は国防上外国に対し秘匿している事項（国家機密）を外国にもらしたり、公にするものは処罰するという法である。何が国家機密であるかは具体的に示されておらず当局（政府）の判断次第ということ。

注3　日ソ中立条約：日米交渉中の4月13日、南方進出を目指した日本は、ドイツのバルカン進出に備えたソ連と相互不可侵・中立維持を約束した。条約は5カ年の期限付きで松岡外相とスターリン首相との間でモスクワで調印された。スターリンは、日独から挟み撃ちされるのを恐れ、日本が南進策をとればソ連が東西の両戦争から避けられると判断し、松岡は北方の安全をはかって南進策を進めようとしたのである。

松岡外相の強硬発言は、蘭印との石油交渉（重要物資の輸入交渉）でも顕わになった。日ソ中立条約成立3日後の4月16日、懸案の日米交渉[注4]が正式に始まった。ところが、4月22日ソ連から《意気揚々と》帰国した松岡外相[注5]は、《日米諒解案》は独伊との信義に反するものと反対した。近衛首相はじめ陸軍の指導者の説得も及ばず、26日の帰朝報告演説会で松岡は「現内閣の対外政策の推進は弱体だ」と非難し、これを速記したパンフレットは発禁となるという騒動をおこした。また、松岡は近衛首相をさしおいて頻繁に天皇へ上奏する行動へとエキサイトした。これは明らかに「松岡内閣への布石（?）であり天皇の不興をかうこと」になった。

注4　日米交渉：米国務長官ハルは、駐米大使野村吉三郎に民間私案の「日米諒解案」を交渉の基礎として提議した。海軍大将の野村を駐米大使にしたのは、松岡洋右外相である。三国同盟の反対論者であり、松岡外交コースにも反対であった野村が駐米大使を引き受けたのは、日米戦争をぜひとも避けたいという海軍の意向に押されたといわれる。野村はルーズベルト大統領とも親しかったという。

注5　松岡外相は、帰国して大橋外務次官から日米交渉の経過を伝えられ「外相の留守中に謀略的工作を進めるとは何事か」と怒った。同夜開かれた連絡懇談会では、松岡外相はこんな弱音には同意できないと中途で退席し、近衛首相や武藤軍務局長の説得にも耳をかさなかったという。彼のこれまでの意向は、ヨーロッパ戦線はドイツの圧倒的勝利と確信し、もって日米交渉も三国同盟と日ソ中立条約の圧力で解決できると踏んでいた。

こうした松岡の反対で大本営政府連絡懇談会*は大幅に遅れ5月3日にようやく再開されたが、結局、松岡の意見を入れアメリカへの提案は、「三国同盟の軍事的義務を強調し、日本が武力で南進しないとの条件などを削る」大幅な修正となった。

*大本営政府連絡会議：1937年11月24日初会議。大本営と政府との間で協議するために設置された会議。参謀総長・軍令部総長・陸海軍大臣・首相・外相・企画院総裁（国務大臣）などで構成されたが、蔵相や担当閣僚、参謀次長・軍令部次長なども参加するようになった。名称を大本営政府連絡懇談会〈40・11・24〜〉、大本営政府連絡会議〈41・7・21〜〉、最高戦争指導

会議〈44・8・4～〉と変えた。

(2) 第二次要求案への蘭印側回答

第二次日蘭会商（1941年1月2日）
写真左から2人目・芳澤謙吉蘭印経済交渉特命全権（元外務大臣）、同3人目・チャルダ・ファン・スタルケンボルグ蘭印総督、同4人目・石澤豊バタヴィア総領事

さて、日蘭石油交渉は、1941年2月17日から3月1日まで、石澤総領事とホォーフストラーテン通商局長との間で予備交渉が行われたが、日本側の強圧的態度に蘭印側は強く反発していた。日米交渉開始の翌4月17日、日本側の第二次要求案を芳澤代表が蘭印側に提出。この4月17日は、大本営陸海軍部が「対南施策要綱」をまとめた日である（第二次要求案の提出5月14日説あり）。20日に日本側は次のような具体的買い付け案をだした。例を挙げると、石油は200万トン（前年11月に合意の380万トンを200万トンに引き下げた）、生ゴム2万トン、錫（含鉱石）3千トン、コプラ（椰子油）2万5千トン、ボーキサイト鉱40万トン、ニッケル鉱

18万トンなどである（対象物資は、屑鉄、クローム鉱、タングステンなど40品目以上になる）。

一般問題の交渉が難航しているなか、国内には資源の在庫が少なくなり蘭印からの重要資源確保が絶対的となっていた。つまり、１９４１（昭和16）年度の物資動員の計画（国家総動員法によって、軍需生産に物資を集中させるために実施された物資の年間需給計画。4月4日に第一四半期の実施計画を決定した）が立てられない状況にあった。

６月６日、一般問題と重要資源の供給量に対する蘭印側の回答が出された。一般問題については「日本の蘭印に対する特殊的地位は認めない」とする立場が貫かれており、わずかに、蘭印に駐在する日本人向けの医師（除歯科医）の入国が認められただけだった。日本が最重視していたのは、石油の供給でありその権益であった。以下政府が閣議で了解した交渉方針である（筆者が要約）。「(1)新鉱区：ボルネオを第一目標、タラカン島の対岸約5万平方キロと日本ボルネオ石油が試掘中のカリオラン鉱区に隣接する地域。(2)既設鉱区：スマトラとジャワに現行鉱業法が施行前に付与された鉱区での生産中の油田および未開発の油田も対象。(3)会社の買収：英米系以外の蘭系石油会社を対象とする」というものであった（蘭印に対する日本の立場は、40年10月25日閣議決定 前項P232注2、41年1月16日第一次要求 同注3参照）。

これに対する蘭印側は、「①ボルネオ島の東岸サンクリラン地方27万８千ヘクタール ②将来の供与鉱区として同サンクリラン地方マンカリアット半島 ③将来の優先的交渉権保有、セレベス中央部東岸のバンガイ鉱区16万３千ヘクタール ④将来のニューギニア（同島西半分）北東部」とする回答であった。日本側の方針・意向とは随分かけ離れた回答であった。石油他鉱物資源などの蘭印側の最終回答をみると、石油２００万トン（当初の要求１００万トン）、錫３千トン（当初の要求3千トン）、ゴム１万５千トン（蘭印は当初2万トンを認めていたが、5千トンの減）、マンガン鉱６千トン（要求2万7千トンから大幅の減量）、ボーキサイト24万トン（当初の要求20万トン）、ニッケル鉱15万トン（当初の要求15万トン）、ひまし油当初の要求４千トンが６千トンへ増量、キニーネ６００トン（当初の要求どおり）など、以上が蘭印側の最終回答である。

この回答に、日本側が問題としたのは、「石油輸出の増量は、日本の輸入業者と蘭印の石油会社との交渉に待つべき事項であって、蘭印政府は石油資源の現状では生産量の増加は困難とみている」ということであった。１９４０年5月から最終回答の1年の間に、結果としては全体的に増加しており蘭印側の回答は評価できるものであった。しかし、日本側が注目したのは、ゴムが5千トンも減ったこと、また、マンガン鉱が2万7千トンから6千トンと大幅に減少したことで不満があった。これは、蘭印側がこれらの物資を日本がドイツへ再輸出することを警戒したためという。

日本がさらに問題としたのは、この回答量が１９４１（昭和16）年1月から12月の供給量であり、同年6月の段階ではそれまでに供給された量も含まれていること、そして、物資の供給は「オランダ王国及びその同盟国に有害にならず、オランダ政府の判断により認める限り」との条件がついたことである（論文「戦争と石油(3)――『日蘭会商』石油禁輸へ……P78　岩間　敏氏）。

1941年6月7日、芳澤代表は、「蘭印回答をそのまま受諾することは到底不可能である」と政府に請訓した（請訓：外国駐在の大公使・使節などが本国政府に訓令を請うこと）。

(3) 交渉の終結へ

6月14日、松岡外相は、11日の連絡懇談会の決定にもとづき芳澤代表に交渉の打ち切りと代表部全員の引き上げを訓令（外務本省は芳澤代表の請訓に、「蘭印の回答には応じられない。蘭印に再考の余地がなければ会商を打ち切るように」と指示した）。

6月17日、芳澤団長はチャルダ総督を訪ね、総督の再考不可能を確認すると、交渉（日蘭会商）の打ち切りを通告した。会談後「今次会商の不調によって、日蘭間の正常な諸関係に何らの変化を及ぼさない」との共同コミュニケを発表した。後に、年表に記された「1941年6月17日、蘭印特派員大使芳澤謙吉、蘭印総督に交渉打ち切りを伝達（石油交渉は継続）」（『近代日本総合年表』P326）である。なお、以後の折衝は現地の石澤総領事があたることになった（『太平洋戦争史4』歴史学研究会編　『日本外交文書　第二次欧州大戦と日本』外務省）。

では、なぜ焦眉の急とされた石油資源・重要物資が得られないまま交渉を打ち切ったのか。そこには、交渉前後に軍部からの圧力や松岡外相の強硬外交路線もあり、第一次交渉団の小林代表の戦術上の失敗もあるが、第二次交渉のあり方にも大きな問題があったのではないかと思う。

通常であれば重要な資源がある程度確保されたので、これで戦略的にも矛を収めるべきであると思われるが、しかし、日本側は交渉を決裂させた。この最終回答が出される前の5月下旬に次のようなことがあった。松岡外相は駐英大使クレーギーを外務省に呼び、難航している日蘭会商の斡旋を依頼した。その席上で松岡は、特に蘭印側がゴムの輸出量を減少させたことに対して、〝蘭印の如き弱小国が日本に対してドイツに再輸出しないとの保証を要求するとは、蘭印の増長を示すものにして、大国日本に対してヒューミリエーション（屈辱）なり。日本は断じて保証を与えず〟と断じた。これに対して、クレーギー大使が〝蘭印が対独再輸出をしない旨の保証を要求するのはビジネス上、止むを得ない〟と発言すると、松岡外相は〝ビジネス上もけしからん〟と応じ、大使が日本のゴムの需要量を問えば、外相は〝回答の限りにあらず〟と答えている。

(4)　松岡外相の言動

繰り返すことになるが、日蘭石油交渉は、1年余の時間と交渉を経て一定の石油資源・重要物資の獲得にこぎつけた。しかし、日本側の芳澤代表は要求を満たしていないとして、「蘭印回答をそのまま受諾することは到底不可能である」と政府に請訓し、松岡外相の訓令のもと蘭印側に交渉の打ち切りを通告し帰国した。最終回答直前に、松岡外相がクレーギー駐英大使に日蘭石油交渉の斡旋を依頼しながら、「大国日本に、蘭印の弱小国が、ドイツへの再輸出しない保証を求めたことに対し、ビジネス上もけしからん」と暴言を吐いている。

松岡外相とクレーギー大使のその後の会談で、松岡は次のようにも言っている。「万一、交渉が決裂して芳澤団長が引き上げることになると、抗蘭、ひいては排英熱も煽られることになる[注1]。よって、大至急オランダ及び蘭印政府に反省をさせるため貴国の圧力を用いられるよう、至急、本国政府に電報を発信して頂きたい」と要請した。大使は後日、外相を訪問して、「御依頼の件は、早速本国政府に伝達し、ロンドンに亡命中のオランダ政府と協議した。オランダ人は独立心が強い性質であり、『オランンダの見地より日本と折衝をしている』との回答で英国の好意的な斡旋は効果がなかった」と伝えた。さらに、「マスコミを使い圧力を蘭印に加へるような態度は独立心強いオランダ人を却って硬化させるので、穏やかに話しをする方が効果的である」と助言した（岩間 敏論文「戦争と平和(3)――『日蘭会商』石油禁輸へ」P78～79より）という。

注1　「日本の各新聞は、満足させるような回答は示さないと予想し、蘭側の不信を論難するプレスキャンペーンを展開した。」（外務相『外交文書第二次欧州大戦と日本』54文書）

当時、日本政府が蘭印政府にどう対応していたのか。石油交渉団の交渉のやりとりや上記の松岡発言からも政府の姿勢、日本外交の一端を知ることができる。

この間にも、6月10日付『機密戦争日誌』[注2]（大本営陸軍部戦争指導班）には、「日蘭交渉決裂せんとす。この際、仏印に対する軍事協定締結を促進すると共に仏印駐兵権を獲得すべし」（上記岩間論文）との既述あり。また、6月11日の大本営政府連絡懇談会で、芳澤団長の引き上げを命じ、調印はしない、交渉の余地を残すことを決定した。こうして日蘭石油交渉は決裂（6

月17日）し芳澤団長以下交渉団は帰国した。松岡は、間もなく外交の中枢から追われることになる。

注2　『機密戦争日誌』：大本営政府連絡会議の事務をも取り扱っていた大本営陸軍部戦争指導班（第二十班）の参謀が1940（昭和15）年から45（昭和20）年8月まで日常の業務を交代で記述した業務日誌である。参謀の貴重な体験や個人的な感情も書き加えられている。敗戦にあたり焼却指令が出されたが、一人の将校が焼却するのは忍びないとして隠し持っていた。様々な経緯を経て防衛研究所図書館に所蔵された。97（平成9）年12月から一般公開された（2008年　錦正社出版の帯裏参考）。

〈参考年表〉

6・21　ハル米国務長官、〈5・31案〉の訂正案および暗に松岡外相を非難するオーラル・ステートメント（口頭文書）を野村駐米大使に手交

6・25　政府連絡会議、南方施策促進に関する件を決定（南部仏印進駐7・23〜28）

7・2　御前会議、〈情勢の推移に伴う帝国国策要綱〉を決定〈対ソ戦を準備、南方進出のため対英米戦を辞せず〉。つづいて大本営、関東軍特別演習を発動、9月満州に70万の兵力を集中

7・16　第二次近衛内閣総辞職、18日松岡外相を豊田貞次郎海軍大将に代えて、第三次近衛内閣成立（閣僚14人中半数が軍人という戦時内閣）

7・23　南部仏印進駐（28日完了）

7・25　米国、在米日本資産を凍結（石油代金の決済不可能、事実上の石油禁輸）
7・26　在英日本資産凍結（日英通商航海条約破棄）
7・27　蘭印も日本資産凍結
7・28　蘭印、日蘭石油民間石油協定を停止（蘭印政府の輸出許可制の実施）
8・1　米国、日本を目標に発動機燃料・航空機潤滑油の輸出禁止（対日石油輸出全く停止）

第10章　独ソ戦——ドイツ軍の進撃と敗退——

1　独ソ戦開始

——懸念されていたオスプレイMV22が2016年12月13日夜、沖縄で墜落した。かつて、キャラウェイ高等弁務官は、沖縄の「自治は神話である」(1963年3月)と演説し、大きな波紋を投げかけた。沖縄返還後も侮蔑的発言は繰り返され今日にいたっている。今回の事故について米軍トップのニコルソン四軍調整官は、「沖縄の上空を飛ばず、沖縄の人々の多くの命を守った。最悪の事態で最善の決断をくだせたのは誇りに思う」と述べている(朝日15日付)。米軍政時代の発言同様、こうした発言が自由に飛び交うこと自体が問題である。政府の対応に、「法治国家」だろうかと言わざるを得なかった翁長知事!〈本土政府に、立憲主義はあるのか〉

沖縄の怒りが沸騰していることに、〝政府は誠実に応えるべき〟であり、〝本土の人はもっともっと真剣に考えてもらいたい〟。16年前、〝私たちウチナンチューに、いつまで待てというのか〟「基地はいりませんかー、お安くしときますよー、本土に買っていきませんかー」とパントマイムのおばぁの声がいまも消えることはない。

(1) 独ソ戦開始に翻弄される日本

１９４１年6月22日、ドイツ（ヒトラー）は突如、独ソ不可侵条約（39・8・23）を破ってソ連攻撃《＝バルバロッサ作戦注1》を開始した注2。

注1　神聖ローマ皇帝フリードリッヒ1世（在位１１５２〜90）の異名を「バルバロッサ＝赤ひげ」という。第三次十字軍に参加し東方遠征中に死去。政治的・軍事的に優れ学術の保護奨励に努め、中世のドイツ王中随一の人物として尊敬されたという。勇猛であったことからその名を利用（『年表要説世界の歴史』三浦一郎 金沢誠編著 他参考）。

注2　ドイツ軍３００万によるバルト海から黒海にわたる戦線で、突如ソ連邦攻撃を開始し独ソ戦が始まった。伊・ルーマニア（6・22）、フィンランド（6・26）、ハンガリー（6・27）が対ソ宣戦を布告した。

独ソ開戦に日本支配層（軍・政府・財界）は、大きな衝撃を受けた。それは前年の西部戦線の電撃戦（快進撃）同様に凄まじいものだった。松岡外相の日独伊ソ四国ブロック論の崩壊であった。ドイツの勝利を信じて、日ソ中立条約を結んだばかりの松岡外相はそれまでの南進論をすて、即刻対ソ開戦に踏み切ることを主張した。海軍注3の中堅層は、既定方針どおり対米英戦を決意して南進すべきと主張した。局面は東南アジアへの南進（侵攻）か、北方ソ連へどう対応するのか一刻を争う問題となり、《政府も軍部も戦略の見直しもないまま、またそういう余裕もなかったのだろう》第二次近衛内閣の外交戦略そのものを覆す事態となった。

注3　独ソ戦に先立って、海軍では武力南進策が有力になってきた。当時、中堅層の課長会議では対米開戦の主張が強く、突きあげられた首脳部も次第に同調するようになった。海軍では、1940年8月27日、陸海軍首脳会談の際における『時局処理要綱』に関連する「質疑応答資料」をつくっているが、その中で大本営海軍部は、「二、南方問題解決に対する海軍側の熱意」では「元来南方発展は海軍に於いて主張し来たれる所、目的達成の為に武力行使を決意するは極めて慎重なるを要す」と記し、「三、南方問題解決の為武力行使を決意すべき時機に関する海軍側の見解」には、対米英への武力行使するときの具体的な条件が記され、「九、米と開戦せる場合勝算　速戦なら自信あり、持久戦なら自信大ならず、米は持久的戦法にでる公算大　この為に外交、国内諸般の態勢を速やかに確立すべきを要する」との見解を示している。

(2) ヒトラーの対ソ戦決意、ソ連外交の失敗

ヒトラーのソ連攻撃は、ドイツ国民はじめ世界中をあっと言わせた。ヒトラーが対ソ攻撃を準備せよと国防軍へ最初に指令したのは、1940年7月であった。対ソ攻撃の議論はイギリス上陸作戦の計画と並行して行われていた。9月7日ドイツ軍はロンドンを猛爆撃、65日間にわたる夜間爆撃が行われた。しかし、イギリスの強固な防衛にヒトラーは秋の上陸作戦を断念。以後、翌41年6月まではバルカン制圧に力を注いでいた。これは対ソ戦の前触れであった。ルーマニア（40・11・23同盟に加入）、ブルガリア（41・3・1同）、ユーゴスラヴィア（41・3・25同）を同盟に引き入れ対ソ作戦へ備えていた。

一方、ソ連はドイツが西部戦線に専念している間に、40年6月28日にルーマニアの北ブコヴ

ィナとベッサラビアを占領。8月1～8日バルト三国（リトアニア、ラトヴィア、エストニア）を併合し、21日ブルガリア・ドブルジャ地方を、30日にはハンガリー・トランシルヴァニア地方を併合した。これは、ソ連（スターリン）の露骨とも言える外交戦略であるが、独ソ関係をさらに冷え込ませることになった。両国は、ポーランドを分割（1939・9・28）以後経済協力も進み親密な関係であったが、ソ連がルーマニアの北ブコヴィナとベッサラビアを占領したことが急速冷却化の始まりである。

ドイツがユーゴスラヴィアを加盟させた直後の1941年3月27日、ユーゴで反独的軍部のクーデターが成功。親枢軸政府が倒れシモヴィッチ政権が成立し、三国同盟への加入を取り消した。新政権は、4月5日ソ連との有効不可侵条約を調印。これにヒトラーは翌6日、電撃作戦でもってユーゴスラヴィアを攻撃し10日間でユーゴを制圧した（4月17日降伏）。また、同時にギリシアにも侵攻し3週間でギリシアを降伏させ（4月21日）、6月1日クレタ島をも支配した。ところが、バルカン制圧に予想以上の時間と戦力を消耗してしまい、ヒトラーの対ソ攻撃の開始を5週間も遅らせることになった。

この間、ソ連は4月13日、日ソ中立条約を結び独ソ戦勃発に備えた《中立友好と領土保全・不可侵を約す。日本は北守南進策の遂行に資するため。有効期間5年》。

ソ連は以前から安全保障上極力ドイツとの対立を避け、摩擦を解消することで両国関係は改善できると思い込んでいた。こうした消極的（受身の態勢）なソ連の対応を見定めて、ヒトラーは情勢展開の主導権を握ることになった。

ソ連の指導者が全くドイツ側の意図を察知できなかったわけではない。5月6日、スターリンが首相に就任し非常時態勢がとられた。しかし、もたらされたドイツ側の重要な情報注4は、「その攻撃時期や行動の判断・意味を誤ったため、重大な情報がすべて無視された」（『世界近現代全史 Ⅲ』大江一道著 P330）という。ここにソ連外交の問題があることに留意したい。

注4　対英援助のなかで、米英は独の対ソ攻撃を確実とみてソ連へ情報を提供。米国務省やチャーチル首相から独の対ソ攻撃兆候の知らせ、東京からは、リヒャルト・ゾルゲやそのグループからの情報が送られた。しかし、スターリン政府はこの情報を握りつぶし、これが対独緒戦の大敗となった。……7月3日、スターリンは焦土戦術を命令、10月19日モスクワで死守声明をだしている。

2　モスクワ攻防戦——ドイツ軍の進撃と敗退——

——麻生副総理兼財務大臣の「あの手口に学んだらどうかね」妄言が、安倍政権の体質と批判をあびたが、いまもって、誠実に〝国民の声〟に耳をかたむける気配はないようである。

擬似安保政策に抗い・たたかう沖縄、腹に据えかねた怒りは今年も健在である。

《改憲を本命とする》安倍政権は、マスコミを操りつつ、キャンペーン（「東京オリンピック」や「明治150年」祭を……）を繰り広げ、さらに同調する国民づくり・刷り込みに精をだすことだろう。飛び上がるほどのお灸をすえたいと思う。

(1) 独ソ戦の状況

繰り返すことになるが、1941年6月22日未明、ナチ・ドイツ軍はソ連への攻撃（バルバロッサ作戦）を開始した。ドイツ国民はもとより世界中をあっと言わせた独ソ戦のはじまりである。ヒトラーは、ソ連の攻撃に備えた予防措置であったというが、それは明らかな口実であった。ヒトラーの攻撃計画から1カ月余り遅れてはいたが。

ヒトラーは、ソ連攻撃を東方帝国の形成（ソ連・東欧地域の征服）、またユダヤ人の絶滅として目論んでいた。ヒトラーにとって対ソ戦は宿願（ドイツ支配層が追求した戦争目的に適うもの）であり、また彼の世界観闘争を意図する殲滅戦争であった[注1]。他方、対独戦に躊躇したスターリン（5月6日、首相就任）は、知らされたドイツの軍事情報、警告をことごとく握りつぶしていた[注2]。

注1　ヒトラーのロシア（当時）に対する侮蔑、ユダヤ（人）に対する激しい憎悪は、『わが闘争』に満ちているが、彼は「東国政策の再開」（第二巻〈角川文庫〉第14章）のなかで、「われわれが今日ヨーロッパで新しい領土について語る場合、第一にロシアとそれに従属する周辺国家が思いつかれるに過ぎない。……ロシアはボルシェヴィズムに引き渡されたことにより、それまでこの国家を存立させ、またその存立を保証してきた知性がロシア民族から奪われてしまった。なにしろロシア国家の構造組織はロシアにおけるスラヴ民族の国政能力の結果ではなく、むしろ低級な人種の内部に存在するゲルマン民族的要素による国家形成活動の驚くべき一例に過ぎない」と述べている。ヒトラーは、ロシアは寄生虫であるユダヤ人の手に落ちたが、彼ら民族はロシアにとって「ユダヤ人自身は組織

の構成分子ではなく、分解の酵素である。東方の巨大な国は崩壊寸前である」と主張・断定している。殲滅戦という言葉は、『わが闘争』にあるが、また、「戦争意図を目的として含まないような同盟はナンセンスであり」、「……ロシアと同盟を締結するという事実のうちには、すでに次の戦争についての見込がつけられている」など、将来の対ソ戦の構想とも思われる文言である。また、ソ連攻撃時の「演説」（布告文）には、「反ユダヤ主義、反ボルシェヴィズム」がつらぬかれている。

注2　1940年6月28日にソ連がルーマニアの北ブコヴィナとベッサラビアを占領後、独ソ関係は急速に冷え込んだが、ソ連は極力関係修復に期待した。11月12日モロトフはベルリンを訪問し、ヒトラー・リッペンドロップらと会見したが、反ソ的行動の是正はならず。12月18日ヒトラーは対ソ攻撃準備指令に署名した〈ヒトラーは7月31日、翌41年5月に対ソ攻撃開始を決定していた〉。その間、スターリンは、ゾルゲやそのグループから対ソ攻撃情報は届けられており、英・米の警告があったにもかかわらず無視した。これは、「スターリンはじめソ連首脳が、独の対ソ攻撃近しの情報を、〝独ソ離間のデマ〟とみてまじめにとりあげなかった」からである。

ソ連指導部が独との同盟をヒトラー同様シニカルなものと見ていたとすれば、やはりソ連指導部の問題であろう（ドイツ軍の大砲が国境を越えて打ち込まれたのが、6月22日午前3時。モロトフ外相が午後0時15分、ラジオで「国民へ武器をとれ」と訴えた。『20世紀　全記録』講談社　P606）。

ナチ・ドイツ軍は、ソ連国境の全域（バルト海から黒海にわたる）でいっせいに軍事行動を開始。ドイツ軍は、300万の兵力（153個師団、独軍の75％）と、さらに同盟軍も加わり戦車3580両、飛行機2740機（独空軍の61％）の大攻勢でもって――南北1500キロにわたる攻撃態勢――ソ連領内に進撃した。対峙したソ連軍は、十分な備えもなく不意をつかれ後退を余儀なくされた（三国同盟参加国＝イタリア・ルーマニア・スロヴァキアは即日、フィンランドは26日、ハンガリーは27日、ソ連に宣戦布告）。

英・米の対ソ援助と戦況について以下、年表から（41年6月10日以降）ひろってみた。

6月14日、米ルーズベルト大統領、独伊の在米資産凍結を命令。15日、英チャーチル首相、独ソ戦開始時には、「ロシアを同盟国として歓迎する」旨を宣言。20日ルーズベルトはこれを支持。22日、チャーチルは、ラジオでソ連邦を同盟国と演説し、対ソ援助を提起。スターリンは、7月3日「徹底抗戦」を演説し、前線部隊と国民（人民）に「焦土戦術」を指令。開戦から20日目の7月12日、英ソ相互援助条約調印（対独共同行動・単独不講和を約す）。7月30日米特使・訪ソ、8月1日米ソ間に協約が成立（同日、米は全侵略国への石油輸出を全面禁止）。2日、米国、対ソ経済援助を開始（英米の対ソ連援助は、ファシズム勢力打倒の同盟であり、ソ連指導部にとっては、まさに「ひとすじの光明」となり、ソ連の組織的抵抗を促すことになった。一方、ドイツ軍指導部は、予想外の長期戦を覚悟しなければならなくなった）。8月14日、ルーズベルト、チャーチルが大西洋上の英艦プリンス・オブ・ウェールズ号で会談。戦争目的、戦後処理について合意し「大西洋憲章」注3を発表（9・24 ソ連・自由フランスなど15カ国が同憲章参加を表明。〈9・22 ド・ゴール、自由フランス委員会を結成〉）。

注3　大西洋憲章：米・英首脳、ルーズベルト・チャーチルは、東西のファシズム進攻に対処するため、洋上会談に臨んだ。憲章は、全8カ条で、要約すると、⑴領土の不拡大。⑵国民の意思に反した領土変更は行われない。⑶人民が自身の政府形態を選択する権利（民族自決）。⑷通商・原料獲得の機会は、すべての国に差別なくひらかれる。⑸労働条件の向上、社会的・経済的進歩のための国際協力。⑹恐怖と欠乏からの自由に裏打ちされた、安心した平和。⑺公海航行の自由。⑻軍備撤廃。なお、

恒久的安全保障機構が確立されるまでのあいだ、侵略諸国は武装解除される。これは、1942年1月の連合国宣言につらなるもので、さらに国際連合結成へと結ばれていくものである。発表後ファシズム側は黙殺か否認したが、ソ連をはじめ多くの国や民族から圧倒的な支持を得た。

(2) モスクワ攻防戦。ドイツ軍撤退

9月8日レニングラード攻防戦がはじまり、19日キエフ陥落（ソ連軍、66万人以上が捕虜となる）、10月16日オデッサを占領。ソ連政府クイビシェフに移る。19日、スターリンは、モスクワ死守を声明。20日、ドイツ軍、モスクワ前面に到達、独ソ戦の転機となるモスクワ攻防戦がはじまった。この間、10月1日、モスクワで、米・英・ソ間に議定書（米英がソ連に武器貸与を約束）が結ばれ、英米が援助を実行。包囲、占領、陥落を凌ぎソ連軍・人民軍（祖国防衛軍）は猛反撃に転じ、ドイツ軍の前進を阻んだ。

10月8日、米国、武器貸与局を設置、11月6日10億ドルの対ソ武器貸与借款を決定。ドイツ軍はモスクワまで40キロと迫ったが、猛烈なソ連軍の抵抗にあい5万5000人の兵と戦車777台を失い、12月6日敗退した。ヒトラーは12月8日、指令をだし、「モスクワ攻撃の失敗」を認め、攻撃停止を命じた注4（東部戦線休止を声明）。夏装備のドイツ軍は、攻勢をかけるソ連軍と早めの冬将軍とのたたかいでもあった。

以後、ソ連軍は、これに追い討ちをかけ、ドイツ軍の大半は新年を待たずにモスクワから退

却、追い出されることになった。ヒトラーは、作戦所用期間は3カ月と豪語したが、ソ国民は、〝祖国防衛戦争〟へと立ち上がり、また諸国民もファシズム戦争への抵抗・援助を開始、ドイツ軍を撤退させることになった。

注4　モスクワ攻防戦で、ドイツ軍は太平洋戦争勃発の2日前、ソ連軍によって完全に前進を阻まれた。前線を指揮したジューコフ将軍は反撃に転じ、無敵といわれたドイツ軍を敗退へと追い込み、〝無敵ドイツ軍〟「神話」は潰え、ヒトラーの計画は失敗に終わった。

余談だが、いまドイツでは、『わが闘争』を教材化する動きがあるという（朝日新聞2016年2月19日付）。ナチの聖典と忌み嫌われ禁書となった『わが闘争』（第1巻 1925年、第2巻 27年出版）は、出版当初は見向きもされなかったが、ドイツでは1936年から売り上げをのばし、1千万冊にも。フランスでも翻訳されたが、本の内容は信じられていなかったという。恐らくそうであろう。

排外主義が堂々とまかり通り、民族主義を煽るリーダーたちの登場。『わが闘争』をどう扱うのか、よそ事ではないのではないか。ただし、私はこの本をめくるたびに動悸がはげしくなり、……自立神経がおかしくなる。もう開けまいと思うのだが、まだ手元にある。

第11章　ドイツ軍の敗退。連合軍の進撃

――この小論の冒頭（2013年9月＝本書第1章）、私は「今回の麻生発言は、憲法改正への下作りに奔走する政権側の思惑や手法を……想起させるもので……憲法上からも許されない暴言である」と記した。以来、安倍政権はこの4年間に特定秘密保護法（2013公布）、集団的自衛権の行使容認閣議決定（2014）、安全保障法（2015・9・30公布）から共謀罪法（2017・6・15成立）にいたるまで、全く民意を無視した反憲法的政治であった。今国会では、野党議員の質疑にもまともに応えることなく、はぐらかしや不誠実な答弁の数々。安倍首相・閣僚の間違った言動があってもいっさい内閣を批判しない与党議員たち。――法を蔑ろにし、嘘と偏見のでっち上げ官邸――憲法第9条の第3項に「自衛隊」を明記したいと立法府の権限を冒す突然の発言（讀賣新聞に掲載）に驚かされたが自民党の改憲草案にこの文言はない。《この「加憲」構想は、日本会議の発想と同じ》

――今国会の終幕――参院法務委員会で「共謀罪」法案の採決をせずに参議院本会議に持ち込み採決するという異常さ。まさに違憲違法の「共謀罪」法の成立であった。森友、加計学園問題の追及をさけて国会を早々に閉じるという姑息な手段をとったことを記憶したい。いかに、安倍政権が追い込まれているかの証左である。自公政権本位のこの手抜き手法がこのまま許されるはずはない。

これまで安倍首相の妄言を皮切りに、菅官房長官、金田法務大臣、稲田防衛庁長官の迷妄さ、失言の数々はその「腐敗」の酷さをいやというほど見せ付けられた。都議選で遂に「安倍やめろ、安倍帰れ……」とコールされ連呼の嵐へと。さて、改憲によって何がどう改善されるのか。日本がどう民主化されるのか。政権側の明確な回答はない《首相官邸に蠢く〝時代錯誤、大日本帝国の妄想に取り付かれた人たちと無理心中はいやである》。「大日本帝国」が侵略戦争に敗れ、「日本国」が誕生し憲法施行70周年を迎えた。私たちの生活、くらしを破壊し不安をつのらせている安倍政権を早々に退陣させたい。また、追随する政治家・官僚を懲らしめたいと思う。

国民が受け入れ難い「共謀罪」法が7月11日施行された。日本国憲法の封殺を目論む現政権に、NHKはじめ全国紙、マスコミ各社、ジャーナリストは恐れることなく立ち向かってもらいたい。（海外の人権抑圧には、諸手を挙げて厳しい記事を掲載するが……）戦前の国家統制の記事に戻らないことを願う。（2017年7月11日）

1　ヒトラー・ドイツ軍の敗退、日本の参戦

(1) 反ファシズム戦争へ

第二次世界大戦の転換となったモスクワ攻防戦！　日本では、こうした情報は報道されておらず、皮肉にも《ヒトラーが攻撃停止を命じた》１９４１年12月8日、太平洋戦争に突入。日

本の参戦により戦火はヨーロッパからアジアへと広がり、12月11日、日独伊同盟条約によって独伊はアメリカに宣戦布告し、全世界を覆う大戦へ。諸国民は未曾有の惨禍を被ることになった。
ところで、ヒトラーの誤算であったモスクワ攻略の失敗。19日、ヒトラーは自ら国防軍最高司令官へ就任するとともに、ルントシュタット、ブラウヒッチ、ボックら諸将軍を解任。軍首脳との間の不和はだれの目にも明らかで、戦局へも多大な影響を与えた（なお、こうしたドイツの情報は、日本にほとんど伝えられていなかった）。
12月8日、日本軍はハワイ真珠湾のアメリカ太平洋艦隊を奇襲攻撃。これはアメリカの孤立主義[注1]を一挙に葬り去る機会となり、同日、米（ルーズベルト大統領）英（チャーチル首相）は、日本へ宣戦布告した。日本の参戦は、欧州戦争とアジア太平洋戦争を結びつけ世界大戦へ。ドイツは三国同盟上やむなく、11日アメリカへ宣戦布告[注2]。ドイツ（ヒトラー）は避けていた二正面（ソ連・米英との戦争）作戦という困難な局面を迎えることになった。

注1　日本軍の真珠湾・アメリカ太平洋艦隊への攻撃は、「いやおうなしにこの一歩を踏み出させ、孤立主義のあらゆる声を一挙に沈黙させたのである」（『ナチスの時代』岩波新書 P139）。

注2　三国同盟（第3条）は「日本が攻撃された場合」とあり、アメリカへの宣戦布告義務はないとの見方をしていた（?）ヒトラーにとっての三国同盟は、日本が極東で米国の参戦を阻止し、英国の地位を脅かすことにあったといわれる。しかし、この間のアメリカの対独政策は「武器貸与法」（1941・3・11成立）により、ドイツの敵側に武器・弾薬・物資の直接援助をはじめ、ソ連への支援も開始していた。米との開戦を極力さけていたヒトラーも早晩「いつかは戦わなければならない相手」とみていたようだ。盟約上12月11日、ドイツは（伊も同日）アメリカに宣戦布告した（上記書参照）。

1941年7月、米英は大西洋憲章で民主主義の戦争目的を明らかにした。翌42年1月1日、ワシントンで英・米・中国・ソ連を中心とする26カ国は「連合国共同宣言」に調印し、各国は枢軸国（独伊日他ファシズム諸国）が敗北するまで、連合国間の相互協力、日独との単独不講和、かつ大西洋憲章の原則を確認した。ここに第二次世界大戦は、反ファシズム戦争《ファシズム諸国（枢軸国側）対反ファシズム連合（連合国側）》であると世界へ発信された。

42年に入ると、ドイツ軍と同盟軍はほぼ全戦局（多少差はあるが）で優勢を保持することが難しくなってきた。ヒトラーは危機にさらされた軍首脳の援助要請をはねつけ、あくまで死守せよと命令した。

(2) ユダヤ人虐殺

当時、ドイツの国家財政は予想以上に苦しくなり軍事費捻出のため労働生産はより過酷をきわめていた（40年夏以降、ポーランドのゲットーに移送されたユダヤ人の労働は、もともと彼らを絶滅させるための奴隷労働であった）。

ところでナチ幹部は、かねてからユダヤ人やスラヴ民族に対する人種差別論（「ドイツ人の血とドイツ人の名誉保護のための」法律。35年9月15日制定）をかざし、反ナチと決めつけ奴隷化・迫害をつづけていた。42年1月20日、ベルリン郊外のヴァンゼーで協議会[注3]が開かれ、ユダヤ人問題の「最終解決のため」と称するユダヤ人絶滅計画が作成された。これによって、アウシュヴィッツやブッヘンヴァルト、マウトハウゼン他各地域の収容所で、毒ガスやその他の方法で数百万のユダヤ人を虐殺するという、人類史上これまで見られない残虐な犯罪が実行された。また、対ソ戦のなか、無数の捕虜が餓死や凍死させられ、ポーランドにおいては東部で行われた残虐・野蛮な行為は枚挙にいとまがないが、西部でもフランスから退却するさいに一村落の住民を皆殺しにした事件がある。

注3　ヴァンゼー会議：長官・親衛隊大将ラインハルト・ハイドリッヒ（１９０４～42）を議長とする高官たちが殺害すべきユダヤ人グループを特定し、殺害作戦（絶滅計画）を最も効率的におこなう協力体制を話しあった。「なぜ、ユダヤ人を皆殺しにするのか」というその根拠、理由は何もなかった。いわば、ナチの嘘と偏見のでっち上げであった。ナチの強力なプロパガンダにのせられ、理由も明らかにされないままユダヤ人「絶滅政策」が実行されたことに唖然とさせられる。ハイドリッヒは、１９４２年６月４日暗殺死を遂げた。ヒトラーは壮大な埋葬式典をおこなわせ、自ら惜別の辞を述べた。この後、ヒムラー、そして43年１月エルンスト・カルテンブルンナー（１９０３～46）国家保安中央局長官（ＲＳＨＡ）に引きつがれ、ハイドリッヒにも勝る冷酷さをもって「ユダヤ人絶滅政策」を実行した（『ヒトラーの側近たち』大澤武男著　ちくま新書　Ｐ１５２）。

(3)　スターリングラード攻防戦

42年３月28、29日、イギリス軍によってドイツのリューベックが大空襲を受けた。――かつてゲーリングが敵空軍の侵攻は許さないという豪語も消し飛んでしまった。５月30日には、ケルンに１０００機による爆撃がおこなわれ、ドイツ各都市への空襲はいっそう激しさを増した。

１９４２年５月末、ロンメル将軍[注4]のドイツ軍がエジプト攻撃を再開したが、同軍は対ソ戦の関係上武器・弾薬、兵員の補給が厳しく苦戦を強いられた。８月末、イギリス軍のモントゴメリー将軍[注5]と激戦となったが、同軍は連合国側の大量補給を得て10月23日反撃を開始。11月２日ドイツ軍はチュニジア方面へ後退しイギリス側の勝利となった。11月８日、アイゼンハワー将軍が米英連合軍を率いてモロッコ、アルジェリアに上陸し、アフリカ戦線は終結を迎えた。

注４　ロンメル将軍（１８９１〜１９４４）：ドイツ軍の大将・陸軍元帥で国民の英雄と讃えられた人物。各地の戦線で巧みな戦術により戦果をあげて出世をつづけ、他の将軍の妬みをかったという。ヒトラー・ナチにとってはドイツ国防軍の戦果を宣伝するには十分すぎる頼もしい人物であったと評されている。いまも彼の郷里（南ドイツ・ウルム市周辺）には、ところどころエルヴィン・ロンメル通りという名称が残されているという（『ヒトラーの側近たち』Ｐ１５３、『ビジュアル世界史』）。

注５　モントゴメリー将軍（１８８７〜１９７６）：イギリス陸軍元帥。第二次大戦中北アフリカ作戦を指揮し、ドイツ軍ロンメル指揮下の独伊軍をエル・アラメインの戦いで撃破し、その功で元帥となった。またノルマンディー上陸作戦を指揮。終戦後、子爵（１９４６）となり西欧同盟軍最高司令官会議議長（１９４８〜51）、ＮＡＴＯ軍副最高司令官（１９５１〜58）を歴任。アイゼンハワーとは相性が悪く引退後、第二次大戦を長引かせたと回顧録のなかで述べている（ウィキペディア：バーナード・モントゴメリー他参照）。

ヒトラーは、41年の対ソ戦攻撃の失敗に懲りて、42年南部戦線に的をしぼりソ連に決定的打撃を与えることを考慮し７月に攻撃を開始、８月20日過ぎスターリングラード（現ヴォルゴグラード）に接近した。８月21日、スターリンはモスクワを訪ねたチャーチル首相に、連合軍が西ヨーロッパに第二戦線を設けることを強く求めた。スターリングラード攻防戦は、連合国・枢軸国側にとってまさに天王山とも言うべき死力を尽くす戦いであった。

11月19日、ソ連軍が猛吹雪をついて挟撃作戦による大反撃を開始。ドイツ第六軍22万余がソ連軍に包囲され形成は逆転した。ドイツは急遽救援隊を派遣したが、強力なソ連軍に阻まれ、22日ドイツ軍はドン川とヴォルガ川から撤退。ヒトラーは12月末パウルス軍の救出を断念せざるをえなかった。以後、ドイツ軍は各地で惨敗、撤退（一部を除き）していった。翌43年１月スターリングラードのドイツ軍は降伏した。

２　ドイツ国内の抵抗、連合軍の反撃

⑴　ドイツ、日本両軍の敗退

スターリングラードの攻防戦によって、ほぼ第二次大戦の行方は連合国側に握られることになった。１９４３年1月14日、ルーズベルト、チャーチルが秘密裏にモロッコのカサブランカで会談した（ソ連首相スターリンは本国を離れることができず欠席）。24日、会談終了の共同新聞発表が行われ、ルーズベルトは日本、ドイツ、イタリア三国枢軸国側に初めて無条件降伏を勧告し

た。「平和は三国の戦力の完全な除去によって初めて世界にもたらされる」と強い口調でのべた（ヨーロッパ上陸作戦で英と合意）。

ソ連戦線では、包囲されていたスターリングラードのパウルス第六軍は1月31日、多数の死傷者をだし9万余の兵力となってソ連軍に降伏した。また、北部・レニングラードの包囲が一部解かれ、2月7日、クルスク、ハリコフ[注1]からドイツ軍は撤退を余儀なくされた《ドイツ軍の大きな軍事的転換となる》。

注1　クルスク：ロシア共和国の南西部の工業都市。1943年7〜8月、独ソ両軍による史上最大の戦車戦がおこなわれた。詩人エロシェンコの生誕地でもある。ハリコフ：ウクライナ最大の工業都市。ドネツ炭田、鉱山をひかえる。19世紀以降工業が発達。19〜34年旧ソ連のウクライナ共和国の首都。

時を同じくして日本軍はガダルカナル島から撤退（43年2月7日）し、2日後の9日、同島からの撤退を発表。日本軍にとっては、ミッドウェー海戦の敗退（42年6月5日）に次ぐ2度目の大きな痛手となり、国内に深刻な影響を及ぼした[注2]。この海戦で、日本海軍は空母4隻・重巡1隻・航空機322機を失い、航空戦力にとって重大な打撃となった。

日本軍のガダルカナル島からの撤退を契機に、太平洋における米軍の優勢が確定し、以後、米軍は島伝いに北上することになる。5月9日アッツ島の日本軍が全滅（当時は玉砕と報じられた）し、6月15日米軍はサイパン島へ上陸開始。7月にはキスカ島から撤退するなど悲報が相次いだ。7月18日東条内閣が倒れた。

注2　1942年8月7日には、アメリカ軍はガダルカナル島へ第1海兵師団約2万名を上陸させた。日本軍は同島奪回のため、精鋭部隊を次々と送り込んだ。しかし、周辺地域の制空権は米側にあり、補給と装備に貧する日本軍は飢餓と病気にさいなまれ、6カ月にわたる死闘の後43年2月7日、1万1千余人の撤退を完了したが、約2万5千人の将兵の戦死・餓死者をだした。しかし、2月9日、大本営はこの敗北を隠し、「転進」と報道した。撤退の日、近衛文麿は松平康昌侯邸で木戸幸一内大臣に会い、戦局の前途を悲観し、これ以上国内事情に無理を生ずれば、赤化運動の激化は必至となるから、一日も早く戦争終結させる要あると繰り返し説いたという。4月18日、連合艦隊司令長官山本五十六は、ソロモン群島で待ち伏せていた米軍機に襲撃され戦死。この事実は5月21日に公表された。

(2) ドイツ国内の抵抗

1943年以降、軍隊の絶望的な状況下で、ナチは国民総動員を開始！　日増しに悪化する戦局にナチ・ドイツの不利な状況が伝えられる中で、ドイツ国内ではナチへの抵抗が表面化してきた。ナチの内外での残虐行為への反対とヒトラーの失政に対する怒りが、反ヒトラー行動として国民の各層間に起こってきたのである。

その一つに、ヒトラーを除去し西側と和平を結ぼうとする動きがあった。同年、ミュンヘン大学の医学生・ハンス（24歳）とゾフィー（18歳）のショル兄妹は、フーバー教授（49歳）[注3]とともに反ナチ文書「白バラ通信」を回付していたが、2月のある日公然と演説、反ナチデモが起こ

1943年２月18日、ベルリン・スポーツ宮殿でのナチの集会。旗には“Totaler Krieg-Kürzester Krieg”（総力戦ー最短の戦争）と書かれている。

り兄妹とその友人3名が逮捕され、2月22日処刑された。恩師フーバー教授ら3人も処刑。

翌44年7月20日には、軍の指導者たちが計画したヒトラー暗殺未遂事件がおこった。この暗殺陰謀事件の組織者は、6月に大佐に昇進したシュタウフェンベルク[注4]である。彼は自らヒトラー暗殺を実行する決意を固めていたという。ヴィッツレーベン西部軍総司令官（1941・3～42・2の元帥）もこの計画に加わり、8月に処刑された。

注3　ショル兄妹逮捕：2月18日朝、ハンスとゾフィーのショル兄妹は、「白バラ」通信千数百枚をもってミュンヘン大学へゆき、人気のない階段や廊下にまいた。しかし、最後のビラをゾフィーが大学本館の中2階から下の玄関ホールにまいたところを警備員に見つかり、ゲシュタポに通報され2人は逮捕された。メンバーのクリストフ・プローストも翌日逮捕され人民裁判所の裁判で斬首刑を宣告され、その日の22日に刑が執行された。フーバーはミュンヘン大学哲学教授で学生の反ナチ運動を指導、1943年7月処刑された。「白バラ」最後のビラに……「男女学友

諸君！　スターリングラードにおけるわが軍の全滅で、国民は動揺している。……戦略が愚劣、無責任にも、33万のドイツ兵の死と破滅へ駆り立てたのだ。総統よお前に感謝する！　……われわれのスローガンはただ一つ、ナチ党反対闘争！……立て、わが民よ、のろしは上がる！」と、抵抗への決起を促している（『ナチス』P275「最後のびら」より抜粋）。

注4　シュタウフェンベルク（1907～44）：北アフリカ戦線で、地雷を踏み重傷を負い（43年4月7日）片目と右腕を失い、左手の指2本も失ったが命拾いし療養生活をおくっていた。その療養中に「ヒトラーを排除する」以外に祖国ドイツを破滅から救う道はないと確信し暗殺計画を練ったという。北アフリカでの功労により、44年6月大佐に昇進した彼は予備軍司令部フリッツ・フロム大将の参謀長に任命され、戦闘のための軍隊の編成、構成などについて、直接ヒトラー総統に面会し、説明する機会が来たのである（詳細は、『ヒトラーの側近たち』大澤武男著）。

このヒトラー暗殺計画には少なからぬドイツ軍の高官たちが参画していた。この事件は、ロンメル将軍をも巻き込み、3カ月にわたり秘密警察（ゲシュタポ）が将軍の自宅を包囲。10月14日、総統暗殺事件関与の罪で自決か死刑かの選択を迫られた彼は、服毒自殺を遂げた。ロンメルは〈ヒトラーの長年の友人として〉、米英軍が北仏・ノルマンディー上陸作戦成功（6月6日）後の7月15日、総統あての書簡で無意味な戦闘・崩壊をしないよう警告。2日後の17日、ロンメルは連合軍の空爆で重傷を負い病院へ、以後故郷のヘーリンゲンで療養生活を送っていた矢先であった（ロンメルの部下たちも暗殺計画に加わっており、彼にも嫌疑が及んだが真相は不明である）。

ロンメル将軍の葬儀は10月18日、故郷ヘーリンゲンで壮大な国葬でもって英雄にふさわしいかたちで行われた。ヒトラーにとってはドイツの英雄を讃美し民衆に応えつつ、さらなる戦意高揚と総統の地位を安定させ総力戦への決意の場でもあったであろう。

⑶　北アフリカで連合軍勝利。イタリア無条件降伏

１９４３年5月7日から11日にかけて、アルジェリア、チュニジアのドイツ・イタリア軍が降伏しアフリカの戦闘は終結。翌12日、チャーチルが訪米し第二戦線問題を協議。これまできりにその実現を要求していたスターリンは、柔軟な態度を示して6月10日、コミンテルンを正式に解散した。６月３日、アルジェにド・ゴールを首班とするフランス国民解放委員会が設立され、対独抗戦を呼びかけた。

７月９日夜、米英連合軍は北アフリカからシチリア島に上陸し南イタリアに侵攻。19日米英軍はローマを空襲。ムッソリーニ（１８８３〜１９４５）政権は動揺して権威は失墜し、罷免・逮捕され退陣（7月25日）。ヒトラーに大きな衝撃を与えた。国王の指名で元参謀長のバドリオ元帥（１８７１〜１９５６）が内閣を組織し、９月３日連合国と休戦協定を結び、８日イタリアは無条件降伏した。日独伊枢軸の崩壊のはじまりである。40年6月、イタリアはドイツ側に立って参戦したが、政治的・軍事的弱さからドイツに従属的であった。42年以後は連合軍の攻勢・空襲によって産業や交通の麻痺、食糧不足が起きた。そのなかで国民の反ファシズム運動がさまざまなかたちとなって広がっていた。

ドイツ軍は間もなく北部イタリアを占領し、１９４３年9月13日、ムッソリーニを救出して

イタリア「社会共和国」政府樹立を宣言させた。アペニン山脈のグラン＝サッソの山頂に監禁されていたムッソリーニは、ヒトラー親衛隊の落下傘降下によって救出され、ヒトラーの圧力で北イタリアにファシスト政権を組織。バドリオ政府と対立したがパルチザンや米英軍によってファシスト軍は敗れ降伏。側近とスイス国境方面に逃れたムッソリーニは民衆義勇軍に逮捕され、45年4月28日、コモ湖畔の小村ドンゴで、愛人クララ・ペタッチ他16名の幹部とともに銃殺された（61歳没）。

(4)　ゲットー政策

東部戦線では、1943年6月23日ソ連軍が総攻撃を開始。ドイツ軍は9月末にスモレンスクから、11月初めにキエフから撤退した。こうした戦況の悪化によりナチおよびドイツ軍による占領地のユダヤ人虐殺は激しさを増した。その一例が、ナチのゲットー化政策で、ヨーロッパ最大のワルシャワのゲットー（強制居住地域）での抹殺であった。

ゲットーはポーランド内に約400カ所が作られた。ワルシャワ・ゲットーは、40年10月半ばに作られ、約45万名（41年春。ワルシャワ人口の約30％）が詰め込まれた。1日1人当たりの配給量が219カロリーから41年8月には177カロリーに減らされたという（『ホロコースト』芝健介著）。

嬉野満州雄氏（讀賣新聞・欧州特派員1939～45）は、41年松岡洋右外相がソ連経由で訪独し

ポーランド・ワルシャワのゲットー英雄記念碑の前で
跪いて祈るブラント西ドイツ首相（1970年12月7日）

たとき、外相を迎えるまで時間に余裕があったので、ドイツ外務省職員の案内でワルシャワのゲットーを訪ねたという。「鉄条網に囲まれ、水道も電力も制限、銃剣の下に強制労働に駆り出されるユダヤ人の姿に慄然とした。その数は女子どもを含めて約40万人といわれた」（『ドキュメント現代史3　ナチス』嬉野満洲雄・赤羽龍夫編）と述べている。

やがて、極限化でユダヤ人が抵抗……。1943年4月19日、ワルシャワ・ゲットーでユダヤ人の反ファッショ武装蜂起となった。しかし、5月19日、ナチ警察隊（SS）によって弾圧され、生き残った6万人のユダヤ人が文字どおり素手で抵抗して皆殺しにあった。

第12章　ヒトラー政権の崩壊、第三帝国の滅亡

1　ドイツ国の反ヒトラー感情の高まり

——何とも恥ずかしい[*1]麻生太郎副総理兼財務大臣の「少なくとも動機は問わない。結果が大事だ。何百万人も殺したヒトラーは、いくら動機が正しくてもダメなんだ」と（8月28日、自らの派閥研修会で）発言し、翌日撤回した。彼には、数々の軽口、偏見にもとづく虚言・暴言の経歴がある。2003年自民党の政調会長のとき、「創氏改名」（1940年2月11日実施）[*2]は、「最初は当時の朝鮮人が望んだこと」と歴史事実をゆがめる発言をして、内外から厳しい批判をあびている。彼の発言は植民地支配者たちの言い分と同じである。

ところで、今秋、第9条の改正案を提出するというが、なぜ9条を改正するのか。日本国憲法成立の歴史的経緯を見れば、第9条の戦争放棄は至極当然である。唯一の被爆国であるが、核兵器禁止条約[*3]に背を向け被爆者・国民の願いを踏みにじる日本政府。「対米依存」《核の傘》こそ日本の安全保障の根幹であり、日本の幸福であると刷り込んできた歴代の政権。しかし、それは

記憶であってもはや世界に通じる普遍的思考ではないことを国連の討議が明らかにした。

現政権がどれだけ平和外交に徹しているのか？　と世論は問う。いま、憲法第9条を変えることがいかに時代錯誤であるか。……〝戦前〟政府・軍部が「時期論」*4で、国民を欺き戦争へ駆り立てた手法そっくりである。憲法前文は、「政府の行為によって再び戦争の惨禍が起こることのないようにすることを決意し、ここに主権が国民に存することを宣言し、この憲法を確定する」（以下省略）と規定している。なお、前文を貫く精神は、主権者自らが平和をつくり出していくという基本的姿勢にある。安倍政権の頬被り姿勢を早々に正したい。

＊1　麻生発言への付言：インドのネール元首相（1889〜1964）は『新しき世代への期待』のなかで「我々の動機がどれほど良く、我々の目標がいかに高貴でも従う道・採る手段が誤っており悪いものならば、我々は決してその目標に到達することはできない。もし我々が平和を求めるならば、我々は平和のために努力すべきで、戦争のために努力すべきではない。もし我々が世界の諸民族間の調和と友好を求めるならば、我々は憎悪を説いたり、抱いたりすべきではない」と述べている。

＊2　「創氏改名」発言について、麻生氏は「朝鮮人が望んだ」と言ったが、これは歴史事実を歪曲するものであった。1940年2月11日から5月までの届けでは低調でわずか12・5％、その後総督府強制により8月10日（締め切り）までに80・3％になった事実を全く無視した虚言であった（昭和15年6月12日、「全戸数ノ氏届出ヲ完了セヨ」の指示文書が出されている）。今回の「ヒトラー、いくら動機正しくてもダメ」発言は、弁解の余地なしで政治家として失格であろう（『創氏改名』水野直樹著　岩波新書参照）。

＊3　核兵器禁止条約：憲法施行から70年が経つ2017年7月7日、国連で核兵器禁止条約が採択された。予想をうわまわる122カ国〈国連加盟国の3分の2〉の賛成を得て国際世論は沸いた。なかでも条約の禁止条項に核兵器を「使用し、または使用の威嚇を行うこと」が加えられたのは、これまでの議論の積み重ねの成果であり、「核抑止論」による安全保障の再考を明示したものである。

＊4　その「時期」だ「時勢だの」云々は、政府への反論、批判を封じ自らを抑制するために使われてきた。１９３３年４月、文部省は京大法学部教授滝川幸辰を休職処分にした。理由は滝川の刑法学説や講演が共産主義的であると。『刑法読本』も発売禁止。記者に問われた鳩山一郎文相の返答のなかに「……中央大学の講演の時司法省から注意があった程で、その後私から閣議の席上、内相に対してとりしまられたいと話したので、順序はむしろ反対である」「時勢だよ。……今日の時勢、教授会の権限などといってはおれぬ。時勢の力だよ、止むを得ぬ」という箇所がある。以来、学問の自由と大学の自由が奪われていった。――「京都帝国大学新聞」（飛鳥井雅道『資料体系・日本の歴史８』大阪書籍）

(1)　高まるドイツ国内の反ヒトラー感情

１９４３年1月31日、独日伊の三国に初めて無条件降伏を勧告したカサブランカ会談。日ごとに各戦線で連合国側が優位にたち、ナチ・ドイツ軍は、戦線からの撤退〈戦意の衰え〉が目立ち始めた。一方、９月以降ドイツの軍需生産力は上昇[注1]してきたが、44年下半期に入ると最早時すでに遅しとなった。軍上層部も次第に敗戦を覚悟しなければと気づきはじめた。また、何とかドイツにふさわしい、恥ずかしくない不名誉な敗戦はさけなければならない、これ以上国民の犠牲を払うことはドイツの消滅であるなどと世論はさまざまに揺れ動いていた（43年から44年にかけてのドイツ軍兵士の死者数は57万３２３８人。年平均の2倍という）。

注1　42年フリッツ・トートの事故死のあと、アルベルト・シュペーア（１９０５～81）が軍需大臣に指名され、43年９月以降軍需生産（戦闘機・戦車・弾薬など）を大幅に上昇させた。しかし、持久戦に必

要な燃料不足で戦力の発揮にはいたらかった。すでにその間、合成燃料をつくる工場は空襲の打撃を受け、ルーマニアの油田地帯への攻撃などで国防経済（総力戦）の減退は目に見えてきた。

1944年7月20日のヒトラー暗殺未遂事件は、こうした背景下におきた。しかも、軍功あるドイツ陸軍の現役大佐シュタウフェンベルク（フリッツ・フロム大将の参謀長）[注2]自身が直接ヒトラーを暗殺するという計画であった。ヒトラーを排除して早く戦争を終わらせようとする企ては、43年初めのスターリングラード降伏（43年1月31日）以来はじまっていた。ヒトラー（総統）の乗用機に時限爆弾をしかけるなど4、5回行われたがいずれも失敗した（トレスコウ少将のヒトラー暗殺[注3]「閃光」作戦失敗〈43・3・13〉他）。

注2　彼はナチに共鳴して陸軍軍人になったのだが、1938年11月9日の「水晶の夜」を目の当たりにして、ナチの残虐性、ヒトラーの非人間性を知ることになった。ヒトラーこそ「悪の権化」であり、いずれナチ支配を排除せねばならないと。「占領地ロシア、ポーランドで見聞したナチの特殊部隊によるユダヤ人や共産主義者、インテリ市民層に対する大量虐殺に殊の外ショック、反ナチ抵抗運動を組織することに専念するようになる。（途中省略）……彼は……同じ抵抗運動を目指すベック将軍らを中心とする保守的な政権樹立を志すグループとは異なり、進歩的、社会的な政権を志向していた」という（『ヒトラーの側近たち』大澤武男著　ちくま新書）。7・20事件の首謀者・シュタフェンベルク大佐はその日のうちに銃殺され、彼の仲間も逮捕され銃殺された。逮捕し銃殺を指揮したのは彼の上司フロム大将であった。この事件で、国民的英雄のロンメルは自決（10・14）させられ、海軍のカナリス提督も処刑。民間人を含め約7000名が逮捕され、無関係者も含めて4800名が処刑されたという（『ナチスの時代――ドイツ現代史――』岩波新書他）。

注3　43年3月13日、トレスコウ少将は、総統ヒトラーの搭乗機に時限爆弾を仕掛けたが、ロシア上

空の寒気で時限装置が故障で爆弾は爆発せず。7月20日、「東プロイセン総統大本営の会議に出席したシュタフェンベルク大佐が、時限爆弾を机の下に仕掛けたがその鞄が邪魔になると一人の将校が、ヒトラーからより遠ざかる方へ押し動かしてしまった。爆発音を聞いて彼は『ヒトラーは死んだ』とベルリンへ帰った。4名の死者はでたが、ヒトラーは軽傷ですんだという」（上記書より）。

これらは軍内部[注4]でおこったものだが、こうした反ヒトラー、戦争反対の気運は1944年に入るといっそう広がっていき、「空襲のさい地下鉄の駅に避難し、停電にでもなると数百名の群集のどこからか、『戦争はもうたくさんだ』との呼びかけがあり、『そうだ、もうたくさんだ』と叫ぶような斉唱が起こったのを聞いたことを覚えている。ゲシュタポも手がだせないのだ」と嬉野満洲雄氏（『ドキュメント現代史3　ナチス』）は述べている。

注4　軍内部のヒトラー暗殺計画は、ドイツの資本主義体制を救おうとする支配層内の一部であり、国防軍がその代表である。ドイツにおける反ナチ運動は、ファシズムそのものに対する民衆レベルの組織的抵抗は極めて困難であったという。ナチ・ドイツの秘密警察ゲシュタポの国民監視は想像を超えたものであったからである。日本の民衆もまた、治安維持法下の徹底弾圧に全く抵抗できない状況に追い込まれていた。

ふりかえってみると、レーム粛清事件（34・6・30）後のヒトラーの公然たる独裁、保守派の将軍たちの更迭や配置転換、退職などの強要。自ら総統となり（8・2）陸海空3軍の上に国防軍統合司令部を置き自分に忠実なカイテル将軍をおくなど、「国防軍の伝統を無視した全く独断的な処置だった」（『ナチ・エリート』山口定著　中公新書）。こうしたことが大きな引き金となり、特に上層陸軍将校団に反ヒトラー感情が高まったのは当然であろう。

シュタウフェンベルク大佐の7・20事件は、東西の戦局がもはや絶望的となっていた時期（見込みのない戦争）にもたらされたのである。悪運強いヒトラーは軽傷を負っただけで暗殺は未遂に終わった（21日午前1時、自ら健在であることをラジオで放送した）。ヒトラーは、処刑のありさまを自分の目で見ることができるようにするため、映画に撮影させたが、ゲッペルスは卒倒するのを避けるため両手で目をおおっていたという（『ナチスの時代』岩波新書 P199）。

(2) ダンバートン・オークス会議

1944年8月1日、ワルシャワで民衆の反独武装蜂起[注5]、8月2日独軍がフィンランドから撤退。〈アンネ・フランク一家が密告でゲシュタポに逮捕されたのが8月4日である〉

注5　ワルシャワの国内軍は十分な武器もなく、孤立無援のまま10・2日SSに鎮圧され、63日間の闘争は終わった。兵士1万8千人、ワルシャワ市民約15万人が死亡した。ヒトラーは市内の建築物のおおよそ8割を破壊した。前月の7月29日、モスクワ放送が「ポーランド人よ武器を取れ。行動の時がきた」とポーランド語で呼びかけ、それはあたかもソ連が国内軍への援助を約束したかのようだった。しかし、この呼びかけとは裏腹に、ソ連軍はワルシャワへの進撃を停止し、米英の援護作戦にも非協力的態度だった（『20世紀全記録』講談社 P649）。〈東西冷戦の駆け引きが垣間見える事例である〉。

8月21日ダンバートン・オークス会議が開催され、米英ソ中の四カ国が国際連合憲章の草案を作成した。23日独軍パリを放棄、25日、ドゴール将軍のフランス軍を先頭に連合国軍がパリに入城。31日ソ連軍がルーマニアを占領。9月8日独がV2号ロケット弾で英とオランダを攻撃（6・12のV1号以来）。9日ドゴール首班のフランス共和国臨時政府成立。ドイツは敗戦に備えて10月18日「国民突撃隊」を結成した。

2　ヒトラーの自決。ドイツの無条件降伏とニュルンベルク裁判

⑴　ナチドイツ崩壊

1944年6月から45年4月末までの10カ月間は、ドイツにとってまさに戦闘の軍事的崩壊を意味するものであった。兵員不足を補うための「国民擲弾兵（てきだんへい）」を動員し、ドイツ本土防衛のための「国民突撃隊」などを創設した。しかし、結果はドイツ国民の計り知れない血の犠牲と財力の消耗であった。

戦線の状況を以下、年表で追ってみると、東部戦線では45年1月12日、ソ連軍の大攻勢が始まり、17日ワルシャワを占領。23〜27日オーデル川渡河（とか）作戦が開始され、2月13日ドイツ軍はブダペスト撤退。

西部戦線では同時期に米英軍の総攻撃が開始され、3月7日レーマンゲンでライン川を渡河

（ドイツ軍、3月6日ケルン撤退）、3月19日ヒトラーは全ドイツの破壊を命令[注1]。ヒトラー狂気の行動指令！「迫り来る敵軍を前に、……全国の道路、鉄道、河川、空港、工場、発電所、陸橋等々のインフラストラクチャーを全て破壊し、敵軍に利用されないよう爆破すべきと指令〈ネロ指令〉に署名した」（『ヒトラーの側近たち』大澤武男著　ちくま新書）。

注1　ヒトラーの破壊命令に、軍需大臣シュペーアは、戦線の最先端まで行き、軍需大臣の権限でもって、無意味な破壊活動を阻止するために奔走したという。しかし、ナチの残党兵士による破壊行動が荒れ狂った。終戦後、ニュルンベルク裁判で自己の罪状を認め、告白したシュペーアは死刑を免れた。20年の服役生活を送った後1966年に釈放され、獄中で著した『回想録』を発表し世界の注目を浴びた。

4月23日ソ連軍ベルリン攻撃を開始。ヒムラー、スェーデンを通じ米英に単独和平申し入れ、25日米ソ両軍の先遣隊がエルベ河畔で邂逅（かいこう）（エルベの誓）、ドイツ軍を二分する。同日、サンフランシスコ連合国全体会議が開かれ（～6月26日、50カ国参加）、国連憲章調印[注2]。29日イタリアの独軍降伏。ムッソリーニは、27日、コモ湖畔で民衆義勇軍に逮捕され、28日に銃殺されていた（61歳没）。

注2　国際情勢は枢軸側の敗戦を読み、連合国側の戦後の安全保障体制を考慮し始めていた。それが50カ国が参加したサンフランシスコ会議であり、国際平和機構の設立を討議し、45年6月25日、国際連合憲章が成立した。

この間、2月4～11日ヤルタ会談[注3]（ウクライナ共和国南部の保養地・クリミア）が開催され、チャーチル、ルーズベルト、スターリンの三首脳（英米ソ）が会談、対独戦後処理とソ連の対日参戦を秘密協定として結んだ（日本に対しては、１９４３年12月1日カイロ宣言で、日本の無条件降伏が連合国の基本方針であることを明確にした）。ソ連の対日参戦問題については戦後、アメリカが公表。アメリカの世界戦略の実情が明らかとなり、国際社会の批判と激しい議論を巻き起こした[注4]。

＊ルーズベルト大統領、45年4月12日死去

注3　対独戦終結を控えて、45（昭和20）年2月に米英ソの三国首脳がクリミア半島ヤルタで会談し、ドイツの戦後処理として、米・英・仏・ソの四カ国による共同管理および戦犯処罰と非武装化、国際連合設立の大枠が決められた。また、以下のようなことを定めていた。ドイツの降伏後2～3カ月以内にソ連が対日戦争に参加する。その見返りとして、外蒙古の現状維持、南樺太・千島のソ連への返還、大連港の優先的利用、旅順租借、満鉄（満州鉄道）の中ソ合同運営などを秘密協定として結んだ。日本の敗北後、これを確実に実行すると約したが、日本はこの協定の存在を知らされなかった。

注4　ヤルタ協定は、ソ連が蔣介石政権を唯一の中国政府として認めていること、南樺太・千島のソ連帰属を承認する等、戦後の国際緊張の火種ともなる内容であった。また、「大国のエゴイズム」の矛盾・産物であり、後に中国から非難される領土問題もあった。

ルーズベルトのスターリンに対する譲歩は度を超しているのではないかと西側陣営から非難されるなど問題多い協定であった。ソ連・スターリンの巧妙な外交を物語るものともいえよう。アメリカはまだ対日戦勝利に確信をもてず、日本の関東軍の戦力を実力以上にみていたがゆえの苦肉の策ともいえる。ルーズベルトのスターリンへの譲歩がいかに必要以上であったかは、ソ連軍の東ドイツ占領直後から明らかとなった。

ヒトラーは、ベルリンが陥落する前にオーバーザルツベルクにあるベルヒテスガーテンの山

荘に移り、あくまでも抵抗する計画であった。1944年末に国民総武装を唱え「国民突撃隊」の結成を命令し、45年4月1日にはゲリラの「狼人部隊（ヴェアヴォルフ）」を組織し戦闘に備えた（狼人部隊には、中学生初任級（11、12歳）まで駆り出されたという）。

上述のとおりソ連軍がベルリン包囲を開始し、4月28日ムッソリーニが北イタリアで処刑されたが、その2日後の4月30日、ヒトラーはベルリン脱出の計画を断念し、愛人エヴァ・ブラウンとともにソ連砲火の下にある総統官邸で自殺を遂げた[注5]。ヒトラーの遺言に署名（4月29日）し最後の最後まで残ったゲッペルス（1月30日、ベルリン防衛総指揮官に任命され、その後ヒトラーから首相に任命された）は、妻とともに5月1日に自殺。ヒムラーは5月初めイギリス軍に逮捕され服毒自殺をとげた。

注5　5月2日、ついにベルリンが陥落した。ベルリンの地下総統官邸で過ごすヒトラーは日夜戦線状況への対応で疲れ果て、失望と疲労、侍医モーレルの投ずる劇薬とによってほとんど廃人同様となっていた。4月29日愛人エヴァ・ブラウンと結婚式をあげ翌30日自殺、56歳の波乱・狂気の生涯であった（ヒトラーの自決については『ヒトラーの側近たち』大澤武男　ちくま新書　P207～08参照）。

その間の4月23日、ベルリンを脱出したヒムラーは、スウェーデンを通してドイツが西側に降伏するとアイゼンハワー連合軍司令官に申し入れた。またヒトラーの後継者に指名されたデーニッツ（1891～1980）提督[注6]も同様の申し入れをしたが、5月2日ベルリンは陥落しており連合軍はその申し入れを拒否、5月7日ナチ・ドイツは無条件降伏した。無条件降伏

ドイツ、無条件降伏文書に調印
(1945年5月8日、ベルリンのカールスホルストにおける降伏調印式)
ドイツ側はカイテル元帥・フリーデブルク提督・シュツムプフ上級大将。連合国側はテッダー大将・ジューコフ元帥・スパーツ大将
(写真は『世界史大賢大系16』P364より引用　誠文堂新光社)

は、フランスのライムにおいて、英米軍総司令官アイゼンハワーのもとで、アルフレート・ヨードル(1891〜1946)元帥(大将)がドイツ側を代表して署名。しかし、ソ連の司令官が立ち会っていなかったため、翌8日から9日にかけ、ベルリンのソ連軍指令本部においてウィルヘルム・カイテル(1882〜1946)元帥・フリーデブルク提督・シュツムプフ上級大将が、ジューコフ元帥(ソ連邦軍人)・テッダー大将(イギリス空軍)・スパーツ大将(アメリカ陸軍)に対して無条件降伏文書に調印した。

ここに約5年8カ月に及ぶヨーロッパの戦争(1939・9・1〜1945・5・8)は終結した。

注6　デーニッツ提督：ドイツの海軍軍人。ヒトラーに忠実な軍人として評価され、1943年1月海軍司令長官に任命され、45年4月30日ヒトラーの指名で首相兼国防軍総司令官となった。デーニッツは、最後まで米英とソ連邦との離間を策したが失敗した。ベルリン陥落によって、ドイツ軍の無条件降伏を命令。デーニッツ政府は、ドイツ国民よって選出され任命された正当な政府とは見なされず、5月23日、イギリス軍に逮捕されその機能は停止された。以後戦勝国によって戦争の処理が行われた。彼はニュルンベルク裁判で禁固10年の刑を受けた。

ナチスA級戦犯を裁く国際軍事法廷は、ナチ党大会の開催地だったニュルンベルクに設置され、1945年11月から46年10月までつづいた。この裁判で、リッベントロップ、カイテル、ヨードル、カルテンブルンナーなど10名が絞首刑になった。ゲーリングは処刑寸前に自殺した。写真はゲーリングの陳述（『ナチスの時代ードイツ現代史ー』より転載）。

(2) ニュルンベルク裁判

1945年11月20日から約1年にわたって、ドイツの第1級戦争犯罪人ゲーリングら24名が、連合国のニュルンベルク軍事裁判にかけられた。

訴因（裁判）は「共同の計画または共同謀議」「戦争犯罪」「平和に対する罪」「人

道に対する罪」など4項目によって、46年10月1日判決が下された。24名中2名は裁判中に死去、ゲーリング以下12名に絞首刑、終身刑が3名、禁固刑が4名で、シャハト、パーペン、フリッチェ3名は無罪であった。死刑は10月16日に執行された。

親衛隊指導者のゲーリングはその死刑の前日に自殺。ここにナチス第三帝国は13年足らずで完全に滅亡した。なお、法廷はナチ党指導部・SS・SD・ゲシュタポを有罪とし、ドイツ内閣・参謀本部・最高司令部が犯罪組織であるとの決定を下さないと述べている（時事通信社版、古橋正次訳『ニュルンベルク裁判記録』1947年刊より。『世界史資料下』所収 P443）。

戦勝国となったアメリカのトルーマン大統領は、ドイツが無条件降伏した5月8日、日本に対して無条件降伏を勧告した。

3　第三帝国の滅亡

ヒトラーによって引き起こされたヨーロッパ戦争は、5年8カ月にわたってヨーロッパ中に恐怖と苦痛を与えたが、ナチの残虐、非道さはホロコースの名で知られるとおり未曾有の出来事であった。ヒトラー・ナチ党がヴァイマル憲法下で、政権を掌握したのは、ナチ党綱領決定成立（1920）から13年後の1933年であった。

以来、ヒトラー独裁下に、ナチ・ドイツ政府は各種法律を強権的かつ恣意的に成立させ（ヴ

四大国の連合の前にナチスドイツが敗北したことを祝うポスター
（フランスの教科書より）

ァイマル憲法を封殺しながら）、その総仕上げが全権委任法（全権賦与法国会で可決1933・3・23）であった。

ナチ・ヒトラーの政治手法は、暴力・弾圧・抑圧・懐柔・虚言でもってドイツ国民の言論・思想・行動の自由を剥奪し、ナチ党・政府は情報宣伝によって大衆の操作をおこなった。また、ドイツ・ゲルマン人の優秀性を掲げ、片方でユダヤ人を劣等民族として排斥・抹殺するという思考を国民へ刷り込んでいった。

第三帝国の権力構造を作り上げたナチ党の帝国指導者層は、ヒトラー（44歳）はじめ若い世代であった。1933年の年齢を見ると、21人中50歳代4人、40歳代8人、30歳代9人である（『ナチ・エリート』山口定著 中公新書）。彼らは、第一次世界大戦でドイツ帝国の敗戦を屈辱として心身に刻み込んだ世代であった。偉大なドイツ帝国、優秀なるゲルマン民族を誇るドイツ民族主義を当然として育った世代である。それぞれが社会的・個人的事情、さまざまな問題を抱え理想国を夢見ながら、彼らはナチ党（国民社会主義ドイツ労働者党）を選択した。その第三帝国は13年足らずで滅亡したのである。

第13章　日本の無条件降伏。「大東亜共栄圏」の崩壊

1　太平洋戦線の日本軍敗退

ヨーロッパの戦争は、ドイツの無条件降伏で終わりを告げたが、帝国日本はその後どういう動きをしたのか、ふりかえっておきたい。

1941年12月8日、帝国政府は米英と戦争を開始した。皮肉にもヒトラーが〈ソ連攻撃〉停止を命じた日に、日本はアジア・太平洋戦争に突入した。日本の参戦によって全世界を覆う世界大戦へと広がり、未曾有の被害をもたらしたのは世界史の示すとおりである。

太平洋戦線の緒戦は、日本軍の奇襲戦法が功を奏し米英を圧倒したが、半年足らずの42年6月5日のミッドウェーの海戦敗退から、翌43年にはガダルカナル島から撤退（2・9）。アッツ島の日本軍は玉砕（5・9）し、米軍はサイパン島へ上陸開始（6・15）。7月、キスカ島からの撤退で太平洋における米軍の優勢は確定的となった。

1943年11月5～6日、大東亜会議が東京で開催され「大東亜共同宣言」[注1]が発表された。その20日後の11月27日、米英中はカイロ会談を行い対日戦争方針「カイロ宣言」[注2]を発した。

注1　大東亜会議は東京でおこなわれた。すでに第二次大戦中の日本の東南アジア諸民族に対する諸権利の抑圧は、言語に絶するものとなっており（占領地に、日本語・日の丸・君が代の強制、神社の創建・礼拝、宮城遥拝などを強要した）、「大東亜共栄圏」構想とのギャップは明らかになり、帝国主義日本からの独立を目指す運動が燎原の火のごとく燃え広がり始めていた。日本もやむなく大東亜地域の独立問題をとり上げざるをえなかった。東条政権は、42年11月に新設置（東郷茂徳外相は反対し、辞任した）した大東亜省のもとで植民地支配をとりつくろい、民族解放闘争を抑え戦争完遂を決意し、大東亜共栄圏の確立を宣明するために大東亜会議を招集した。

11月6日に、大東亜の解放と共存共栄、独立親和、文化昂揚、互恵の原則での経済発展、人種差別の撤廃や文化交流、資源開放により世界の進運に貢献、の五原則を宣言した。会議・宣言は、親日的諸国がただ一堂に会したというだけでそれ以上の意義はなかった。事実、日本軍は以後も引き続き南方各地で横暴を極めていた（『世界史資料 下』東京法令参照）。

注2　連合国側は、戦争の早期終結をめぐり、講和条件・戦後処理などについて、何度か会談を開いたが、カイロ会談もその中の一つで重要な宣言である。ルーズベルト・チャーチル・蒋介石がカイロで会談し、日本の無条件降伏を目指す連合国の基本方針を初めて明確にした。その内容については、戦後の日本の領土、また朝鮮の独立と自由をあげており、日本が第一次世界大戦以後獲得した満州や太平洋の島嶼（とうしょ）の剝奪、台湾など中国への返還などの方針が表明されている。

領土に関するものは、その後のポツダム宣言に受け継がれ戦後における日本占領の基本方針となった（『世界史資料』他）。

1944年に入ると、1～2月にマーシャル諸島、カロリン諸島、マリアナ諸島の日本軍拠点が米軍機動部隊による猛攻で壊滅。6月連合艦隊はマリアナ海戦（19・20日）で壊滅的打撃をうけ、7月7日サイパン島は上陸した米軍に占領された。

ここに「絶対国防圏」[注3]（43年9月30日決定）は崩壊し、日本本土は米軍の空爆圏内に入った。また、3月から強行された、ビルマとインドにまたがるインパール作戦も惨敗し作戦中止に追い込まれた[注4]。

注3　「絶対国防圏」：その防衛のために、中国大陸の部隊を南方へたびたび引き抜いた。中国から、あるいは関東軍、朝鮮軍から師団まるごと、または師団の一部が、中部太平洋の戦略拠点や飛行場を守るため遠く離れた、死を待ち受けている島々へ急遽派遣された。米の攻撃展開は非常に速く、帝国陸海軍は防備に暇取り有利に反撃するチャンスを逃し常に後手にまわった。8月下旬以降、「統帥部への天皇の注意内容もいつ、どこに、どういった部隊を派遣するのか、あそこの防御にぬかりはないか、といったかなり具体的な諸問題におよぶようになる」。9月11日、天皇は直に杉山参謀総長とやりとりをすることになった。統帥部が連合軍の暗号を解読できず、連合軍をどこで迎撃するのか部隊集結にも確信を欠いていたことを天皇はわかっていた（『大元帥　昭和天皇』山田朗著　『昭和天皇下』ハーバート・ビックス　吉田裕監修）。

注4　インパール作戦は、1944年3月8日、第15軍がチンドウィン川を渡り作戦を開始した。この作戦は、マッカーサー率いる米軍に追い込まれ、アッツ島の玉砕、ニューギニア全面撤退が必至となった日本軍が、膠着した中国戦線、ビルマ（現在のミャンマー）戦線の打開をめざす、太平洋戦線全体の好転を図る賭けであった。（4月の大陸打通作戦も同様。この稿では省いた）。第15軍は国境の山岳地帯を越えてインド領内へ侵入。4月初め第31師団が最右翼（中部・北部）からインパールとアッサム地方を結ぶ交通の要所コヒマに進軍し、中央の第15師団、左翼（南部）の第33師団もインパールにせまった。当初（4月5日頃まで）、コヒマでの戦闘は「順風満帆」（特に北部は）を思わせ、本土の各

紙も大本営発表の大勝利の記事が踊った。しかし、英軍は日本軍の侵攻を予想しており、４月13日以降はすでに構築していた蜂の巣型の陣地から連続的に発射される銃弾、舗装道路に展開する戦車軍、制空権を奪われた空からの重爆撃に日本軍は粉砕され大損害を被った。中旬には食糧・弾薬も尽きていたが、新聞紙上では、その暗転ぶりは報道されていない。前線兵士が瀕死の状況下にあって、第15軍（司令官牟田口廉也中将）・ビルマ方面軍（司令官河辺正三中将）、その上部の南方軍も大本営も何の手もうたず、７月10日作戦中止命令が下された（機密日誌には７月４日「ビルマ・ウ号作戦中止」とある）。

日本軍は動員した10万人中戦死傷者７万２千余人、残った兵士の大半もマラリアや脚気の病にかかった。兵器装備の大部分をおきざりにしての退却であった。「幹部の名誉欲と、中央の政略的目的にはじまったこの作戦は、参加将兵の惨憺たる犠牲をもたらしただけではなく、ビルマ戦線全体の崩壊となったのである」。後に、その退却路は、「白骨街道」「靖国街道」と呼ばれその悲惨さを伝えている（『太平等戦争史 ５』青木書店 『日本歴史大事典』参照）。なお、インパールの包囲には、自由インド仮政府の首班チャンドラ・ボースが率いるインド国民軍も参加し日本軍を支えた。

(1) 東条内閣退陣。本土空襲へ

日本国内では、宮中グループ[注5]と海軍長老（岡田啓介が反東条運動の中心）たちがようやく東条打倒に動き始め、１９４４年７月18日、東条独裁政権もついに崩壊した《20日ヒトラー暗殺未遂事件起こる》。

注５　宮中グループ：昭和戦前期に表面化した元老、内大臣、宮内大臣、侍従長その他の天皇を取り巻く宮中の勢力。天皇大権を拠りどころに、憲法や法制上の権限を超えて政治的に重大な役割を演じた（その事例：29年、昭和天皇と田中義一内閣の総辞職。西園寺公望、牧野伸顕、近衛文麿、木戸幸一ら、「十一会」の貴族グループが中心）。また、戦局の悪化に伴い、反東条運動の中心となったのが海軍大将の岡田

啓介で、東条退陣に尽力し終戦工作にあたった。

次に、朝鮮総督の小磯国昭が後継首相（7・22）になったが、政府・軍部指導者は最早勢力挽回は不可能と、国力の低下を認めざるを得なくなっていた。

しかし、8月19日、最高戦争指導者会議（8・5大本営政府連絡会議を改称）は天皇臨席のもと「世界情勢」を踏まえて、「帝国は欧州情勢の推移如何にかかわらず決戦的努力を傾倒して敵を破砕し、……あくまでも戦争完遂に邁進」と総合判断を下した。また、「今後採るべき戦争指導の大綱」として、「一億鉄石の団結のもと必勝を確信し、あくまで戦争の完遂を期す」などの方針に基づき、作戦面、国内施策、対外施策のあり方を決定した（『太平洋戦争史5　太平洋戦争Ⅱ』青木書店『20世紀全記録』講談社参照）。

とは言え、戦況の悪化は変わらず、10月24日連合艦隊はレイテ沖海戦で、「武蔵」など空母4隻を含む30隻の艦艇を失い、連合艦隊は事実上消滅した。25日神風特攻隊・4機の零戦が初出撃し、1機が空母「サンティ」に1機が空母「スワニー」に体当たりして自爆した。この日の攻撃で空母1隻を撃沈し、3隻に損害を与えた。

11月24日、80機のアメリカ軍爆撃機B29が東京を初めて空襲し、恐れていた事態が現実となった。このとき、まず中島飛行機工場が狙われ爆撃された。同工場上空に来襲したのは、ちょうど昼食時で空襲警報も間に合わず、直撃弾による即死者も少なくなかったという。

2　連合国の進攻・日本の降伏

これまで見てきたように、太平洋戦線は、主導権は米軍に握られ後退・敗退しつつ、遂に、日本本土（東京空襲他）への空襲に及び、日本の敗戦は確実に速まっていた。しかし、帝国政府・大本営は、1944年の8月19日に決定した「最高戦争指導者会議」の方針に基づき、「あくまでも戦争完遂に邁進」を国民に要請した。

以下は、本土空襲、戦況、学童疎開、戦時経済の崩壊、政府の動向についての断片的記述である。

(1)「B29」による本土空襲・戦況

1944（昭和19）年11月24日、マリアナ基地のB29が東京を初空襲。中島飛行機工場では、爆撃によって78人の死者、80人の重軽傷者を出した。工場従業員のほか近所の住民22人、動員学徒11人が含まれていた。「東京大空襲」の始まりである。

7月にサイパン島が米軍に占領された後は、周辺のテニアン、グァムを含めて5カ所の飛行場が建設され、ここから大量の爆弾、焼夷弾を積み日本へ往復できるようになり、11月1日から7日にかけて、マリアナ基地のB29による偵察が3回行われていた。

以後、12月13日Ｂ29が名古屋を初空襲（90機）、22日第二波110機が来襲。1945年2月25日、米艦載機600機とＢ29100機が東京を空襲、約7000戸を焼く。3月10日東京を夜間無差別空襲、Ｂ29約300機が東京下町を焦土と化す。2月16～17日米機動部隊、艦載機1200機をもって関東各地を攻撃。3月18～19日、3月28～29日九州各地を攻撃した注1。

注1　空襲（大阪）について：大本営発表（昭和20年3月14日12時）「昨3月13日23時30分頃ヨリ約3時間ニ亘リＢ29約90機大阪地区ニ来襲、雲上ヨリ盲爆セリ　右盲爆ニ依リ市街地各所ニ被害ヲ生ゼルモ、火災ノ大部ハ本14日9時30分頃マデニ鎮火セリ　我制空部隊ノ遊撃ニ依リ来襲敵機ノ相当数ヲ撃破セルモ、其ノ細部ハ目下調査中ナリ」。その後、同日16時30分に、大本営発表がおこなわれ、「昨3月13日夜半ヨリ本14日未明ニ亘リ大阪地区ニ来襲セル敵機ノ遊撃戦果次ノ如シ　撃墜11機、損害ヲ与ヘタルモノ約60機」と記す（『戦争中の暮しの記録』暮しの手帖編　Ｐ122～23・大阪全滅参照）。

44年12月4日、米国務次官に元駐日大使グルーが就任。日本の降伏と天皇制維持を条件とする日本占領管理方策の検討を本格化。7日東海地方に大地震・津波。死者約1000人、全壊家屋約2万6000戸。19日第14方面軍司令官がフィリピン持久作戦計画を策定。山地にこもって永久抗戦・自戦自活の戦い。この作戦で日本軍戦死8万557人、残存1万1000人、米軍死傷者、行方不明約6万人をだした。

(2)　学童集団疎開と学徒勤労動員

政府は米軍機による本土空襲が始まると、大都市や島嶼からの疎開（人口、物資、文化財、工場を「安全」な地域に移住・移転させる）を急いだ。最大の難問は都市機能と戦意を損なわずに人口疎開を実施することであった。１９４３年、人員疎開方針を確認、重要都市の施設・建築物・人員等の「都市疎開実施要綱」を閣議決定（12・21）した。

ここでは、学童集団疎開[注2]についてふれておきたい。44年に入り、国民は想像していた以上に戦況悪化を身近に感じはじめていた。サイパン島戦（7・7守備隊が全滅）が行われていた6月30日、政府は「学童疎開促進要綱」を閣議決定。「防空上の必要に鑑み、一般疎開の外、特に国民学校初等科の疎開を強度に促進する」ことを方針とし、文部省は7月の通牒で、東京の他12都市を学童疎開都市に指定した。

8月4日、東京都の学童集団疎開第一陣が出発し、各都市でも出発・受け入れの準備が慌しく行われた。南西諸島からの学童疎開は8月22日、沖縄からの疎開船対馬丸が米潜水艦の魚雷攻撃により悪石島近海で沈没、学童７７９人を含む１４７６人が死亡した。対馬丸事件は公表されず学童集団疎開は、９月末まで続けられた。

注2　学童集団疎開：国は疎開の目的を「人的にも物的にもいわゆる戦闘配置を整え国家戦略の増強に寄与せしめることを狙っておるのであります」と述べており、この方針に基づいて大達茂雄東京都長官は「帝都ノ学童疎開ハ将来ノ国防力ノ培養デアリマシテ学童ノ戦闘配置ヲ示スモノデアリマス」と訓示（１９４４年7月16日、都下国民学校長会議）し、教員に国民学校の集団疎開を強力に勧奨させた（大達茂雄は戦後吉田内閣の文部大臣になった人物である）。当初は、３年生から6年生が対象とされたが、45年3月には低学年の１～２年生も父母の希望により参加が許可された《虚弱児童は対象か

ら外された》。9月末までに8都市の41万1360人の学童集団疎開が完了したといわれる。なお、「疎開先で児童は食糧不足、疾病、孤独感、人間関係の軋轢に悩み、引率教員も受け入れ先との対応、食糧確保に奔走し、過酷な勤務に従事した」（島嶼からの疎開も含め）というが、筆者の親父もその引率教員の一人であった（8都市疎開人数については異説あり）（『学童集団疎開史』大月書店　1998年。44年7月11日、17日朝日新聞　『日本歴史大事典』学童疎開の項参照）。

ところで、政府は、1944年8月23日、学徒勤労令を公布（勅令）、学徒勤労動員に法的措置を行う。大学・高専の2年以上理科系学徒1000人に限って勤労動員より除外、科学研究要員とした（「学徒戦時動員体制確立要綱」〈本土防衛のための軍事訓練と勤労動員の徹底〉を閣議決定43・6・25）。

10月20日、戦況が日々悪化するなかで、東京日比谷で一億憤激米英撃摧国民大会が開催された。奇しくも同日、レイテ決戦を前に、爆弾を抱えたまま敵艦に体当たりするという人間爆弾攻撃が、軍の正式戦術として採用され神風特別攻撃隊を結成。25日零戦4機が初出撃した。《連合軍の息もつかせぬ反攻と、日本軍の「玉砕」が続く絶望的な戦局のなかでの、最後の切り札としての戦術が「特攻」であった》。12月19日ついに大本営は、レイテ地上決戦方針を放棄した。

(3)　戦時経済の崩壊

国家総動員法の下で、全てを投げ打っての軍需生産の拡大も、43年をピークに低下傾向にあり、原材料の供給も船舶の不足から途絶えがちとなり、東南アジアからの資源も海上輸送の途絶により戦時経済の維持は最早不可能であることが、軍需省の「開戦以降、物的国力の推移竝今後に於ける見透説明資料（1944年8月10日）」に、「戦争第4年たる19年末には国力の弾撥性は概ね喪失するものと認められる」と記している（『15年戦争史学習資料 下』安達喜彦編著 平和文化発行 P103参照。原本は参謀本部所蔵『敗戦の記録』原書房）。

資料はこれ以上の戦争継続は困難であることを示したものである。小磯国昭内閣はこれを全く省みることなく「あくまでも戦争完遂に邁進」として、国民の犠牲をさらに増やすことになった。12月21日、ラジオは「爆音による敵機の聴き分け方」を連続講座として放送する。

(4) アメリカの対日方針。日本の支配層の思惑

日本軍の度重なる敗退と生活条件の悪化は、小磯内閣でも変わらず、難局を打開する具体策はなく、依然として戦争完遂を絶叫[注3]するだけであった。政権への不信は増大したが、組織的な抵抗運動にまで発展することはなかった。それは、戦前から国民の抵抗組織は徹底的に弾圧され、戦時中は壊滅しており、一般国民の意識も戦争目的を批判するまでにはいたらなかったからである（個々の反戦・厭戦・不敬・不穏や徴兵忌避等は枚挙にいとまがないほどある）。日本政府は、最早万事休すという状態にありながら依然として降伏の意思を表明しようとはせず、大本営は本土決戦を叫び、国民義勇隊の編成に着手。この間、国民の死傷者は増大し、米軍の損害もしだいに増えていった。

沖縄戦で消失した首里城正殿
戦火で失われる前の1938年、正殿前での空手演武
（タイムトラベル沖縄本島「首里城の焼失・復活の歴史」より）

沖縄戦――住民をも巻き込んだ悲惨な戦場
投降した住民たち――人々の表情は不安と憔悴で一様に暗い（『沖縄と天皇』（あけぼの出版　１９８７年）より）

注3　１９４４年12月26日～45年３月25日まで開催された第86議会の開院式の勅語は、「全力を傾倒して敵を撃攘すべき秋なり」「征服の目的を完遂せん」と命じている。戦争状況を誰よりも熟知している天皇の言葉である。戦況について一般民衆はほとんど情報をもたなかったが、巷では「もう日本は、だめですね」と囁きはじめていた。こうした民衆の会話は、44年７月のサイパン島が陥落し、守備隊が全滅したころから多くなっており、「特高」はこれを流言蜚語として取りしまった様子が『特高月報』に示されている（１９４４年、戦況に関する流言、急増１８７２『近代総合年表』）。

まさにこうしたなかで、ヤルタ会談（１９４５年２月４～11日）が開かれ（ルーズベルト・チャーチル・スターリン）ソ連の対日参戦が決定されたのである。圧倒的に優勢な米軍は、４月１日沖縄に上陸し、６月下旬全島を占領した。６月23日守備軍全滅。戦死９万、一般県民の死者は子どもを含め15万人が犠牲となった。

かくして本土決戦は近づき、日本の支配層も敗戦を覚悟せざるを得なくなった。４月５日小磯内閣総辞職。海軍大将の鈴木貫太郎に組閣命令が下り、７日鈴木貫太郎（１８６７～１９４８）内閣が成立した。これは全世界的な民主勢力の強化から各戦線で対ファシズム戦に抵抗・勝利し、なかでも東ヨーロッパ諸国では親ナチ政権が崩壊し、親ソ容共政権が樹立されたことに、日本支配層・重臣たちが大きな不安を抱き和平内閣を企てた結果である。《この間、５月７日ドイツ軍、無条件降伏。５月８日トルーマン、日本に無条件降伏を勧告。５月９日政府、ドイツの降伏にかかわらず日本の戦争遂行決意は不変と声明す》。

６月８日最高戦争指導会議は、戦争指導大綱を決定し本土決戦方針を決める。国民義勇戦闘隊結成の準備などに国民を駆り立てつつ、6月22日昭和天皇は、最高戦争指導会議で、時局の収拾を指示（内閣に独裁権限を付与）。7月10日ソ連に終戦斡旋依頼のため近衛文麿の派遣を決定し、米英に条件づきで降伏しようとしたが、ソ連は拒否（7・18）し、日本政府の甘い幻想は打ち砕かれた。

3　日本のポツダム宣言受諾（無条件降伏）

(1)　鈴木内閣の対ソ和平工作

前項で見たように、1945年6月22日、昭和天皇は沖縄戦の敗北と本土空襲の激化による事態を憂慮し、時局の収拾を指示（御前会議）した。7月10日政府は、天皇の督促もありソ連に終戦への斡旋を託すべく、近衛文麿を特使としてソ連に派遣することを決めた。しかし、この派遣の内容が「和平仲介を依頼する具体的な内容を持つものではなく、漠然と世界平和について話し合いたい（＝国交の申し入れ）」というものであり、ソ連側は近衛特派使節の目的に内容がないとして7月18日に拒否回答した。

既に、ヤルタ会談（45・2・4〜11　ルーズベルト・チャーチル・スターリンの三首脳）で、ソ連の対日参戦が決定されていた。この対日条項[注1]は、秘密協定であり日本には知らされなかった（45

年4月当時、日本と戦争状態にある国は、世界の50カ国に及ぶ)。

注1 ヤルタ協定の対日参戦条項は、秘密協定(対独戦争処理の副産物?)であり、日本には知らされなかった。アメリカがソ連の対日参戦を強く求めた結果である。ヤルタで英首相チャーチルは、日本に対する無条件降伏の緩和および警告声明が必要と主張。硫黄島・沖縄戦で犠牲者が増大するなかで、アメリカでも元駐日大使グルーらの「日本派」が、天皇制保持を認めることが早期降伏につながるのではないかと、その警告声明をだすべきだと主張していた(グルーは駐日大使として、また早くから日本の政治、天皇制など日本研究をしていた)。

(2) ポツダム宣言の発表

1945年の春以降アメリカは、日本の早期降伏のための降伏条項(文)検討に着手。グルーら「日本派」(国務省内の)は検討を重ね、スチムソン陸軍長官のもとでポツダム宣言の原案が作成された。この間に、原爆投下も考慮におき、日本があくまで徹底抗戦し降伏を拒否するなら、連合国は日本を徹底的に壊滅させることを企図していた(ソ連は、ポツダム宣言の作成過程には一切参加させられず)。

7月17日～8月2日まで、ベルリン郊外のポツダムのツェツィーリエンホーフ宮殿で、三大国・米英ソの首脳会談(ポツダム会談)が開かれた。討議内容は、「ヨーロッパの戦後処理」、「日本の無条件降伏と基本条件」であった。しかし、ソ連のモロトフ外相にポツダム宣言のコピーが渡されたのは、宣言発表日の7月26日の午後であった。

7月16日アメリカは原爆実験に成功。25日トルーマン大統領は、8月3日以降の原爆投下を命令。アメリカはソ連の対日参戦なしに、日本が降伏するよう考慮していた。なお、ドイツに関する議定書は、8月2日に発表。ソ連が宣言に加わる（署名する）のは、対日参戦した8日である。

ポツダム宣言は米英の意向（第二次大戦後の世界戦略を念頭においた）を強く反映させたものであるが、侵略国日本を早期に降伏させ、極東と世界の平和を熱望する諸国民の意志を反映するものとして、ソ連、中国（蔣介石）も賛同を表明。こうして米英ソ中は、戦後の世界戦略の思惑を錯綜させつつ、同宣言を採択した。

ポツダム宣言は7月26日、米英中三国の共同宣言として発表された[注2]（同日の英総選挙でチャーチルが敗れ、労働党のアトリーが首相に。宣言の署名はアトリーによってなされた）。

注2　ポツダム宣言の原案は、スチムソン米陸軍長官のもとで作成されたが、「第12条には天皇制存続を示唆した文があったが、元国務長官ハルや統合参謀本部の反対、そしてトルーマンらの原爆使用による降伏の方針によりこの文は削除され、書き換えられた。そしてその会談のなかでの、いわゆる修正により間接占領と、それに伴う日本政府の存続のみが示唆された」という（『日本の歴史6　ポツダム宣言は戦後改革にどう反映したか』P13「100問100答　現代」鈴木敏夫氏）。なお、鈴木氏は上記論文で、「その結果、降伏を促す効果は薄められ、宣言は、原爆を正当化するための警告という性格を強めてしまった（『原爆投下への道』荒井信一）」ことを指摘している。ポツダム宣言受諾の経緯をみれば、政府・支配層が「国体護持」に固執したことは明白であり、降伏決断の遅れにより原爆も投下されより多くの犠牲者を増やしてしまったことを重視したい。

宣言文は、全13条あり。1～5条で日本に戦争終結を促すための最後の打撃を与える準備が整ったと述べ（抗戦を続ける場合についての結果は、ドイツの例をあげて警告している）、6～13条に降伏の具体的条件を提示している。以下、要点をみると、6条　日本の軍国主義戦争指導者の権力・勢力を永久に除く。7条　目的達成まで連合国は日本を占領する。8条　カイロ宣言によって領土を制限し、日本の主権を本州・北海道・九州・四国と諸小島とに限る。9条　日本軍隊を武装解除し、兵士の復員を行う。10条　戦犯処罰、民主主義的傾向の復活・強化への障害除去、言論・宗教・思想の自由と基本的人権尊重を確立する。11条　軍事産業以外の平和産業は維持させ、また、将来の世界貿易関係への参加を許す。12条　責任ある政府の樹立後、占領軍はただちに撤退する。13条　日本は日本軍隊の無条件降伏をただちに宣言する。……右以外の日本国の選択は迅速かつ完全なる壊滅あるのみとす（要約条文は、『日本史資料 上』東京法令『日本史史料 現代』歴史学研究会編 岩波書店参照）。

(3) ポツダム宣言受諾への対応

日本政府が、ポツダム宣言の内容を知ったのは、7月27日の朝であった。政府は同日、最高戦争指導会議を開き「条件次第で受け入れる」方針をきめた。しかし、あくまで徹底抗戦を主張する軍部は、これに不満で政府にポツダム宣言に反対であることを表明せよとせまった。軍部の圧力に鈴木首相は、28日の記者会見で「ただ黙殺するだけ」と述べた。

「黙殺」は、「今のところ拒否でも受諾でもない」という程度の意味だったらしいが……、同盟通信社は、「全面的無視（ignore it entirely）」と翻訳し、対外放送網（ロイターとAP通信は「reject」拒否と訳す）は、「日本、ポツダム宣言を無視、拒絶」のニュースが全世界を駆け巡ったのである。ここに、連合国側は、ポツダム宣言13条の「日本国が無条件降伏しないかぎり迅速かつ完全な壊滅あるのみ」を実行することになった（＊28日午後、鈴木は記者会見で、「共同声明はカイロ会談の焼直しと思ふ。政府としては重大な価値あるものとは認めず黙殺し、断固戦争完遂に邁進する」というコメントを述べたという。28日の各紙朝刊は、政府は「黙殺するであろう」などと論評していた）。

当初から原爆投下を企図していたアメリカは、ソ連の対日参戦が早まることを察知し、8月6日広島に原爆を投下。8日にソ連の対日宣戦布告（8・15参戦の予定を早めた）。9日2発目の原爆が長崎に投下された。

まさに日本は壊滅状態に追い込まれ、9日深夜ようやく御前会議が開かれ、10日未明ポツダム宣言受諾を決定した。同日、日本は宣言受諾の申し入れ（打診の打電）を中立国スイスおよびスェーデン政府を介して、「ポツダム宣言受諾に関する政府の通告」を発電した（資料1参照）。

これに、連合国側の「合衆国、連合王国、『ソヴィエト』社会主義共和国連邦及び中華民国の各政府の名に於ける合衆国政府の日本国政府に対するの回答」（8月11日付、12日接受）の返書があり、米国務長官バーンズによる回答が寄せられた。バーンズ回答を受けた日本は、8月14日御前会議を開く。これでは天皇制が保持できないと軍部は再度「照会」すべきと主張。天皇は「敵は国体を認めると思う」と決断し、連合国に宣言受諾を通告した。

資料①　米英支三国対日共同宣言受諾に関する件（ポツダム宣言受諾打診の電報――1945・8・10午前7時15分）：帝国政府においては人類を戦争の惨禍より免れせしがため速やかに平和を招来せしめんことを祈念し給う天皇陛下の大御心に従い、さきに大東亜戦争に対して中立関係に在るソヴィエト連邦政府に対し斡旋を依頼せるが、不幸にして右帝国政府の平和招来に対する努力は結実を見ず、ここにおいて帝国政府は前顕天皇陛下の平和に対する御祈念に基き、即時戦争の惨禍を除き平和を招来せんことを欲し左の通り決定せり。帝国政府は昭和20年7月26日米英支三国首脳により共同に決定発表せられ、爾後ソ連邦政府の参加を見たる対本邦共同宣言に挙げられたる条件中には、天皇の国家統治の大権を変更するの要求を包含し居らざることの了解の下に帝国政府は右宣言を受諾す。帝国政府は右の了解に誤りなく、貴国政府がその旨明確なる意思を速やかに表明せられんことを切望す。帝国政府は「スイス国政府　スェーデン国政府」に対し速やかに右の次第を「米国政府及び支那政府　英国政府及びソ連政府」に伝達方を要請するの光栄を有す（『本土空襲と8月15日』今井清一編　『日本史史料　現代』歴史学研究会編参照）。

以下、返書を記す。

「『ポツダム』宣言の条項はこれを受諾するも、宣言は天皇の国家統治権を変更するの要求を包含し居らざることの了解を併せ述べた日本国政府の通告に答え、我々の立場は次のとおりである。降伏の時より天皇及び日本国政府の国家統治の権限は、降伏条項実施のためその必要と認むる措置をとる連合軍最高司令官の制限の下に置かれるものとす。天皇は日本国政府及び日本帝国大本営に対し『ポツダム』宣言の諸条項を実施する為必要なる降伏条項署名の権限を与えかつこれを保証する事を要請せられ、又天皇は一切の日本国陸、海、空軍官憲及び何れの地域に在るを問わず右官憲の指揮下にある一切の軍隊に対し、戦闘行為を停止し武器を引渡し、及び降伏条項実施のため最高司令官の要求することあるべき命令を発することを命ずべきものとす（命令を布告するように要請されるのである）。日本国政府は降伏後直に

日本の降伏で喜びに湧きかえる人々（マレーシアの教科書から。『アジアの教科書に書かれた日本の戦争・東南アジア編』より）

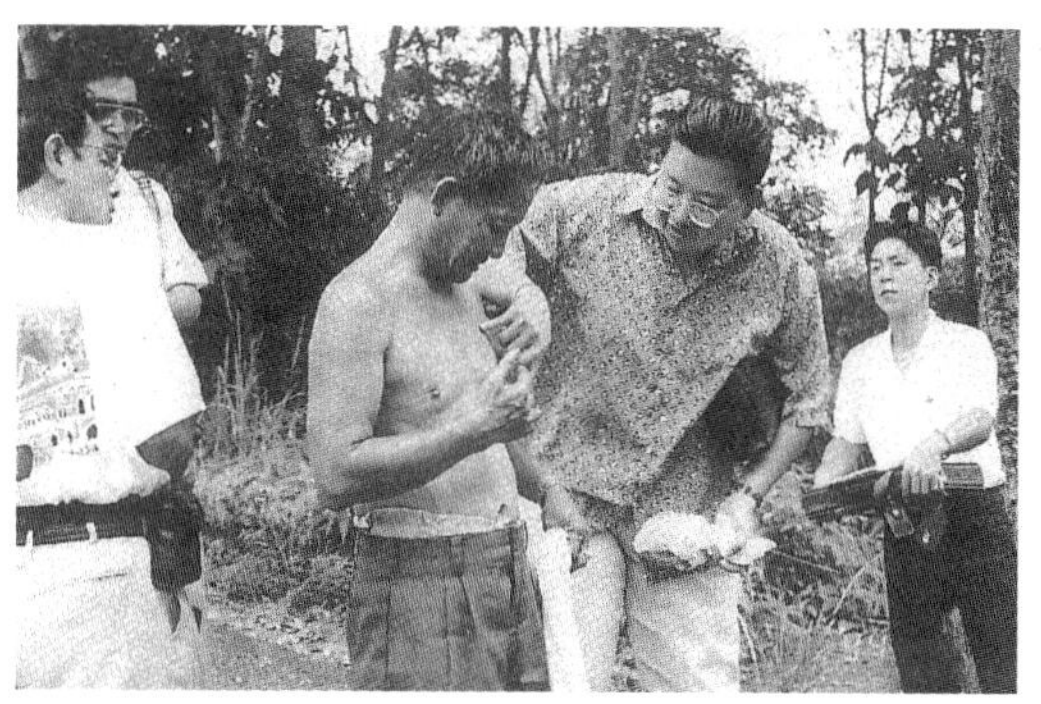

日本軍の戦争犯罪：鄭来さんが銃剣で刺された傷跡をみせてくれた（1994年８月22日　ペダスにて。『シンガポール・マレーシア 平和と友好の旅』より）

俘虜及び被抑留者（非戦闘員収容者）を連合国船舶に速やかに乗船せしめ得べき安全なる地域（場所）に移送すべきものとす。日本政府の究極の政体（最終の形態）は、ポツダム宣言の条項に則り、日本国民の自由に表明する意思により決定せらるべきものとす。連合国の軍隊は、『ポツダム』宣言に掲げられたる諸目的が完遂されるまで日本に留まるべしとする」（『日本史史料 現代』歴史学研究会編参照）

回答の主旨は、「降伏の瞬間から天皇および日本国政府の国家統治権限は、連合国最高司令官に従属することであり、日本の究極の統治形態はポツダム宣言に則り、自由に表明された日本国民の意思に従い確定される」と示されているとおりである。

第14章　戦争責任は問われないまま
――敗戦にともなう日本政府の姿勢――

――2018年新しい年を迎えたが、明るい展望を抱かせる報道は皆無にひとしい。相変わらず独断と偏見に満ちた安倍政権。かつて反戦・反軍で気を吐いた反骨のジャーナリスト桐生悠々が、近衛の新体制運動（1940年）は〝新体制総花主義〟でまったく偽善ではないか、「臣民道徳でごまかし得ても、全体として人間の知を知らなければ、一切の方面において『闇』をみる」といった一節を思いだす。

日中戦争から太平洋戦争へと突き進んだ「大日本帝国」は、1945年8月に敗北した。負けるべくして負けたと史料からはうかがえるが、政府は、敗戦をどう迎えようと考えていたのか。既知の史料からあえて見ておきたいと思う。

⑴　ポツダム宣言の受諾と内閣告諭

政府はポツダム宣言を受け入れ、8月15日昭和天皇がラジオを通じて戦争終結を述べた（戦争終結の詔書を玉音放送として流した）。

政府は、急激な方向転換を懸念しその混乱に天皇制を巻き込むことを避けるために、天皇自身が降伏を決定したことを既成事実として、いきなり玉音放送という方法をとった。

8月14日の「内閣告諭」がその状況を物語っている。

戦争の終結に当たり内閣告諭「本日畏(かしこ)くも大詔渙発(たいしょうかんぱつ)を排す、帝国は大東亜戦争に従うこと実に四年に近く、しかも遂に聖慮を以て非常の措置によりその局を結ぶの他途(みち)なきに至る、臣子として恐懼(きょうく)謂うべき所を知らざるなり。（中略）今や国民の斉(ひと)しく嚮(むか)うべき所は国体の護持にあり、而(しこう)して、苟(いやしく)も既往に拘泥して同胞相猜(すい)し、内争以て他の乗ずる所となり、或いは情に激して軽挙妄動し、信義を世界に失うが如きあるべからず、又特に戦死者戦災者の遺族及傷痍軍人の援護に付いては国民悉(ことごと)く力を効すべし。政府は国民と共に承詔必謹、刻苦奮励、常に大御心に帰一し奉り、必ず国威を恢弘(かいこう)し、父祖の遺托に応えむことを期す。なお、この際特に一言すべきは、この難局に処すべき官吏の任務なり、畏くも至尊(しそん)は、爾臣民の衷情は、朕(ちん)善くこれを知ると宣(のたま)はせ給う、官吏は宜しく、陛下の有司(ゆうし)としてこの御仁慈の聖旨を奉行し、以て堅確なる復興精神喚起の先達とならむことを期すべし」。

14日の夜に、翌日正午に重大な放送があることが予告され、同日の新聞は重大放送後に配達されることになった。こうした状況に国民は、ソ連の参戦によりいよいよ本土決戦かと思ったという。国民ははじめて昭和天皇の詔書放送を聞いた。よく聞き取れないなかで日本が降伏したことを知ったのである。

詔書は、新型爆弾の惨事に直面し、天皇が自ら「非常の措置」として帝国政府に四国共同宣言を受諾させた。「忍び難きを忍び、もって万世のために太平を開かむ」と述べ、敗戦の事実をうやむやにしたまま、天皇の力で無事戦争が終わったことを強調した。しかし、この戦争を命令し内外に甚大な惨禍をもたらした天皇、政府・軍部の責任については全くふれていない。なお、「民族の滅亡招来」し、「皇祖皇宗の神霊」に申し開きができないので、戦争をやめたとしている。……何という言い種（ぐさ）かと思う。ポツダム宣言は、「無責任な軍国主義者」の「世界征服の挙」だと告発したが、何の反応も示さず。最後に「朕はここに国体を護持し得て……爾臣民と共にあり」と敗戦後も天皇制が持続されることを国民に刷り込んでいる。

これに続いた鈴木首相の放送「内閣告諭」は上述のとおり、「聖断」による戦争終結であることを強調。「国体護持」「承詔必謹」、軽挙妄道して信義を世界に失うなと述べた。さらに、「文部省訓令第五号」（8月15日）は、敗戦の原因は「皇国教学」の思想教育が不徹底であった（敗戦の責任は国民の働きが足りなかったこと）と指摘し、今後、国体護持の教育を徹底させることを命令している。

以下、この訓令を読んでみたい。

「8月14日米英支蘇四国の共同宣言を受諾し給うに際し畏くも、大詔を渙発総力を招来の建設に傾けむことを懇諭し給う誠に允（まこと）に恐懼に堪えず大東亜戦争勃発して己に殆ど四年その間地方総監並地方長官は熱誠克く管下の学校教職員を統督し学校長並教職員は尽忠（じんちゅう）克く垂範倶進の実を挙げ、学徒は或いは前線に勇戦し或いは銃後に敢闘し忠誠純真克く奉公の節を効せりと雖戦局並世界情勢の相次ぐ急緩と残虐なる爆弾の出現とは遂に未曾有の国難を結果し国歩の蹉跌を招来するに至れりこれ偏に我等に匪躬（わが身をかえりみないで、君主または国家に忠節を尽くすこと）の誠足らず報国の力乏しくして皇国教学の神髄を発揚するに未だしきもの有りしに由ることを反省しこの痛恨を心肝に刻み臣子たる責務の完遂を今後に誓わざるべからず激情を戒め隠忍を諭へ道義志操の教えを申ねさせ給うを拝しては苟も教育に関係する者にして感奮興起せざる者あらむや。

各位は深くこの大詔の聖旨を体し奉り国体護持の一念に徹して教育に従事するものをして克く学徒を薫化啓導しその本分を謬なく恪守せしむると共に師弟一心任の重きに堪え祖孫一体道の遠きを忍びて教学を荊棘の裡に再建し国力を焦土の上に復興し以て深遠なる聖慮に応え奉らしめむことを期すべし」

あらためて読むと、いかに明治以降の天皇制絶対の教育が行われてきたか。敗戦後の文部省の最初の〝身の毛がよだつ〟訓令である。

(2) 東久邇宮内閣の成立（初の皇族内閣）

こうした政府・支配者側の姿勢をより明確に証明したのが、東久邇稔彦内閣の成立である。「国体の護持」こそが日本の命運上最も重要だと理解した天皇制官僚たちの姿である。

この内閣成立に先立つ、1945年2月14日、近衛文麿が上奏文を単独で出したが、以後支配者層の意図は「降伏」するにあたって、「天皇制護持」に大きく傾斜し、その支配者機構を温存、持続・継続することが最優先の課題となっていたのである。以下「東久邇宮の手記『私の記録』」資料1、「木戸口述書」資料2が、いかに宮中で巧妙な組閣工作がおこなわれたかを語っている（『日本史史料　下』東京法令参照）。

資料1　東久邇宮の手記「私の記録」：松平内大臣秘書官長が面会を求めて来た。……木戸内大臣が来るはずであるが、非常にいそがしいので、その使いで来ました……。とのことで、今までの、ポツダム宣言受諾に至るまでの経過を述べた後、……こういう情勢のもとにおいては、鈴木総理が、近く辞職するかも知れない。その場合に軍部を抑えて、後継内閣を組織し得る自信をもっているところの重臣が、今のところいない。もし、そうなったら、その時には東久邇宮に、出馬をお願いしなければならぬことになるかも知れない……。と内府の伝言を述べた。私は……そんなことのないことを希望する……。……総理大臣になることは、まっぴら御免です……とお断りした。（中略）陛下の御放送を聴いたその夕、再び、松平内大臣秘書官長が来た。……。

翌日、侍従職から電話がかかってきて、……陛下が東久邇宮をお召しである。午前九時に、宮城に参内するようにといってきた。また、それからもう一つ電話がかかって、それは宮内省から……今日参内されたならば、すぐ内大臣の部屋までお出でください。とのことである。それで、その時刻に宮城に参内して、木戸内大臣の部屋に行って面会した。木戸大臣は、……鈴木総理は、昨15日に辞表を提出した。いろいろの情勢からして、天皇陛下には、東久邇宮が後継内閣の組閣をお命じになるお考えであります。

そこで私は、……今まで私は、松平秘書官長を通じてお話したように、おことわりする気持ちでおりました。しかし、この国家の危機に、いつまでも自分の考えを通すことは、適当でないと思うから、あなたから、政変のやむを得なかった事情について一応説明してもらいたい。それによって最後の決心をしよう。と答えると木戸内大臣は、容をあらため……天皇陛下におかせられては、わが国家、国民を救うためには、御自身が如何ようになってもよろしいという堅い御決心をなさっておいでになる……このことを木戸にお話になった。それからわが国は、終戦とともに、人心混乱して、危急存亡の状況にたちいたっている。

一方米国は、わが国土進駐を急いでいて、その打合せに、一日も早く日本政府を代表した連絡使節を比島に派遣するよう……と無電でいってきている。然るに……。木戸のこうした説明を聴いて、私はしばらく考えた。……。……。……。わが国未曾有の国難を突破するために、死力をつくすことは、日本国民の一人として、また平素、陛下及び国家、国民から特別の待遇を受けている皇族の一人として厳粛な義務であろう。と熟考した結果、……終戦を無事に終わらせるため……総理の重責をお受けすることに決心した。……。……。(「終戦史録」)

資料2　木戸口述書：愈々終戦の詔書が渙発せられ、自分の任務は終わりとして総辞職(中略)そこで陛下は三時五〇分私を召されまして、後継首班の選定について御下命がありました。依って今回は重臣集めることなく、平沼枢相と相談の上奏答すべき旨申しあげて御許を得たのであります。四時半平沼枢相の来室を求めて篤と協議の結果、今後の陸海軍の向背を考える時は到底臣下では乗り切り得るものでは無いので、東久邇宮殿下の御でましを願い、御補佐の役に近衛公を煩わすことに意見の一致をみたのでありました。陛下にはその旨奉答して御嘉納をえました」。(「木戸幸一日記」)

東久邇宮内閣の任務は、戦後の国民の離反を阻止し、占領支配される前に政府機能を回復させ国家としての安定をつくりあげることにあった。また、「降伏」に対している軍部主戦派をどう抑制するかにあり、要は天皇制の復活を狙った組閣であったのではないか。それを、象徴的に示しているのが東久邇宮内閣（1945・8・17〜10・9）の閣僚の顔ぶれである。

総理：東久邇宮稔彦王（陸軍大将）、外務：重光葵→9・17日より吉田茂、内務：山崎巌、大蔵：津島寿一（小磯内閣の蔵相）、陸軍：当初首相兼任8・23より下村定（陸軍大将）、海軍：米内光政（海軍大将）、司法：岩田宙造、軍需：中島知久平、商工：中島知久平8・26より（軍需資本・中島飛行機の経営者）、国務：〈副総理格〉近衛文麿（日中開戦、日独伊三国同盟締結時の首相）・緒方竹虎（内閣書記官長兼情報局総裁、小磯内閣の国務相）・小幡敏四郎（予備役陸軍中将）、大東亜省：（兼）重光葵（……8・26に廃止）。

あと省略するが、居並ぶ面々から第一級の戦争責任者内閣である。この内閣の最大の課題は、陸海軍の「無血」の武装解除と平穏な降伏調印であった。また、戦争をどう反省するのか問われていたが、首相の「一億総懺悔」論が新たな一石（賛否議論）を投ずることになった。

♪♪！　写真が語る半世紀前：亡義母のアルバム整理中のこと。妻の

妻の花嫁姿（宮崎神宮社務所にて。1967年９月25日）

花嫁姿（控え室）の写真（撮影は１９６７年９月25日）に、扁額「八紘一宇」が写っていた⁉　２０１８年２月12日宮崎神宮社務所を訪ね調査を頼む。予感が的中、秩父宮雍仁（やすひと）親王の直筆（「八紘一宇」の塔に拡大印刻した扁額）であることが判明した。なお、この文字は宮崎県立図書館が所蔵。また、写真の控えの間は現在は護国神社に移築されている。

(3) 一億総懺悔論

日本の内閣制度始まって以来の皇族内閣・東久邇稔彦内閣[注1]（１９４５・８・17発足）は、前項で紹介したとおり、いわば戦争責任を問われるべき人々であり、「国体護持」内閣であった。終戦の詔書からもうかがえるように、アジア・太平洋戦争は自衛戦争であるとし、誰が戦争（敗戦）責任を問うのかは不問にされていた。当然のことながら、この内閣には今次戦争に対する「戦争責任」をどうするのかが問われていた。

注1　東久邇稔彦首相は８月17日午後の初閣議で、天皇より言葉を賜ったとして次のように述べたという。「16日組閣の大命を拝した際、天皇陛下におかせられては、憲法を尊重し軍の統制秩序の維持に努め時局の収拾に努力せよとの御言葉を賜った。今日滞りなく親任式を終えたわけであるが非常に重大な難局であり、この御言葉充分に体して国難突破に邁進したいと思う。閣僚各位充分協力して戴きたい。」（朝日新聞45年８月18日付。「見出しは「憲法尊重と軍の統率」小見出しに「初閣議に首相宮重大御発言」と記す）

ところが28日、東久邇首相は、初の記者会見で「国体護持」「民族団結」「国民生活の安定確保」「言論ならびに結社の自由」また「大和民族の今後の指針」などの見解を表明し、記者の質問に答え敗戦の原因にふれた。「わが国敗戦の原因は戦力の急速なる壊滅であった、（中略）これに加ふるに、惨状尽くし難い原子爆弾の出現とソ連の進出とが加はって……」などと述べ、さらに統制の不手際、国民道徳の低下をあげて「一億総懺悔」が必要であると訴えた注2。

注2　8月28日の東久邇首相の発言概要：わが国の戦敗の原因は戦力の急激なる壊滅であった。ソ連の進出が加わり戦敗の原因となった。あまりにも多くの規則法律が濫発されてわが国に適しない統制によって国民が完全に縛られ何もできなかったことも戦敗の原因である。「また、政府、官吏、軍人自身がこの戦争を知らず知らずに戦敗の方向に導いたのではないかと思ふ」（中略）「それからさらに国民道徳の低下といふことも敗因の一つと考へる、（中略）この際私は軍官民、国民全体が徹底的に反省し懺悔しなければならぬと思ふ、全国民総懺悔をすることがわが国再建の第一歩であり、わが国内団結の第一歩と信ずる」と。（朝日新聞１９４５年8月30日付）

この首相発言は、戦被災した多くの国民にとっては受け入れがたいものであった。天皇および天皇制（国体護持）に固執し、戦争責任にほおかむりする政府・指導者の姿勢を明らかにしたからである。結果として、「一億総懺悔論」は破綻をきたしたのは当然の成り行きであったといえよう（『日本史史料5　現代』歴史学研究会編　岩波書店　P２００参照）。

この東久邇首相の会見談は、天皇をはじめとする戦争最高指導者たちの責任を追及させまいとする方便であり、まことに曖昧な発言であった。そのことは、9月5日に開催された第88回議会（臨時会）における東久邇稔彦首相の「一億総懺悔論」にもよく表れている。一部紹介すると、「……この度の終戦は実にありがたき御仁慈の大御心に出でたるものでありまして、至尊御自ら、祖宗の神霊の前に謝し給い、万民を困苦より救い、万世のために太平を開かせ給うたのであります……」「……民草の上をこれ程までに御軫念（しんねん）あらせらるゝ、ありがたき御仁慈の御心に対し、我々国民は御仁慈の程を深く肝に銘じて自粛自省しなければならないのでありま す……」と述べている。要するに、天皇の聖断によって終戦となり国民は救済された。国民の道義的退廃もあるのではないか反省せよ、といっている。

演説の後半では、「敗戦の因って来るところはもとより一つにして止まりませぬ、〈後世史家の慎重なる研究批判に俟つべきであり、今日我々が過去に遡って、誰を責め、何を咎むることもないのでありますが〉、前線も銃後も軍も官も民も国民悉く静かに反省する所がなければなりませぬ、我々は今こそ総懺悔をして神の前に一切の邪心を洗い浄め、過去をもって将来の戒めとなし、心を新たにして、戦の日にもまして挙国一家〈乏しきを分かち、苦しきを労わり、温き心に〉相援け相携えて、各々その本分に最善を尽くし、来るべき苦難の途を踏み越えて帝国将来の進運を開くべきであります」と述べている（『日本史資料 下』東京法令 1973年 P4 一億総懺悔論の〈 〉の部分は、「資料戦後20年史」日本評論社 1966年 に記載あり）。

東久邇首相演説の核心は、軍、官、民の国民全体が徹底的に〝ざんげ〟（全国民総懺悔）しなければならないというものであった。そして、ここに国家再建の第一歩があるという。「懺悔」は宗教的ことばである。この〝ざんげ〟でもって戦争への「反省」を促したところに、首相の考え方や支配層の意図が透けて見えるようである。

国民自身の〝ざんげ〟（反省）を促がすのを是としても、一億総懺悔論は一体何に対して、どういう理由で、どんなふうに「ざんげ」するのか。

この「一億総懺悔論」は戦争責任の追及を曖昧にするものである。国民に敗因の一端があるというのであれば、では指導者はどうだったのかと問うのが筋道である。東久邇内閣の使命・役割が、敗戦の混乱をいかに抑え、国民の戦争追及をいかにさけるのか。その方策をどう実行するのか。支配層（大企業家、政治家、官僚らの面々）の大きな期待を背負って内閣は苦慮することになった注3。

注3　本土決戦に備えて蓄えていた巨大な食料・生活物資・原材料の放出（8・14日政府決定）を8月24日に中止を決定。しかし、この10日間に大企業主や高級官僚・軍人は手に入れていたのである。GHQの指示もあり軍人や官僚の隠匿物資の摘発がおこなわれた。

わかりやすい一例をあげよう。敗戦による軍需生産ストップは、500万人の失業者を生み出し、引揚者や軍人の復員などで、1300万人の失業者が予想されるなかで、政府がまっ先に援助したのは、既に生産ストップしていた、国・軍が注文していた物品への支払いであった（納品がなされていないのに、臨時軍事費予算から支出した）。何よりも会社が倒産しないかが東久邇内閣の最大の心配事であった。

その支払い額は、8月15日からGHQ（連合国軍最高司令官総司令部）の中止命令がでた11月25日までに、実に266億円に達した。そのため日銀券の発行高は、12月末には600億円近くにはねあがった。戦後のインフレは、大企業を助けるために大金をばらまいたことにある（『日本の歴史8』家永三郎編　ほるぷ出版　1978年　P35参照）。

東久邇内閣は、また政府備蓄の物品を高級官僚や軍人たちが横領していることを抑えることもできず、闇市場を取り締まる方策も示せず、片方では闇商人児玉誉志夫（右翼、のちロッキード事件の被告）を内閣参与に任命。児玉の兄貴分といわれる笹川良一（戦争中、国粋同盟の指導者）は、敗戦後の混乱に乗じて政府と米軍のパイプ役を買って出て、米軍兵士への慰安施設を開業するなどしており、内閣の民主化政策は手付かずで終わってしまった。

(4) 東久邇内閣総辞職

1945年10月、東久邇内閣に激震が走った。去る9月26日、哲学者三木清が獄中で病死した件について、外人記者たちが3日、山崎巌内相・岩田宙造司法相に、「治安維持法」について会見、質問をした。山崎内相との会見内容をロイター通信東京特派員ロバート・リベン氏が、4日付の米軍機関紙「スターズ・アンド・ストライブ」で報じた。朝日新聞は5日付で、「秘密警察なほ活動　山崎内相、英記者に語る」と会見概要を掲載。また同紙は、中国中央通訊社特派員宋徳和氏が、3日午後司法省に岩田法相を訪ね一問一答の回答を得た記事、「治安維持法、修正考慮　共産主義運動は部分的に認容、中国記者に　岩田法相語る」を掲載した[注4]。

この山崎内相、岩田法相談は、明らかにアメリカの「初期対日方針」（45年9月22日公表）に対する日本政府の公然たる挑戦であった[注5]。

注4　米軍機関紙「スターズ・アンド・ストライブ」紙上に、「山崎内相は思想取締の秘密警察は現

在なほ活動を続けており、反天皇的宣伝を行ふ共産主義者は容赦なく逮捕する。また、政府転覆を企む者の逮捕も続ける旨言明した。内相は政治犯人の即時釈放計画中であることを語ってはゐるが、現在なほ多くの政治犯人は独房に呻吟しつつあり、さらに共産党員であるものは拘禁を続けると断言してゐる。内相は政府形体の変革とくに、天皇制廃止を主張するものはすべて共産主義者と考え、治安維持法によって逮捕されると語った。同法は過去10箇年間の恐怖政治下において直に逮捕、処罰並びに死刑を宣言することができた。同時に内相は、余は共産党員以外の者は絶対に逮捕した憶えはない、と述べた。去る9月獄死した三木清の件についての質問に対し内相は、この事件は司法省の管轄であるから自分は事件の真相を知らないと答えた。（後略）」と掲載。

岩田法相談：問　終戦後における新事態に即応する共産党員をはじめ多くの政治犯人を釈放すべしと意見があるが当局の方針如何。答　司法当局としては、現在のところ政治犯人の釈放の如きは考慮してゐない。かかる犯罪人を刑罰より前に釈放することは裁判を無効にすることであり、我々にはかかる権限は与へられていない。かかる権限は天皇の大権に属し、唯一の具体的方法は陛下の御発意による恩赦以外にはない。問　政治犯人のうちには既に刑期を終へたにもかゝわらず、拘置所に収容されてゐる予防拘禁者が多いが、彼等の釈放は司法大臣の権限にあると思ふが如何。答　大臣の権限をもって釈放できる。しかし、現在の事態の下では彼等を依然拘置所に留めておく必要ありと考へ、従ってこれまた釈放の如きは考へてゐない。問　治安維持法即時撤廃論に対する所見　答　撤廃は考慮してゐないが、修正を加へる必要はあると考へ具体的に考慮してゐる。（後略）などと回答。

注5　アメリカの初期の対日方針は、究極の目的は日本が再びアメリカの脅威にならないよう非軍事化と民主化を推進することであり、そのために連合国最高司令官は天皇と日本政府の権限を従属下におくとしている。（『日本史史料 下』参照）

GHQは、10月4日「人権指令」を日本政府に発し、「政治犯の即時釈放・内相らの罷免を要求、思想警察も廃止」の命令を下した（朝日新聞1945年10月5日付）。翌5日東久邇内閣は総辞職を余儀なくされた。

(5) 新日本建設の教育方針について

東久邇内閣総辞職に見られるとおり、占領下の日本政府は米国の間接統治により一定の民主化を実行していったが、政治家や官僚たちが根本から変わったわけではない。支配層にとって都合のいい部分は受け入れるが、国民の基本的人権や、思想・信条の自由、国民の日々の生活については、何らかの統制・抑制策を妥当とする見解を示していた。

文部省の事例から、民主化はどう進められたのか確認しておきたい。8月15日文部省は「文部省訓令第5号」で、敗戦にいたった理由は、国民の「皇国の教学」の思想教育が不徹底であったと指摘、「国体維持」の教育をさらに徹底強化すべきと命令した。

その一カ月後、文部省は「新日本建設ノ教育方針」（45年9月15日）をだした。

〈新日本建設の教育方針〉（カタカナはひらかなに、適宜句読点を入れた）。

文部省では、戦争終結に関する大詔の御趣旨を奉戴（ほうたい）して、世界平和と人類の福祉に貢献すべき新日本の建設に資するがため、従来の戦争遂行の要請に基く教育施設を一掃して文化国家、道義国家の建設の根基に培う文教諸施策の実行に努めている。

一、新教育の方針　大詔奉戴と同意に従来の教育方針に検討を加え、新事態に即応する教育方針の確立につき鋭意努力中で近く成案を得る見込みであるが、今後の教育は益々国体の護持に努むると共に軍国的思想及施策を払拭し平和国家の建設を目途として謙虚反省只管（ただひとすじ。いちずに）国民の教養を深め科学的思考力を養い、平和愛好の念を篤くし知徳の一般水準を昂めて世界の進運に貢献するものたらしめんとして居る。

（以下、二、教育の体制　三、教科書　四、教職員に対する処置　五、学徒に対する処置　六、科学教育　七、社会教育　八、青少年団体　九、宗教　十、体育　十一、文部省機構の改革〈二〜十一は省略〉）。

東久邇内閣が「新教育方針」で国民に期待したのは「今後の教育は益々国体の護持に努むる」の一言に尽き、「軍国的思想及施策を払拭し平和国家の建設を目途とする」とは、相矛盾する言葉であり陳腐な作文である。先に出した「文部省訓令第5号」と何らかわるところはない。当時の政府・支配層の限界を赤裸々に示しており、徹底した民主化政策によって国民が目覚めることが何よりも恐怖であったのであろう。教育へのきびしい統制は依然として続けられていたのである。

こうした状況に、ＧＨＱは政府に「ポツダム宣言の受諾に伴い発する命令」注1（１９４５年9月20日公布・勅令第５４２号）を発し、諸改革（五大改革指令注2など）を指示した（間接統治）。教育分野については、軍国主義教育の停止と民主化への施策として、①「日本の教育制度の管理についての指令」（1945年10月22日）、②「教育関係者の資格についての指令」（10月30日）、③「国家神道についての指令」（12月15日）、④「修身科・国史科・地理科の中止についての指令」（12月31日）などの指令を次々に発し、教育の民主化を急がせた。

注1　ポツダム宣言の受諾に伴い発する命令（45年9月20日公布）：この命令は、文部省が「新日本建設の教育方針」をだした5日後である。アメリカの初期対日政策・究極の目的は、日本が再びアメリカの脅威にならないよう非軍事化と民主化を推進すること。そのために連合国軍最高司令官は、天皇と日本政府を従属下におく権限を有することを公表した。以後、10月4日、「政治的、市民的及び宗教的自由に対する制限の撤廃に関する覚書」など、矢継ぎ早に改革指令が出された。

注2　45年10月11日、マッカーサーを訪ねた首相幣原（しではら）喜重郎に対して、マッカーサーが口頭で要求したもので、①婦人の解放　②労働組合の結成　③教育の自由主義化　④圧政的諸制度の撤廃　⑤経済の民主化の5項目。

こうした紆余曲折を経て、1946年教育基本法の制定が必要であること（軍国主義教育の排除）を政府は認め、教育の目的・教育方針が議論された。翌年3月31日、「教育基本法」注3が公布され同日施行された。日本国憲法は、46年11月3日公布され、翌年5月3日に施行されており、教育基本法は、日本国憲法の成立、施行の間に制定されており、憲法と教育基本法が日本の民主主義、平和主義を担うことになった。

注3　「教育基本法」制定の理由を高橋誠一郎文相は議会において、「民主的で平和的な国家再建の基礎を確立するために、さきに憲法の画期的な改正（新憲法の制定）が行われ、これによって、ひとまず民主主義平和主義の政治・法律的な基礎、いわば、わくとなるべきものがつくられた。しかし、こ

の基礎の上に立って、真に民主的で文化的な国家の建設を完成するとともに世界の平和に寄与すること、すなわちこのわくの中に立派な内容を充実させることは、国民の今後の不断の努力にまたなければならない。そしてこのことは一にかかって教育の力にあると申してもあえて過言ではない。かかる目的の達成のためには、この際教育の根本的刷新を断行するとともに、その普及徹底を期することが何より肝要である。（中略）……この法案は、……教育宣言であるとみることもできるであろうし、……今後制定されるべき各種の教育上の諸法令の準則を規定する意味において教育の根本法たる性格をもつものであるということができるのである」と述べ、「したがって本法案には普通の法律には異例である前文を附した次第である」と提案・説明している。

教育基本法の前文「われらは、さきに、日本国憲法を確定し、民主的で文化的な国家を建設して、世界の平和と人類の福祉に貢献しようとする決意を示した。この理想の実現は、根本において教育の力にまつべきものである。われらは、個人の尊厳を重んじ、真理と平和を希求する人間の育成を期するとともに、普遍的にしてしかも個性ゆたかな文化の創造をめざす教育を普及しなければならない。

ここに、日本国憲法の精神に則り、教育の目的を明示して、新しい日本の教育の基本を確立するため、この法律を制定する。」

第一条（教育の目的）第二条（教育の方針）第三条（教育の機会均等）第四条（義務教育）第五条（男女共学）第六条（学校教育）第七条（社会教育）第八条（政治教育）第九条（宗教教育）第十条（教育行政）第十一条（補則）附則　この法律は、公布の日から、これを施行する。（各条文は、省略）

ポツダム宣言の非軍事化・民主化政策は、１９４５〜47年にほぼ実施されたが、47年頃から急速に親米・反共の方向へ向かってゆく。以後、教育や教科書編集への政治的圧力や政治介入がますます激化した。

そして21世紀に入って、第一次安倍内閣（２００６年）は、前文に「公共の精神を尊び、豊かな人間性と創造性を備えた……伝統を継承し、……未来を切り拓く」などの文言を挿入。第十条の（教育行政）「教育は、不当な支配に服することなく、国民全体に対し直接に責任を負って行われるべきものである」（第2項を含め）を大幅に改変し、教育行政に対する政府（国家権力）の介入を容易にする条文（第十六条）にした。

戦後の民主主義教育を根本から改変しようとする意図が明白となった。この改正教育基本法を梃子（てこ）に、政府・文部省は、陰に陽に教育への介入を公然化し、国家主導の教育を目指しているのはご承知のとおりである。この間、「家永教科書裁判」（１９６５〜97年）が行われ、32年にわたる歴史的裁判は、国民の教育権を認め、政府・文部省の介入をきびしく批判・質した。

（参考資料：『いま、読む「教育基本法の解説」』民主教育研究所編集 ２０００年 『日本史史料 下巻』東京法令 １９７３年 他）。

おわりに：安倍政権、軍事国家へ暴走!?

この原稿を書き始めてから4年有余が過ぎた。きっかけは、2013年7月29日、麻生太郎副総理兼財務大臣の〝ナチスと憲法〟に関する発言である（国際基本問題研究所・桜井よし子理事長のシンポジウムにて）。いわゆる「ナチス政権の手口」云々である。

この発言は、またたく間に世界中を駆け巡り、日本は今も侵略戦争を真に反省していないのではないかと、世界の良心に大きな疑念を抱かせ批判をあびた。その後麻生副総理は発言を撤回したが、安倍内閣は8月13日、持ち回り閣議で麻生副総理の「ナチス政権の手口」発言について、以下の政府答弁書を決定した。「ナチス政権下でワイマール憲法が十分な国民の理解と議論のないまま形骸化された悪しき前例として挙げたところであり、ナチス政権の手口を踏襲するとの趣旨ではない」と発言を不問に付し幕引きを図った。その後の臨時国会でも麻生発言への集中審議は行われず、政府は野党五党からの罷免要求にも応ぜず。

麻生発言が、安倍首相の改憲への露払い（先導の役割）を果たしたことは、今日の安倍首相・麻生財務大臣の言動が見事に証明している。

昨年の国会（2017年）で、問い質された森友疑惑、加計学園設置問題は何ら国民の疑惑を晴らすことなく越年。今国会で、さらに森友問題への虚偽答弁、決済文書改ざん問題が浮上、財務省問題に加えて、防衛省の日報隠蔽問題、文部省の教育への介入等の他……、行政府全体の劣化・腐食はどこまで広がっているのか。1年以上にわたる国民（国会）を騙し続けてきた安倍政権の政治手法！は、まさにファッショ的体質そのものである。

憲法にもとづいた民主主義とは大よそ縁遠い政権であることが、今国会でさらに明々白々となっている。これ以上〝割れ鍋に綴じ蓋政権〟を放置することはできない。一刻も早く憲法にもとづいた民主政治を実行できる政府をつくりたい。

（2018年4月22日記）

【主な参考文献】

近代日本総合年表　岩波書店　１９６８年
日本史史料　現代　歴史学研究会編　岩波書店
世界史資料　下　東京法令出版　１９７７年
世界史用語集　山川出版　１９８４年
世界大百科事典　25　平凡社　１９７２年

岩波講座世界歴史　27　現代4、5　岩波書店　１９７１年
世界近現代全史　Ⅲ　大江一道著　山川出版　１９９７年
世界史大系　16　誠文堂新光社　１９８４年
ナチス　ドキュメント現代史　3　嬉野満州雄・赤羽竜夫編　平凡社　１９７３年
20世紀全記録　講談社　１９８７年
昭和特高弾圧史　1　知識人にたいする弾圧　明石博隆、松浦総三編　太平出版社　１９７５年
太平洋戦争史　2、3、4、5　歴史学研究会編　青木書店　１９９３年
１００問１００答　世界の歴史2　歴史教育者協議会編　河出書房新社　１９９２年
年表要説世界の歴史　三浦一郎、金澤誠編著　社会思想社　１９６８年
学習資料「世界史」「政治・経済」　ほるぷ教育開発研究所　ほるぷ出版　１９７８年
15年戦争史学習資料　上・下　安達喜彦編著　平和文化　１９８９年

人権宣言集　宮沢俊義他編　岩波文庫　1957年
日本外交年表並主要文書　外務省編　原書房　1966年
木戸幸一日記　下　木戸日記研究会編　東京大学出版会　1966年
わが闘争　上・下　ヒトラー著　平部一郎・将積茂訳　角川文庫　2008年
日本国体の研究　田中智学著　1922年
飛ぶ教室　エーリヒ・ケストナー著　池田香代子訳　岩波少年文庫　2014年
トーマス・マン日記　1933－1934　紀伊国屋書店　1989年
ナチ・ドイツと言語――ヒトラー演説から民衆の悪夢まで――　宮田光雄著　岩波新書　2002年
ヴァイマル共和国　リタ・タルマン著　長谷川公昭訳　白水社（文庫クセジュ）2003年
ワイマル共和国の預言者たち　ウルリヒ・リンゼ著　奥田隆雄他訳　ミネルヴァ書房　1989年
ナチスの国の過去と現在　望田幸男　新日本出版社　2004年
ナチスの時代――ドイツ現代史――　H・マウ、H・クラウスニック著　内山敏訳　岩波書店　1961年
ヒトラーの側近たち　大澤武男著　ちくま書房　2011年
ヒトラーの支配　世界観の貫徹　E・イッケル著　南窓社　1991年
ヒトラーとナチ・ドイツ　石田勇治著　講談社現代新書　2015年
特高警察　萩野富士夫著　岩波新書　2012年

特高警察黒書　「特高警察黒書」編集委員会編　新日本出版社　1977年
昭和天皇上・下　ハーバート・ビックス著　吉田裕監修　岡部牧夫・川島高峰訳　講談社　2002年
中国侵略と国家総動員　内川芳美編　1983年
教科書・ドイツ民主共和国　ほるぷ出版　1983年
ナチ・エリート――第三帝国の権力構造　山口定著　中松新書　1976年
大元帥　昭和天皇　山田朗著　新日本出版社　1995年
戦争中の暮しの記録　暮しの手帖編　1973年
学童集団疎開史　逸見勝亮著　大月書店　1998年
原爆投下への道　荒井信一著　東京大学出版会　1985年
本土空襲と八月十五日　今井清一著　平凡社　1983年
いま、読む『教育基本法の解説』　民主教育研究所編　民主教育研究所　2002年

※この他、いくつかの論文、さらに「東京朝日」「赤旗」「特高月報」他、新聞、映画、テレビ、さらにウィキペディア等を資料として引用・活用させていただきました。

ヒトラーとナチ・ドイツ関連年表

1871年　ドイツ帝国成立

1889年　ヒトラー、オーストリアに生まれる。ドイツの典型的なファシスト　デマゴーグの天才

1914～18年　第一次世界大戦参戦　14年7月28日バルカンで開戦　ドイツはロシアに8月1日に開戦　同盟国（ドイツ・オーストリア・イタリア）、協商国（イギリス・フランス・ロシア）ともに連鎖反応し、英・仏が加わり、空前の大戦争に拡大　毒ガス・戦車・飛行機などの新兵器と国民の生産力を背景に、総力戦の様相を呈した　31カ国が参戦した
　第一次大戦の発端は、サライェボ事件である　14年6月28日、陸軍大演習のためボスニアの都サライェボに到着したオーストリアの皇太子夫妻をパン＝スラブ主義のセルビアの学生プリンチップが暗殺　08年のボスニア・ヘルツェゴビナ併合に憤激したことが第一次大戦の始まりである

1918年　11・3 キール軍港で水平反乱　11・9 ベルリンに革命、共和国宣言　11・10 皇帝ウィルヘルム2世退位　11・11 休戦協定調印、第一次大戦終わる　12・28 ドイツ共産党樹立

1919年　1・15 カール・リープクネヒト、ローザ・ルクセンブルク暗殺　2・11 フリードリ

1920年　ヒ・エーベルト初代大統領に選出　6・28ヴェルサイユ条約調印　8・11ヴァイマル憲法布告

1・10ヴェルサイユ条約発効　2・24ヒトラー、ミュンヘンで25カ条の党綱領発表　3・28カップら右翼反動のベルリン暴動　4・1ドイツ労働者党（DAP）、国民社会主義ドイツ労働者党（NSDAP）と改称（ナチ党の発足）

1921年　1・26エルツベルガー（休戦協定の主席全権、ヴァイマル共和国の初期の蔵相）暗殺　10・5レーム（SA司令官、元ヒトラーの上官。34・6・30の血の粛清で殺害）、SA《突撃隊》を創設

1922年　4・16独ソラッパロ条約調印　6・24ラテナウ外相（ラッパロ条約調印）暗殺

1923年　1・11仏軍ルール占領　10・10ザクセンに共産党と左翼社会民主党との連立政府　10・21ザクセン、チューリンゲンの赤色政権壊滅　10・23共産党指導下のハンブルク蜂起　11・8ヒトラーのミュンヘン暴動（一揆）　11・20インフレ最高潮、1ドルが4兆2000マルクとなる

1924年　ヒトラー5年の禁固刑を宣告　23年に逮捕され獄中にあったが、ヒトラーは口述筆記させ、25年『わが闘争』（上巻）を出版　8・16独、賠償に関するドーズ案承認（賠償の緩和）　12・20ヒトラー仮出獄

1925年　2・27ナチ党再建大会　2・28エーベルト大統領死去　4・26ヒンデンブルク、大統領に就任（ドイツ軍の長老、1925～34大統領非常大権を乱用し、独裁への道を開いた）

1926年 12・1 ロカルノ条約調印（スイスで、英仏独など7カ国が締結したヨーロッパの地域的安全保障条約で、7つの協定がある）。

1927年 9・8 ドイツ国際連盟に加入

1928年 『わが闘争』（下巻）を出版

5・20 国会選挙でナチ党12名当選 6・28 社会民主党のヘルマン・ミュラー内閣成立（バイエルンの弁護士、反ナチ抵抗参加者。44年7月20日のヒトラー暗殺未遂事件で逮捕され死刑の判決を受けたが、45年米軍により解放された）

1929年 5・1 ベルリン血のメーデー（ミュラー政府、諸党の対立を理由に、デモ行進を禁止、これを共産党が無視し強行・暴動となり警察と対立。党は多くの犠牲者をだした） 8・31 独、賠償に関するヤング案を承認（ドーズ案に続く賠償緩和）

1930年 ミュラー内閣総辞職、後任はブリューニング（30～32年まで首相） 9・14 国会選挙でナチ党107名当選

1931年 3・24 独墺関税同盟提案、仏伊の反対で挫折 7・13 ドイツ金融恐慌はじまる

10・11 ナチ党、右翼諸党と統一戦線協議

1932年 4・10 ヒンデンブルク、大統領に再選（中間派と社会民主党の支持でヒトラーを破った）

5・30 ブリューニンク内閣倒る 6・1 パーペン、首相となる（～11月 33年ヒトラー内閣の副首相、34年6月30日事件でオーストリア大使に転出） 7・9 ローザンヌ会議で独の賠償事実上消滅（世界恐慌で崩壊に瀕したドイツの賠償の支払延期と30億金マルクへ減額を決定）

7・20 パーペンのクーデターにより、プロイセン州の社会民主党政権倒る　7・31 国会選挙でナチ党第一党になる　11・17 パーペン内閣辞職　12・3 シュライヒャー、首相となる（ドイツ国防軍首脳の一人、パーペン内閣の国防相。ヒトラーの政敵中の大物で、34年6月30日に殺害）

1933年

1・28 シュライヒャー内閣辞職　1・30 ヒトラー政権獲得（軍部・大資本家に支援され国民的協力の名で発足）　2・1ドイツ国会解散　2・27 国会議事堂火災　2・28 民族と国家防衛のための緊急令、共産党員を大量逮捕　3・5 国会選挙、ナチと連立与党絶対多数　3・9 バイエルンにナチ政府樹立　3・21 国民的高揚の日、新国会開会　3・23 全権委任法（ヒトラー個人の独裁とヴァイマル憲法の無視を求めた法案）、国会で可決　4・1 ユダヤ人排斥第一次行動　4・7 州とドイツ国の一元化が完成　5・2 労働組合の解散　5・10 ナチ焚書　6・22 社会民主党禁止　6・27 ドイツ国家人民党（国権党）解散、数日で他の政党もこれにならう　7・14 政党新設禁止法発令　7・20 ヴァチカンとの政教条約（コンコルダート、9・10実施）成立　9月 アウトバーン建設始まる　10・14 国際連盟脱退と軍縮会議より脱退　11・17 独、フランコ政権を承認　12・1 ナチ党とドイツ国家の一元化　12・23 国会議事堂放火事件の裁判で、ディミトロフら無罪

1934年

1・26 ドイツ・ポーランド不可侵条約締結　1・30 全国再編法制定・各州の議会停止　2・14 ドイツ参議院停止　6・30 レーム事件（血の粛清）　7・25 オーストリ

アでナチの暴動、ドルフス首相暗殺　7・20　SS（親衛隊）、SA（突撃隊）より独立　7・27　パーペン、駐オーストリア公使に任命　8・2　ヒンデンブルク死去　ヒトラー、ドイツ国総統（フューラー）に就任　国防軍ヒトラーに忠誠を誓う　8・19　大統領と総理の一元化、国民投票で支持

1935年　1・13　ザール地方、住民投票でドイツ領に復活　3・16　独、ヴェルサイユ条約の軍事条項破棄、一般兵役義務開始（兵役再導入）　4・11〜14　ストレーザ会議、英仏伊三国の対独共同戦線　6・18　英独海軍協定　9・15　ニュルンベルク法（ユダヤ人弾圧法）制定（「ドイツ人の血と名誉を守るための法律」と「帝国市民法」）

1936年　3・7　独軍、ラインラント進駐（ヴェルサイユ条約・ロカルノ条約を破棄して実施）　6・17　全警察力の国家警察への統合（ヒムラー、ドイツ警察庁長官主任）　7・11　独墺同盟条約締結　9・9　第二次「4か年計画」発表　10・22　独伊「枢軸」協定　11・17　党フランコ政権承認　11・25　日独防共協定調印

1937年　4・26　空軍ゲルニカを攻撃　11・5　ヒトラー、外交政策の大計画を説明（陸軍大佐ホスバッハが記録。「ホスバッハ覚書」）　11・6　日独伊防共協定調印

1938年　2・4　ヒトラー、国防軍を完全掌握。リッベントロップ外相となる　3・11　独軍、ウィーン入城　3・13　独墺併合　5・30　ヒトラー、チェコ攻撃秘密指令　8・18　ベック参謀総長辞任（チェコ政策に反対、44年7月20日ヒトラー暗殺未遂事件で逮捕、自殺）　9・12　ヒトラー、ニュルンベルク党大会で威嚇演説　9・15　チェンバレン英首相、

ヒトラーと第一次会談　9・22 チェンバレン英首相、ヒトラー第二次会談　9・30 ミュンヘン協定成立　10・21 ヒトラー、国防軍首脳にチェコ粉砕秘密指令　10・24 ポーランドにダンチィヒ返還を要求　11・9～10 ドイツ国内におけるユダヤ人の大虐殺おこる（「水晶の夜」の呼称あり）　12・6 独仏協定

1939年

1・30 ヒトラー、国会で「欧州のユダヤ人絶滅」を予言　3・15 独軍プラハ進撃、チェコ崩壊　4・28 英独海軍協定、ドイツ・ポーランド不侵略条約の破棄　5・22 独伊軍事同盟　8・23 独ソ不可侵条約　8・25 ムッソリーニ、ヒトラーに戦争不参加を通告　9・1 ポーランド攻撃開始　9・3 英仏、独に宣戦布告、第二次世界大戦はじまる　9・27 ワルシャワ占領　9・28 独ソ友好条約（ポーランド分割をきめる）　10・6 ヒトラー、英仏に和平勧告、欧州新秩序建設計画発表　10・12 独国内のユダヤ人のプラハとワルシャワへの移送がはじまる　11・8 ミュンヘンでヒトラー暗殺未遂事件（個人・集団で42回の暗殺計画あり）

1940年

4・9 独軍、デンマーク、ノルウェーに侵攻　5・10 独軍が電撃作戦、ベルギー、オランダ、ルクセンブルクに侵攻　6・14 独軍、パリに無血入城　6・22 独仏休戦協定調印　9・15 独、「イギリスの戦い」に敗退　9・27 日独伊三国軍事同盟調印　ワルシャワ・ゲットーにユダヤ人36万人が強制収容　11・16 ヒトラー、対ソ攻撃準備指令　12・18 ヒトラー、対ソ戦「バルバロッサ作戦」準備指令

1941年

6・22 独軍、対ソ攻撃開始（３００万人を動員）　9・3 アウシュビッツで毒ガス処

刑はじまる　10・15〜11・4 国内のユダヤ人を東方へ移送（追放）　12・8 ヒトラー、モスクワ攻撃に失敗、東部戦線中止を声明　日本軍マレー半島に上陸、真珠湾攻撃、英米に宣戦布告　太平洋戦争はじまる

1942年　1・20 ヴァンゼー会議でユダヤ人絶滅計画を作成　3・28 リューベック大空襲、英の対独空襲激化　8・23 独軍、スターリングラードに肉薄　11・19 ソ連軍、スターリングラードで反撃開始

1943年　1・31 スターリングラードの独軍降伏　2・18 宣伝相ゲッペルス、総力戦宣言　4〜5月 ワルシャワ・ゲットーでユダヤ人（約6万人）蜂起も鎮圧　5・12 北アフリカの独伊軍降伏　7・25 ムッソリーニ退陣（失脚）　9・13 独軍、ムッソリーニを救出

1944年　6・6 米英軍、ノルマンディー（北仏）に上陸　7・20 ヒトラー暗殺未遂事件　8・8 ヒトラーの暗殺未遂事件の首謀者処刑　8・23 独軍、パリ放棄　10・14 独軍アテネ撤退　ロンメル将軍自殺　11月 ヒムラー、アウシュビッツのガス殺終了を命令

1945年　1・16 ヒトラー、ベルリンへ帰る　3・19 ヒトラー、全ドイツの破壊を命令（「ネロ指令」ドイツの焦土化作戦）　4・23 ソ連軍ベルリン攻撃開始　ヒムラー、スウェーデンを通じ米英に単独和平申し入れ　4・27 ムッソリーニ処刑　4・30 ヒトラー、エヴァ・ブラウンと結婚、ピストル自殺　5・2 ベルリン陥落　5・7 全軍降伏、無条件降伏の文書に署名

日本の戦争犯罪関係年表（関連の言論・思想関係も記入）

明治維新（1868年）以後、帝国日本は近隣諸国・地域への膨張政策をとり続け、結果的に征服戦争、侵略戦争を行った。アジア諸国・地域に多大な犠牲をもたらし、悲惨な敗戦国となった。ポツダム宣言を受け入れ無条件降伏をしたが、侵略戦争の反省については、国際社会から見ても十分かつ誠実な反省とは言い難いものであった。21世紀の今日においても、戦争の傷跡は癒されているとは言えない現実がある。以下年表で記しておきたい。

1873（明治6）年　徴兵令（1・10 太政官布告）「征韓論」起こる（10月）
1874（明治7）年　「台湾出兵」（初の海外出兵：「征台の役」5〜6月）
1875（明治8）年　江華島事件（9・20 朝鮮の江華島を砲撃。韓国に開国を迫る）
1879（明治12）年　「琉球併合」琉球藩を廃止し、沖縄県を設置
1882（明治15）年　壬午（じんご）の軍乱（韓国で親日派追放、清国の影響力強まる）
1894（明治27）年　日清戦争はじまる（8・1 宣戦布告）
1895（明治28）年　下関条約（4・17）日清講和条約：伊藤博文・陸奥宗光対李鴻章・李経方
台湾総督府設置（8月、96年まで軍政を行う）
1897（明治30）年　李氏朝鮮（朝鮮王朝）が大韓帝国（10月〜1910年）に改称
1900（明治33）年　治安警察法公布（3・10）北清事変（6〜8月 義和団の乱）

1904（明治37）年　日露戦争はじまる（2・8）　日韓議定書・第一次日韓協約（8・22）

1905（明治38）年　ポーツマス条約（9・5 日露講和条約）　日本主席全権・小村寿太郎、ロシア首席全権ウィッテ　日本の韓国における優越権（権益の確認）　旅順、大連の租借権他、多くの権益を確保したが、賠償金（無賠償講和）は得られず、これに民衆が怒り日比谷焼き討ち事件を起こす（9・5）　第二次日韓協約（11・17 乙巳保護条約）　韓国の外交権を掌握　韓国統監府設置（12・21）

1906（明治39）年　南満州鉄道株式会社（満鉄）設立（11・26）　勅令によって資本金2億円（うち政府現物出資1億円）で、特殊法人として設立　初代総裁後藤新平（11・13〜08・7・14）

1907（明治40）年　ハーグ特使事件（韓国統監伊藤博文、ハーグ平和会議への密使派遣について、韓国皇帝の責任を追及　7・19 皇帝譲位の詔勅をだす）　第三次日韓協約及び秘密覚書調印（7・24）　韓国の内政を統監府下におき、日本人官吏をおく　司法・警察権を掌握。韓国軍隊解散式（8・1）　韓国全土に義兵闘争ひろがる

1910（明治43）年　旅順地方法院、伊藤博文暗殺犯人として、韓国人安重根に死刑（2・4）を宣告（小村寿太郎外相の打電、3・26 死刑執行）　大逆事件（5・25〜8月）の大検挙はじまる　韓国併合に関する日韓条約を閣議決定し調印（8・22）　併合に関する詔書を出す（8・29）　朝鮮総督府設置（10・1 初代総督・寺内正毅）

1911（明治44）年　総督府「朝鮮土地収用令」（4・17）　朝鮮農民から土地を奪うことになり、一部の人々は仕事を求めて日本へ移住

１９１２（大正元）年　総督府「朝鮮監獄令」「朝鮮民事令」「朝鮮刑事令」「朝鮮笞刑令」など布告（3・8制定　4・1施行　笞刑令は20・3廃止）「土地調査令」（8・7）

＊日本の人口：国内５２５２万２７５３人、朝鮮１４５６万６７８３人、台湾３２１万３２２１人、樺太２１５０人　合計７０３０万４９０７人

１９１４（大正3）年　シーメンス事件（1・23）第一次世界大戦（7・28〜18・11・11）でドイツに宣戦布告（8・23）同大戦に参戦し（9〜11月）、ドイツ領南洋諸島、山東省青島攻略

１９１５（大正4）年　「対華21か条要求」中国での権益拡大をはかる（1・18）

１９１６（大正5）年　鄭家屯事件（8・13　奉天省鄭家屯で満蒙独立に関連した中日武力衝突起きる。現吉林省）

１９１８（大正7）年　シベリア出兵（8・2〜22・10）米騒動（8・3　富山県西水町で発生、全国に拡大）

１９１９（大正8）年　朝鮮で三・一独立運動（3・1　万歳事件）起こる　中国で五・四運動（5・4　北京の学生ら3千余名が山東問題に抗議、示威運動を起こす）ヴェルサイユ条約調印（6・28　第一次大戦の講和条約）第２２７条でドイツ皇帝の訴追を規定　米英仏伊日の五カ国が参加し、全くドイツを交えずに審議し、15編４４０条を一方的に手交

１９２３（大正12）年　関東大震災起こる（9・1）民族的偏見に基づくデマによって多数の朝鮮人が虐殺される

１９２５（大正14）年　「治安維持法」公布（4・22）「男子普通選挙法」（5・5）「治安維持を朝鮮・台湾・樺太に施行する件」（勅令）で施行　ジュネーブ議定書（化学生物兵器の戦時使用禁止）が、10月国際盟総会で採択（しかし、現実には守られず兵器づくりは続いた）

1926（大正15）年　中華民国国民政府による「北伐」始まる（7・11）

1927（昭和2）年　大正天皇の「大葬」（2・7）　日本金融恐慌始まる（3月）　第一次山東出兵（5・28）　中国内政への露骨な干渉として抗日運動の激化を招く

1928（昭和3）年　三・一五事件（3・15）　治安維持法を適用、共産党員の大量検挙が全国的規模で行われる　済南事変（5・3）　山東省で日中両軍の武力衝突（第二次、第三次の山東出兵となる）　張作霖爆殺事件（6・21）　「治安維持法」（6・29）改定（緊急勅令として公布。死刑・無期懲役を追加）　陸軍造兵廠火工廠忠海製造所（7月）（大久野島に製造所をつくり、翌29年4月より毒ガスの製造はじめる）　「不戦条約」（8・27　戦争放棄に関する条約）にパリで調印　昭和天皇即位の「大礼」（11・10）

1929（昭和4）年　日本政府「俘虜の待遇に関するジュネーブ条約」（7・27作成）を署名するが批准せず　「傷病者の状態改善に関する第3回赤十条約」調印　世界恐慌はじまる（10・24）ニューヨークの株式市場（ウォール街）の大暴落を発端に始まり、34年頃まで続いた

1930（昭和5）年　「ロンドン海軍軍縮会議」調印（4・22）　衆議院で条約締結をめぐり統帥権干犯（かんぱん）問題起こる（4・25）　霧社事件（10・27　台湾能高郡霧社で原住民（タイヤル族が蜂起）　浜口雄幸首相が東京駅頭で狙撃される　この年世界恐慌が日本に波及（昭和恐慌）

1931（昭和6）年　三月事件（桜会急進派の一部陸軍将校と大川周明らによる軍部クーデター計画が発覚、宇垣内閣の樹立を企図）　柳条湖事件（9・18）　関東軍参謀の石原莞爾・板垣征四郎らが、

奉天郊外・柳条湖の満鉄路線を爆破（9・18事変ともいう＝満州事変の始まり）日本軍、中国東北部への軍事侵略を開始　10月関東軍、錦秋を爆撃　同月、桜会再度クーデターを画策するが失敗（10月事件）

1932（昭和7）年　第一次上海事変（1・18）血盟団事件（1・31）前蔵相井上準之助と三井合名理事長団琢磨が血盟団員に射殺される「満州国」建国宣言（3・1）3月ごろ上海に日本軍慰安所開設　五・一五事件（5・15）政党政治幕を閉じる　日満議定書調印（9・15）「満州国」を承認　平頂山事件（9・16）撫順炭坑、抗日ゲリラに攻撃されるその報復として日本軍、平頂山を襲撃約3千名が銃殺、虐殺される

1933（昭和8）年　関東軍、熱河省に侵攻（2・17）熱河作戦として5月まで戦闘つづく　ヒトラーがドイツ政権を掌握（1・31）ナチ党政権成立　国際連盟脱退（3・27）塘沽停戦協定成立（5・31 関東軍代表・岡村寧次少将と中国代表・熊斌との間で停戦協定成立）滝川事件（4・22）ナチス焚書に長谷川如是閑・三木清・新居格らが抗議（5・13）信濃毎日主筆・桐生悠々が社説に「関東防空大演習を嗤ふ」（8・11）を書いたところ、軍部の圧力で退社（8月）

1934（昭和9）年　12月、日本政府（斎藤実内閣）ロンドン海軍軍縮条約を脱退決定

1936（昭和11）年　二・二六事件（2・26）この事件を契機に軍部の政治介入が著しく強化される　広田弘毅内閣、五相会議で南北併進方針・陸海軍備拡充など明記の「国策の基準」を決定（8・7）日独防防共協定締結（11・25 ソ連を仮想敵国とする）

1937（昭和12）年　第一次近衛内閣成立（6・4）　盧溝橋事件（7・7 盧溝橋で日中両軍が衝突）日中戦争、全面戦争に発展　「国民精神総動員実施要項」を閣議決定（8・24）　同月、第二次上海事変　宮中に大本営設置（11・20）　日本軍南京大虐殺（12・13）起こす　人民戦線事件（12・15 1道3府14県）　この年、台湾で国語常用運動始まる（日本語の強制）

1938（昭和13）年　第一次近衛声明「国民政府を対手とせず」（1・16）と発表　自ら外交交渉の道閉ざす　「国家総動員法」公布（4・1、5・5施行）　「朝鮮陸軍特別志願兵令」施行　7月、「国民精神総動員朝鮮連盟」　同月張鼓峰事件（7・11〜 ソ満東部国境で日ソ両軍の武力衝突　8・10 停戦協定成立）　近衛第二次声明「東亜新秩序」（11・3）

1939（昭和14）年　ノモンハン事件（5・12 満蒙国境で日ソ局地戦争起こる。9・15 停戦協定成立）同月から10月まで、第一次重慶無差別爆撃行われる　勅令・「国民徴用令」（7・8公布 7・15施行）　同月、「朝鮮人労武者内地移住に関する件」を通帳、朝鮮人強制連行始まる　ナチ・ドイツ軍、ポーランドに侵攻（9・1）　第二次世界大戦勃発

1940（昭和15）年　朝鮮民事令・朝鮮戸籍令が改正（2・11 創始改名）　衆院で「聖戦貫徹決議案」可決（3・9）　5月から10月まで、第二次重慶無差別爆撃　第二次近衛内閣成立（7・22）　閣議、基本国策要綱を決定　「大東亜新秩序・国防国家の建設方針」（7・26）《八紘一宇の用語》南進政策決定　9月〜中国で《三光作戦》実施　日本軍、北部仏印に進駐（9・23）　日独伊三国同盟、ベルリンで調印（9・27）　情報局設置（12・6 交付）

1941（昭和16）年　陸軍「戦陣訓」示達（1・8）　松岡洋祐外相、モスクワで日ソ中立条約調印

（4・13） 5月から8月まで、第三次重慶無差別攻撃 関東軍特別演習（関特演、7・2発動 9月 満州に70万の兵力集中） 南部仏印進駐（7・28） 大西洋憲章（8・14 米大統領ルーズベルト・英首相チャーチルが会談、領土不拡大、武力行使の放棄、侵略国の武装解除など戦後世界の指導原則を発表 9月にソ連など15カ国が憲章に参加を声明） ゾルゲ事件（国際スパイ嫌疑で、尾崎秀美10・15、ゾルゲ10・18ら検挙） 東条英機内閣成立（10・18）「南方占領地行政実施要領」（11・20） 御前会議で対米英蘭開戦を最終的に決定（12・1） 日本陸軍、マレー半島に上陸開始 日本海軍ハワイ真珠湾を攻撃しアジア太平洋戦争に突入（12・8） 大東亜戦争声明（12・12）「言論出版集会結社臨時取締法」（12・19） 日本軍香港島占領（12・25） 12月中に朝鮮人キリスト教徒2千余人が神社参拝に反対し投獄（獄死500余人）

1942（昭和17）年

マニラ占領（1・2） 同月「セント・ジェームス宮殿宣言」（ドイツに占領された亡命政府の代表が、ドイツの暴虐行為に対し、裁判によって処罰することを主要な主張とした） これに日本は、米英に対して捕虜や抑留者に「ジュネーブ条約」を準用すると通告 シンガポールの英軍降伏（2・15） マレー半島全土を占領、シンガポール・マレー半島で華僑虐殺を実行 3月、マレーシアの華僑に5千万ドルの献金を強制（6月 献納） 4月、「台湾陸軍志願兵令」（4・1施行） 比米軍降伏（4・9） 日本軍、バターン半島攻略（4・12）《バターン死の行進》 米軍機、東京など初空襲（4・18） ミッドウエー海戦（6・5～7） 制海・制空権を失う 4月、大本営、泰面鉄道建設を決定（43・10完成） 数万人の連合国軍捕虜と東南アジア人の犠牲者をだす（12・5開業） 7月、日本陸軍、

「空襲時の敵航空機搭乗員の取り扱いに関する件」を通牒　各軍空襲軍律を制定　10月「朝鮮青年特別錬成令」　11月「華人労務者内地移入に関する件」閣議決定（11・27）

1943（昭和18）年　ガダルカナル島撤兵開始（2・1）　アッツ島日本軍全滅（5・29）　御前会議でマレー、インドネシアの日本領土編入決定（5・31）　7月～フィリピンパナイ島でゲリラ粛清作戦開始　同月、香港ドル使用禁止、軍票との交換を強制　8月、ビルマ「独立」（8・1）　連合国「戦争犯罪委員会」をロンドンに設置（10・20）　同月、日本軍蘭領ボルネオのポンティアナで有力者などを一斉検挙・処刑《ポンティアナ事件》（10・23～44・8月）　米英ソ三国「ドイツの残虐行為に関する宣言」（10・30モスクワ宣言）を発表　日本政府「大東亜会議」開催（11・5）　連合国「カイロ宣言」（11・27）により、対日戦争責任者処罰を公式に表明（12・1発表）

1944（昭和19）年　大本営、インパール作戦3月8日開始、失敗で7月4日作戦中止　5月、連合国戦争犯罪委員会、「極東小委員会」設置を決議　米軍サイパン島占領（6・15）　小磯内閣成立（7・22）　8月、オーストラリアで日本人捕虜が集団脱走を企てる（8・5カウラ事件）　同月、「学徒勤労令」「女子挺身勤労令」公布（8・23）　9月、台湾に徴兵制施行（9・1）　沖縄空襲（10・10）　米軍レイテ島上陸（10・20）　日本軍、インドネシア東部ババル島で住民を虐殺（10～11月）《ババル島事件》　海軍神風特攻隊、レイテ沖で初めて米艦を攻撃（10・25）。松代大本営建設工事開始（11・11）

1945（昭和20）年　米軍、ルソン島に上陸（1・9）　大本営本土決戦計画策定（1・18）　米軍、硫黄島に上陸（2・19）同月、日本軍フィリピン各地で住民を虐殺「国民勤労動員令」公布（3・6）《本土決戦に向けた強制労働体制の強化》同月、ビルマ国軍連合軍に呼応し、抗日武装蜂起　東京大空襲（3・9～10）米軍沖縄本島上陸（4・1）日本軍による沖縄住民虐殺が続発　ドイツ無条件降伏（5・7）最高戦争指導会議「本土決戦方針」採択（6・6）「国民義勇兵役法」公布（6・23）《サンダカン死の行進》1～6月、日本軍、ボルノ島で連合国捕虜を徒歩で400キロ移動させ、多くの犠牲者を出す《花岡事件》7月1日、秋田県花岡鉱山で強制労働中の中国人が蜂起　連合国、ポツダム宣言発表（7・26）英米中三国の名で無条件降伏を勧告　広島に原子爆弾投下（8・6）連合国、欧州枢軸諸国の重大戦争犯罪人の訴追・処罰に関するロンドン協定締結（8・8）ソ連、対日宣戦布告（8・8）長崎に原子爆弾投下（8・9）御前会議でポツダム宣言受諾を決定（8・14）ポツダム宣言受諾（8・15）昭和天皇、戦争終結の詔書を放送　日本政府、ミズーリ号上で降伏文書に調印（9・2）（無条件降伏）ジャワ島でスマラン事件起こる（10・15～19）ニュルンベルク国際裁判開廷（11・20～46・10・1）敗戦後、GHQの指令下・日本を間接統治　日本政府はGHQの指令で民主化を進める

1946（昭和21）年　昭和天皇、「神格否定の詔書」を発表（1・1）マッカーサー、詔書に満足の意表明　極東国際軍事裁判（東京裁判）開廷（5・3）日本国憲法公布（11・3　47・5・3施行）第9条に戦争放棄を明記

1947（昭和22）年　教育基本法・学校教育法公布（3・31）

あとがき——出版にあたって

２０１８年5月に会報への連載が終わってから6年。日本の政治状況は安倍氏亡きあとも軍拡路線は引き継がれ、岸田政権になってさらに強化され、米軍主導下（米軍の基地を許容したが故に）に軍事費は目の玉が飛び出す（43兆円）金額になりました（統治機能の後退、米政権への従属化）。国民の生活はじり貧となり、日々喘ぎながらの生活、学費が払えず退学する学生も多数いると報じています。

金権腐敗にまみれ、泥沼に落ち込んだ政権をいつまで続けさせるのか、一人ひとりの自覚ある声が列島にこだまし、行政府の責任を問いただすことができるかどうか正念場にきているようです。〈汚職の構造は戦後も健在、金権腐敗政治を根本から切り捨てたい〉

いま世界は、想像を絶する戦乱・災害・飢餓などの惨状下にあります。指導者たちの面相が通常ではないようです。理性・知性をかなぐり捨てての暴挙です。日本の指導者も同様です。ヒトラーは『わが闘争』で、「決定は一人の人間によってなされる」と述べ、権力闘争にまみれ、総統になり独裁者となったが、最期は自ら命を絶ちました。

ドイツは今もなお戦犯追及をつづけています。日本では戦犯がＧＨＱとの取り引きで総理大臣となった人物がいました。戦後間もなく「平和と民主主義」への倦怠がはじまり、今日なお過去の戦争について真の反省に乏しいとの批判が絶えません。歪んだナショナリズム（愛国心）に翻弄されないために、私はもっと目を凝らし、理性の自由を有する政治家・リーダーの政府を創るのが最重要課題であると思っています。

今回、小著の出版を決意したのは、先輩や友人の助言・後押しに応えたこともありますが、私事ですが、一言述べておきます。2020年1月、妻が転倒し歩行が不自由となり、忘れものや諸事の判断の過ちなどがあり、MRIの検査を受け、医師の診断により、投薬・リハビリなどをはじめたが歩行は改善せず。2023年9月初めに転倒・顔面を打撲以後、状態はさらに悪循環化しました。歩行と忘れ物とどういう関係にあるのか情報を収集し予想をえました。その的中を願って頭部の再検査（MRI）を行い、そのデータを精神科医と画像を判断し、専門病院でMRIほか種々の検査を受け結果は予想と一致しました。年末に緊急手術となり、11日後歩行が可能となり退院しました。

表現しがたい喜びに浸りました。「私がアサ子さん（妻の名前）の病気を治してあげます」と繰り返された執刀医に、心から感謝の言葉を述べました。4年余りの介護生活にかすかな光が射し、妻・長男とともに新年を迎えました。歩行の訓練はしばらく続きますが、出版への確かな弾みとなったことはいうまでもありません。

小著は、今の日本の政治、県民の動向を見つめながら、ナチ・ドイツの侵略戦争と日本の侵略戦争を再度振り返って考えて見ようとの思いで記したものです。会報への連載を可能にしたのは、先行研究者の論考、著書のおかげです（連載は会報の廃刊で中止。２０１８年）。厚く御礼申し上げます。

１９４２年生まれで、直接の戦争体験者はありませんが、敗戦直前に一度だけ防空壕に連れ込まれた記憶があります。戦後の食糧難に母親と長兄（小学5年で病死）が都城、延岡まで買い出し（闇市）に行き、警察に尋問され何とか逃れ帰ってきた母親の恐れ慄いた声をいまも時折思い出します。また、叔母が台湾沖で戦禍により死亡。なぜ戦争をはじめたのか。年齢とともに戦争への疑問はふくらみ、大学時代に滝川事件の関係者・末川博立命館大学学長から直に聞かされ、戦前の言論・思想への弾圧がいかに学問研究の自由を奪い、戦争へと暴走したかを知り、私の進路は決定しました。

戦争がいかに非人間的で、人々の一生を台無しにするか。日本国憲法の最高の倫理は人命の尊重です。小著が平和な日本、世界を創るためにいささかでも考える資料となれば幸いです。

出版にあたっては、川口敦己社長の配慮（小著タイトル、目次の提案をはじめ）ある編集に心から感謝を申し上げます。また本書校正に何かと気を配っていただいた鳥井美穂さんへお礼を述べたいと思います。ご協力いただいた鉱脈社の皆さんありがとうございました。

２０２４年2月吉日　春陽を語りし日に

[著者略歴]

野﨑　眞公（のざき　まさきみ）

1942年９月23日　沖縄県那覇市に生まれる
1944年９月　学童疎開で宮崎県綾町に移住
1966年３月　立命館大学文学部東洋史学科卒業
　　　４月　長崎県立高等学校教員となり、社会科を担当。
以後37年間勤務、2003年３月退職
※この間、家永教科書裁判の支援会員として31年間活動し、1997年８月29日の最高裁家永訴訟判決を法廷で直接聞く。
1997年11月『検定に違法あり！家永教科書裁判　最高裁判決——最高判決を聞いて・各地の声』（教科書検定訴訟を支援する全国連絡会発行／青木書店販売）『自由主義史観　50人の反論』（「教科書に真実と自由を」連絡会編／かもがわ出版）に寄稿

2004年11月　宮崎に移る。
「八紘一宇」の塔を考える会に所属し、新編『石の証言——「八紘一宇」の塔〔平和の塔〕の真実』（2015年 鉱脈社刊）に寄稿

現在　歴史教育者協議会会員
「八紘一宇」の塔を考える会会員（前会長）
近現代史を考える会代表

みやざき文庫 154

ヒトラー・ナチと現代日本

麻生副総理の「ナチスの手口……」は失言か

2024年３月15日 初版印刷
2024年３月25日 初版発行

編　著　野﨑 眞公
© Masakimi Nozaki 2024

発行者　川口 敦己

発行所　鉱脈社
宮崎市田代町263番地　郵便番号880-8551
電話0985-25-1758

印　刷
製　本　有限会社 鉱脈社

国(1937年～1940年)
日本の人口(1940年)1億4845万人(満州国の4323万人を含む)
※1941年以後華北は日本軍の兵站基地の役割
(食糧、資源、労働力の供給)
化学戦
徐州会戦(1938.4～6月)
長沙会戦(1939.9.14～10.14)
桂南会戦(1939.11.15～1940.2.9)
黒田石黒隊
蒙古人民共和国
河北省定県北疃村
三光作戦 1942.5.27
岡部部隊本部
萬里長城多田部隊
北京～包頭 京綏
綏遠
清水河
張家口
北京
(北平)
北支那方面軍
1936.8.11創設
(長春)
(ピョンヤン)
保定
石家荘
石太線
同蒲線
山西省
篠塚部隊
京漢
津浦線
黄河
泰山 水野部隊
秋山部隊
(チンタオ)
XX
第37師団
独立混成3.4旅団
XX
第59師団
陝西省
甘粛省
青海省
寧夏省
河南省
XX
第117師団
隴海線
(徐州会戦)